复旦卓越·经济学系列

（第三版）

电子商务

杨顺勇 苑荣 徐睿 主编

复旦大学出版社

内容简介

本书是一本关于电子商务的基本概念、基本理论和基本方法的教材。

全书共分为9章，分别对电子商务的基础知识、发展历程、应用技巧进行系统的描述，内容包括导论、电子商务的概念模型、电子商务实现技术、电子商务安全、电子商务应用、网络营销、电子商务物流管理、移动电子商务、电子商务与法律等专题。

本书注意结合当今最新的电子商务理论及商务环境，更多地从经济管理层面对电子商务加以论述。

第三版说明

本书第三版的目的是为了使其更符合《电子商务》相关课程的要求,侧重于运用理论解决实际问题的能力。同时,在使用中也发现了原版本的部分内容和格式存在错误与疏漏,也有读者提出了一些中肯的意见和合理的建议。基于上述原因,我们决定对本书进行修订。

我们将不断地对本书进行更新、完善,倾心竭力奉献于教育,回馈于读者。

目　　录

1　导论 …………………………………………………………… 1
　1.1　电子商务的产生 ……………………………………………… 1
　1.2　电子商务的概念 ……………………………………………… 5
　1.3　我国电子商务的发展趋势 …………………………………… 9
　本章小结 …………………………………………………………… 14
　复习与思考 ………………………………………………………… 15
　案例分析 …………………………………………………………… 15

2　电子商务的概念模型 …………………………………………… 18
　2.1　电子商务的系统结构 ………………………………………… 18
　2.2　电子商务的商业模式 ………………………………………… 22
　2.3　电子商务的交易成本 ………………………………………… 27
　2.4　电子商务的类别 ……………………………………………… 30
　2.5　电子商务解决方案 …………………………………………… 37
　本章小结 …………………………………………………………… 40
　复习与思考 ………………………………………………………… 41
　案例分析 …………………………………………………………… 41

3　电子商务实现技术 ……………………………………………… 46
　3.1　Internet 技术 ………………………………………………… 46
　3.2　网站建设技术 ………………………………………………… 56
　3.3　EDI 技术 ……………………………………………………… 63
　3.4　电子支付技术 ………………………………………………… 70
　本章小结 …………………………………………………………… 75
　复习与思考 ………………………………………………………… 75
　案例分析 …………………………………………………………… 76

4 电子商务安全 … 80
4.1 电子商务安全的含义 … 80
4.2 防火墙技术 … 83
4.3 数据加密技术 … 89
4.4 认证技术 … 92
4.5 电子商务安全交易的有关标准 … 97
本章小结 … 103
复习与思考 … 104
案例分析 … 104

5 电子商务应用 … 106
5.1 电子商务的应用模式 … 106
5.2 网上商城 … 112
5.3 电子银行 … 115
5.4 网上证券交易 … 122
5.5 电子政务 … 125
本章小结 … 128
复习与思考 … 129
案例分析 … 129

6 网络营销 … 134
6.1 网络营销的含义 … 134
6.2 网络营销策略 … 136
6.3 网络营销的职能 … 140
6.4 网络营销的方法与工具 … 143
6.5 网络营销效果综合评价 … 153
本章小结 … 156
复习与思考 … 157
案例分析 … 157

7 电子商务物流管理 … 159
7.1 物流与电子商务 … 159
7.2 电子商务物流信息技术 … 162

7.3 电子商务物流的发展 …………………………………………… 175
本章小结 ……………………………………………………………… 180
复习与思考 …………………………………………………………… 181
案例分析 ……………………………………………………………… 181

8 移动电子商务
8.1 移动电子商务的含义 …………………………………………… 183
8.2 移动电子商务的技术实现 ……………………………………… 189
8.3 移动电子商务的商务模式 ……………………………………… 193
8.4 移动电子商务的发展 …………………………………………… 196
本章小结 ……………………………………………………………… 199
复习与思考 …………………………………………………………… 200
案例分析 ……………………………………………………………… 200

9 电子商务与法律
9.1 电子商务法 ……………………………………………………… 203
9.2 电子签名 ………………………………………………………… 209
9.3 电子合同 ………………………………………………………… 211
9.4 电子证据 ………………………………………………………… 214
9.5 知识产权 ………………………………………………………… 219
本章小结 ……………………………………………………………… 222
复习与思考 …………………………………………………………… 223
案例分析 ……………………………………………………………… 223

参考文献 …………………………………………………………………… 226

后记 ………………………………………………………………………… 227

1 导　　论

学习目标

学完本章,你应该能够：
1. 了解电子商务的产生和发展；
2. 掌握电子商务的概念、内涵和特点；
3. 熟悉我国电子商务的发展趋势。

基本概念

电子商务　电子商务的内涵

1.1　电子商务的产生

电子商务是在怎样的背景下产生的?

1.1.1　电子商务的产生

电子商务产生于 20 世纪 60 年代,发展于 20 世纪 90 年代。其产生和发展的重要条件主要有以下五点。

(1) 计算机的广泛应用。近 30 年来,计算机的处理速度越来越快,处理能力越来越强,价格越来越低,应用越来越广泛,这为电子商务的应用提供了基础。

(2) 网络的普及和成熟。由于 Internet 逐渐成为全球通信与交易的媒体,全球上网用户呈级数增长趋势,快捷、安全、低成本的特点为电子商务的发展提供了应用条件。

(3) 信用卡的普及与应用。信用卡以其方便、快捷、安全等优点成为人们消费支付的重要手段,并由此形成了完善的全球性信用卡计算机网络支付与结算系统,使"一卡在手,走遍全球"成为可能,同时也为电子商务中的网上支付提供了重要的手段。

(4) 电子安全交易协议的制定。1997 年 5 月 31 日,由美国 VISA 和 Mastercard 等国际组织联合制定的 SET(Secure Electronic Transfer Protocol,即电子安全交易协议)的出台以及该协议得到大多数厂商的认可和支持,为开发网络电子商务提供了一个关键的安全环境。

(5) 政府的支持与推动。自 1997 年欧盟发布了欧洲电子商务协议后,美国随后发布"全球电子商务纲要",电子商务便逐渐受到世界各国政府的重视,许多国家的政府开始尝试"网上采购",这为电子商务的发展提供了有力的支持。

1.1.2 电子商务发展的三个阶段

1. 基于 EDI 的电子商务

从计算机的电子数据处理技术到文字处理软件的电子表格软件的出现,标准格式(或格式化)商务单证的电子数据交换的开发应用为政府或企业采购、企业商业文件的处理提供了快捷、方便的帮助,EDI 也被看成是现代电子商务的雏形。

EDI 是将业务文件按一个公认的标准从一台计算机传输到另一台计算机的电子传输方法。EDI 产生于 20 世纪 60 年代的美国,当时的贸易商们在各自使用计算机处理各类商务文件的时候发现,由于过多的人为干预,影响了数据的准确性和工作效率,如果贸易伙伴之间能够通过各自的计算机自动进行数据交换,就能克服这些弊病,于是,EDI 技术应运而生。

由于 EDI 大大减少了纸张票据,因此,人们也形象地称 EDI 为"无纸贸易"或"无纸交易"。

从技术上讲,EDI 使硬件与软件处理的劳动强度、出错率和费用都大为降低,且效率大为提高,极大地推动了国际贸易的发展,显示出巨大的优势和强大的生命力。但由于 EDI 通信系统的建立需要较大的投资,限制了基于 EDI 的电子商务应用的扩大,随着大型跨国公司对信息共享需求的增加和中小公司对 EDI 的急切需要,迫切需要建立一种新的成本低廉、能够实现信息共享的电子信息交换系统。

2. 基于国际互联网的电子商务

由于使用 VAN(增值网,Value Added Network 的缩写)的费用很高,只有大型企业才会使用,从而限制了基于 EDI 的电子商务应用范围的扩大。20 世纪 90 年代中期后,国际互联网(Internet)迅速走向普及化,逐步地从大学、科研机构走向企业和百姓家庭,其功能也已从信息共享演变为一种大众化的信息传播工具。1991 年,美国政府宣布因特网向社会公众开放,允许在网上开发商务应用系统。1993 年,万维网在因特网上出现,这是一种具有处理数据图文声像超文本对象能力的网络技术,使因特网具备了支持多媒体应用的功能。1995 年,因特网上的商业业务信息量首次超过了科教业务信息量,这既是因特网此后产生爆炸性发展的标准,也是电子商务大规模起步发展的里程碑。

3. E 概念电子商务拓展阶段

自 2000 年年初以来,人们对于电子商务的认识逐渐扩展到 E 概念的高度,人们认识到电子商务实际上就是电子信息技术和商务应用的结合。而电子信息技术不但可以和商务活动结合,还可以和医疗、教育、卫生、军事、政府等有关的应用领域结合,从而形成有关领域的 E 概念。电子信息技术和教育结合,孵化出电子教务(远程教育);电子信息技术和医疗结合,产生出电子医务(远程医疗);电子信息技术和军务联系,孵化出电子军务(远程指挥);电子信息技术与政务结合,产生出电子政务;电子信息技术与企业组织形式结合,形成虚拟企业。对应于不同的 E 概念,产生了不同的电子商务模式,即所谓 E-B、E-C、E-G、E-H 等。随着电子信息技术的发展和社会需要的不断提高,人们会不断地为电子信息技术找到新的用途,必将产生越来越多的 E 概念,进入 E 时代。

1.1.3 电子商务带来的变革

电子商务不仅仅为我们带来了技术上的革命,还促使传统企业进行四个方面的变革,即技术的变革、流程的变革、机构的变革和文化的变革。

1. 技术的变革

目前,互联网已经成为世界上最流行、最可靠的电子商务媒介。传统企业投身电子商务必须要考虑全面采用互联网技术。互联网技术的最大优势在于企业的电子商务系统可以拥有最大数量的客户,而不必逐个维护。在电子商务建设中,企业必须充分地利用现代计算机技术和 IT 技术发展的最新成果,以保证电子商务系统的高效性和功能性。

2. 流程的变革

企业作业流程的变革源于企业必须提高整体效率去应对市场和客户。电子商务和传统商务信息流动的不同以及信息共享程度的不同使企业的流程产生了极大的变化。同时,在市场管理、销售过程和客户服务环节,实现客户自助服务,可以以更低的成本提高客户的满意度。在企业内部推行自助服务,可以获得更低的成本,可以更准确地处理信息。在电子交易市场上的快速正面交锋与协作,将取代传统的竞争模式。

3. 结构的变革

为了适应电子商务和经济全球化的要求,企业结构,特别是大集团企业机构,必须重新调整。在销售环节和生产环节,必须调整传统的模式,以适应电子商务发展的要求。

4. 文化的变革

传统企业走向电子商务,意味着自己的商务半径在短时间内迅速放大。迫使企业的管理者采用全球性的思维模式,从全球的角度来考虑企业的发展。在传统的模式下,一个企业想将自己的商务活动扩展到其他地区和国家是十分困难的事情。电子商务可以帮助企业很方便地实现这些目标,实现全球化的发展模式。

 案例1-1　　　　　　小布鞋,大世界

美国一位资深的电子商务专家曾经为不适合在网上销售的商品排了一个名次,鞋子在其中排第四名。但是,深山里走出来的王永安却用自己的成功为这位专家举了一个反例。59双布鞋,几台电脑,这就是王永安开的第一家网上卖鞋店。最先,王永安只能依靠电子公告板,到不同站点上去发布自己产品的信息。几天时间里,他居然卖掉了两双布鞋,而且是凭借网上零售方式售出的。随后,越来越多的国内外代理商通过网络认识了大别山腹地安徽省岳西县深山里的养生鞋厂,并开始与王永安接触。

令王永安永生难忘的是第一笔同外商交易成功的业务,深圳进出口公司的帮助下,七百多双布鞋销到了美国洛杉矶。这些在常人看来难登大雅之堂的布鞋,这些出自于中国农民粗糙之手的布鞋,终于走出了国门。在接下来短短几个月的时间里,王永安通过他的网上鞋店共销售了一万双左右的布鞋。随后,每年王永安都有大批养生布鞋陆续出口到美国、日本、韩国等十几个国家。

资料来源:《同行》,2007年第1期。

1.2 电子商务的概念

1.2.1 电子商务的定义

电子商务的主要成分是"商务",是在"电子"基础上的商务活动,电子商务的英文名称是 EC(Electronic Commerce)或 EB(Electronic Business)。现在一般认可的观点认为电子商务就是基于因特网的商务活动。下面从不同的侧面对电子商务进行描述。

(1) 交易的方式。电子商务就是参与交易的各方之间以电子方式完成交易,而不是以物理交换或直接物理接触的方式完成交易。

(2) 交易的环境。电子商务就是在网上开展商务活动,使企业将主要的业务流程通过企业网、外部网和因特网与用户及上下游企业相连,是信息化时代的商务模式。

(3) 交易的过程。电子商务涵盖了以商品交易为中心的商务活动的各个阶段,如网上广告,市场调查分析,网上订货,电子支付,货物递交,售前和售后服务等。

(4) 交易的工具。电子商务是一组电子工具在商务过程中的应用。这些工具主要包括电子数据交换(EDI)、电子邮件(E-mail)、电子公告板(BBS)、电子目录以及电子合同、电子商品编码、信用卡、智能卡以及电话、电报等。

(5) 技术的应用。电子商务是多种技术的集合体,包括网络技术、数据交换、数据获取以及数据的统计处理技术等。

(6) 交易的理念。电子商务产生许多新的商务思想和交易理论,对传统理论带来挑战和冲击。

还可以列出很多专家及国际组织对电子商务下的定义,这些定义分别从各自关注的某一角度说明电子商务的特征。实际上,电子商务的内涵应该包括所有这一切。从范围而言,它应该包括商务活动的所有方面,如交易方式、工具等;从过程而言,它包括了商务活动的所有阶段,如市场调查、合同的签订到货物的配送以及售后的服务等;从参加者而言,它包括整个商务活动所有方面的人员,包括生产方、销售方、供应方和客户等；从企业营销而言，它实际包括从传统营销方式到基于因特网营销方式转变的整个过程。电子商务不仅是硬件和软件的结合，它更是把买家、卖家和合作伙伴通过因特网、企业的内部网和企业之间的网络联合在一起，利用因特网技术和现有系统的业务相结合的产物。电子商务不仅包含市场营销、企业经营管理的问题，也包含技术层面和社会层面的问题，总之，电子商务是企业信息化以至于社会信息化的缩影或组成部分。因此，电子商务是一个十分广泛、十分深刻的概念，也是一个不断发展的概念。

从以上的描述可见，关于电子商务的概念众说纷纭，究其本质而言，电子商务就是指参与交易的各方利用现代信息技术和计算机网络所从事的各种商贸活动。

1.2.2 电子商务的内涵

从电子商务的定义中，可以归结出电子商务的内涵，即信息技术（特别是互联网技术的产生和发展）是电子商务开展的前提条件，掌握现代信息技术和商务理论与实务的人是电子商务活动的核心，系列化、系统化电子工具是电子商务活动的基础，以商品贸易为中心的各种经济事务活动是电子商务的对象。

1. 电子商务的前提是商务信息化

计算机和信息技术的发展和创造，同以往的技术发明和工具创造的不同之处在于：IT 技术是对自然信息、人类信息进行采集、存储、加工处理、分发和传输的工具。电子商务是应用现代信息技术在互联网上进行的商务活动，应用的前提是完善的现代通信网络和信息化技术。因此，没有现代信息技术及网络技术的产生和发展，就不可能有电子商务。

2. 电子商务的核心是人

第一，电子商务是一个社会系统，既然是社会系统，它的中心必然是人；第二，商务系统实际上是由围绕商品贸易活动代表着各方面利益的人所组成的关系网；第三，在电子商务活动中，虽然充分强调工具的作用，但归根结底起关键作用的仍是人。因为工具的制造发明、工具的应用、效果的实现都是靠人来完成的，所以，我们必须强调人在电子商务中的决定性作用。

3. 电子商务的工具必须是现代化

所谓现代化工具，是指技术成熟、先进、高效、低成本、安全、可靠和方便操作的电子工具，如电报、电话、电传、电视、EDI、EOS、POS、MIS、DSS 等系列工具。从系统化讲，我们应将局域网、城域网和广域网等纵横相连，构造成支持微观、中观和宏观商务活动的安全、可靠、灵活、方便的系统。

4. 电子商务的对象变化至关重要

从社会再生产发展的环节看,在生产、流通、分配、交换、消费这个链条中,发展变化最快、最活跃的就是位于中间环节的流通、分配和交换。通过电子商务,我们可以大幅度地减少不必要的商品流动、物资流动、人员流动和货币流动,减少商品经济的盲目性,减少物质资源、能源资源的消耗和浪费。

1.2.3 电子商务的特点

电子商务在全球各地通过计算机网络进行并完成各种商务活动、交易活动、金融活动和相关的综合服务活动。在一个不太长的时间内,电子商务已经开始改变人们长期以来习以为常的各种传统贸易活动的内容和形式。相对于传统商务和 EDI 商务,电子商务表现出以下五个突出的特点。

1. 电子商务的结构性特点

电子商务涉及电子数据处理、网络数据传输、数据交换和资金汇兑等技术;在企业的电子商务系统内部,有导购、订货、付款、交易与安全等有机地联系在一起的各个子系统;在交易进行过程中,经历商品浏览和订货、销售处理和发货、资金支付和售后服务等环节;电子商务业务的开展由消费者、厂商、运输、报关、保险、商检和银行等不同参与者通过计算机网络组成一个复杂的网络结构,相互作用,相互依赖,协同处理,形成一个相互密切联系的连接全社会的信息处理大环境。在这个环境下,简化了商贸业务的手续,加快了业务开展的速度,最重要的是规范了整个商贸业务的发生、发展和结算过程,从根本上保证了电子商务的正常运作。

2. 电子商务的动态性特点

电子商务交易网络没有时间和空间的限制,是一个不断更新的系统,每时每刻都在进行运转。网络上的供求信息在不停地更换,网上的商品和资金在不停地流动,交易和买卖的双方也不停地变更,商机不断地出现,竞争不停地展开。正是这种物质、资金和信息的高速流动,使电子商务具有传统商业所不可比拟的强大生命力。

3. 电子商务的社会性特点

电子商务的最终目标是实现商品的网上交易,但这是一个相当复杂的过程,除了要应用各种有关技术和其他系统的协同处理来保证交易过程的顺利完成,还涉及许多社会性问题。如商品和资金流转的方式变革、法律的认可和保障、政府部门的支持和统一管理、公众对网上电子购物的热情和认可等。所有这些问题全都涉及社会,不是一个企业或一个领域就能解决的,需要全社会的努力和整体的实现,才能最终得到电子商务所带来的优越性。

4. 电子商务的层次性特点

电子商务具有层次结构的特点,任何个人、企业、地区和国家都可以建立自己的电子商务系统,这些系统的本身都是一个独立的、完备的整体,都可以提供从商品的推销到购买、支付全过程的服务。但这样的系统又是更大范围或更高一级的电子商务系统的一个组成部分。因此,在实际应用中,常将电子商务分为一般、国内、国际等不同的级别。另外,也可以从系统的功能和应用的难易程度对电子商务进行分级,较低级的电子商务系统只涉及基本网络、信息发布、产品展示和货款支付等,各方面的要求较低;用于进行国际贸易的电子商务系统不仅技术要求高,而且要涉及税收、关税、合同法以及不同的银行业务等,结构也比较复杂。

5. 网上购物和商品的特点

电子商务通过 Internet 网上的浏览器,可以让客户足不出户就能看到商品的具体型号、规格、售价、商品的真实图片和性能介绍,借助多媒体技术甚至能够看到商品的图像和动画演示、听到商品的声音,使客户基本上达到亲自到商场里购物的效果。特别是客户可以减少路途的劳累和人员的拥挤,在网上购物对客户也具有趣味性和吸引力。但是,大部分消费者还习惯于直接的购物方式,对网上购物要有一个观念的转变和适应的过程。

案例 1-2　　　　联华——零售业电子商务

享有"中国超市第一网"之称的联华电子商务有限公司,是一家由全国零售行业和超市领域排头兵的联华超市股份有限公司控股、上实联合和友谊股份两大上市公司以及沪上 IT 知名企业共同投资 5 000 万元的电子商务公司,专门从事网络零售、批发等经营业务。

公司的"联华 OK"网,通过 www.lhok.com 互联网平台和 96801 电话平台,与广大消费者之间构筑了一条安全、方便、快捷的网络服务纽带。联华电子商务紧紧依托联华超市庞大的实体网点、采购系统、配送体系等巨大的资源优势,全方位开展超市类商品的 B to C 和 B to B 业务。目前,网上品种数达 11 000 多个,涉及百姓家庭日常生活的方方面面,为广大消费者提供了质优、物美、价廉和可供性广且丰富多样的商品,受到消费者的普遍欢迎。公司还根据广大顾客的消费需要和市场需求,推出了以通讯产品、PDA、家电等非超市类商品的经营,取得了良好的经营效果。

"联华OK"网坚持"风雨无阻、贴心服务"的商业诚信,以"为民、便民、利民"作为公司的经营宗旨和服务承诺,在广大消费者中间赢得了良好的信誉。顾客可以通过点击www.lhok.com或拨打96801,了解、浏览或选购自己满意的商品,还可以在指定的时间里享受到联华超市送货上门的服务。"联华OK"网还通过先进的网络系统、高科技的网络平台和电话平台,开通了网上储值、在线消费等应用系统,极大地方便了广大消费者。同时,"联华OK"网采用现代化的网络技术,对网上选购和电话订购的顾客实行"会员制"全程服务,使顾客在享受"联华OK"网免费送货上门服务的过程中,还会得到"联华OK"网的真情关爱和独特服务。

　　自"联华OK"网开业以来,受到了社会的广泛关注和广大消费者的普遍欢迎,实现当年投资经营、当年营利的经营佳绩。联华电子商务销售逐年增长,并实现连续三年营利,成为沪上知名的、经营良好的电子商务公司。

　　资料来源:http://china.BagsNet.com。

1.3　我国电子商务的发展趋势

 我国电子商务的发展趋势是怎样的?

1.3.1　我国电子商务的发展现状

　　经过"十五"的发展,我国电子商务的发展环境有所改善,法律法规、政策、标准、信用等电子商务市场环境建设得到一定程度的重视,近年来,国家制定了互联网管理的一些条例,在建立统一的电子商务标准等方面进行了积极、有效的探索,加大了信用体系建设的力度,部分行业和地方颁布了电子商务交易的管理办法。网络基础设施、第三方服务机构、金融服务、物流服务等电子商务应用支撑环境建设取得初步成效,部分地区和行业先后建立了数字证书认证机构,大多数银行已开展在线支付业务,物流信息化与系统化建设形成一定规模。电子商务逐步渗入各行各业和社会生活的各个层面,应用效果逐步凸现。从总体上看,我国电子商务在经历探索和理性调整后,步入了务实发展的轨道,为今后的快速发展奠定了良好基础。

1. 电子商务逐步融入经济社会发展，应用初见成效

据中国电子商务研究中心(100ec.cn)发布的《2012年(上)中国电子商务市场数据监测报告》显示，截至2012年6月，中国电子商务市场交易额达3.5万亿元，同比增长18.6%。其中，B2B电子商务市场交易规模达2.95万亿元，同比增长13%；网络零售市场交易规模为5119亿元，同比增长46.6%。

数据显示，截至2012年6月，电子商务服务企业直接从业人员超过190万人。目前，由电子商务间接带动的就业人数已超过1400万人。未来5年，我国3000多万家中小企业将有半数企业尝试发展电子商务，部分骨干企业在内部信息化基础上实现了在线交易、支付及物流局部集成应用，少数骨干企业在创新管理模式、优化业务流程的基础上，实现了在线交易、支付及物流的一体化集成应用。经济发达地区的部分中小企业充分利用网络营销获取新的商业机会，成为电子商务的积极实践者。数字化商品和网上消费服务日新月异，丰富了人民群众的物质和文化生活。中央及省市地方政府采购信息基本实现了网上发布，为电子商务的推广和应用起到了一定示范作用。面对全球电子商务的良好发展态势，我国迎来了电子商务发展的战略机遇期。

电子商务广泛渗透到生产、流通、消费等各个领域和社会生活的各个层面，网络化生产经营与消费方式逐步形成，资金周转、物流效率普遍改善，产业结构调整步伐加快。国民经济重点行业的电子商务应用形成一定规模，生产经营管理方式向网络化、数字化、集约化方向发展。电子商务服务业蓬勃发展不断创造国民经济增长的新动力。电子商务在促进传统产业组织方式和管理变革的同时，使社会分工进一步细化。网络消费文化趋于成熟，面向消费者的电子商务服务范围不断拓宽，个性化日趋明显，数字化商品和网上消费服务模式日渐丰富。信息网络不断为传统服务业带来新的发展空间，在线交易、电子认证、在线支付等服务业蓬勃发展，移动商务应用模式日趋活跃，开始推动经济社会活动向集约化、高效率、高效益、可持续方向发展。

2. 支撑体系不断完善，逐步趋于协调发展

电子认证、在线支付、现代物流、信用等电子商务支撑体系建设全面展开并初具规模，呈现出支撑体系建设与电子商务应用相互促进、协调发展的新局面。近20家电子认证机构获得电子认证服务许可，在电子商务和电子政务应用中开展了电子认证及数字签名应用服务。近20家商业银行开办网络银行业务，第三方在线支付平台不断涌现，在线支付业务稳步上升。物流专业化分工和社会化程度逐步提高，物流信息化建设形成一定规模，第三方物流产业迅速发展。信用体系建设得到重视，部分地区加大了信用体系建设的力度，区域性信用信息服务体系建设步伐加快。40余项电子商务和物流标准陆续颁布,标准推广应用工作进一步深化。全国300多所院校开设了电子商务专业,各类电子商务继续教育及在职培训快速发展,培养了一批高素质、复合型的电子商务人才。

3. 电子商务服务业应运而生,模式创新亮点突出

基于网络的交易服务、业务外包服务、信息技术外包服务模式和产品不断创新,服务规模逐渐扩大,电子商务服务业蓬勃发展,已经成为国民经济增长的新动力。基于网络的产品、技术与服务的创新能力稳步提升,自主发展态势日渐显现。在线交易、在线支付、电子认证、现代物流等领域的关键技术及装备的研究开发取得突破性进展,行业、区域及中小企业的第三方电子商务交易与服务平台加快发展,基础电信运营商、软件供应商等纷纷涉足电子商务,服务于行业、区域及中小企业的第三方电子商务交易与服务平台加快发展,新型业务模式不断涌现。

4. 发展环境进一步改善,法规建设取得突破性进展

国务院颁布的《关于加快电子商务发展的若干意见》确立了我国发展电子商务的指导思想和基本原则,明确了发展方向和战略重点。国家信息化发展战略进一步将电子商务列为国家信息化发展的战略行动计划。《中华人民共和国电子签名法》确立了电子签名的法律效力,为电子商务交易主体提供了法律保障。各地区、各部门从实际出发,认真贯彻落实,不断开拓进取,纷纷出台积极的政策措施,加大对电子商务发展的扶持力度。全社会电子商务的应用意识不断增强,对电子商务在国民经济和社会发展中重要作用的认识进一步提高,形成了发展电子商务的良好社会氛围。

1.3.2 我国电子商务发展面临的主要问题

近年来,我国电子商务应用初见成效,在传统产业改造和促进国民经济结构升级方面发挥一定作用,但与发达国家相比仍处在起步阶段,难以满足国民经济发展和经济全球化的迫切需要,电子商务政策环境亟须完善,应用水平亟待提高,正面临着重要的战略机遇与挑战。当前,我国电子商务在发展过程中突出存在以下四个主要问题。

1. 宏观缺乏总体指导,微观缺少系统规划,电子商务整体上尚处于探索式的自由发展状态

从宏观上讲,我国尚未出台国家电子商务的发展规划,虽然国家发改委、商务部、科技部等部委从不同角度推进电子商务进程,在环境建设、对外交流、应用试点等方面取得了一定的成绩,但是,我国电子商务在整体上尚处于探索式的自由发展状态,市场行为有待进一步规范,整体应用水平有待进一步深化。

从微观上讲,我国企业对未来信息化在企业发展中的战略意义普遍认识不足,缺乏企业信息化长远发展规划,消极对待信息化与盲目跟风式地发展信息化的两个极端现象大量存在。另一方面,我国企业普遍尚未建立适应未来发展的现代企业制度,业务流程重组推行困难,信息化的潜在作用不能得到充分发挥。

2. 信用、认证、标准、现代物流、法律法规等支撑体系发展滞后,已经成为制约我国电子商务发展的主要瓶颈

我国尚未形成促进电子商务发展的有力支撑体系,包括信任、认证、标准、现代物流、法律法规等在内。商务部发布《中国电子商务报告(2003年)》从企业角度进行调查,结果显示制约我国电子商务发展的障碍主要是外部环境的不成熟。在重要性列前五位的因素中,环境因素占四个,分别是电子合同执行和监督难、传统物流发展滞后、互联网接入的安全性和保密性不足、电子商务相关法律不健全。相比较而言,反映企业内部能力的因素排名比较靠后,如资金问题、现有业务流程不合理的问题、互联网接入和使用费用负担过高的问题等。

由于基础支撑体系的不完善,我国大多数企业的电子商务尚处于信息发布、收集、交流的阶段,大多数订单与合同的正式签订以及支付、配送等活动主要还是在网下进行,电子商务的作用范围变得十分有限。

3. 中小企业整体信息化水平低下是制约我国电子商务发展的基础问题

我国大中小型企业有千万家,其中,99%是中小企业。由于中小企业基础薄弱,普遍投入不足,使这些企业既有信息化的迫切需求,但在资金、技术、人才以及管理基础等方面又难以承担信息系统开发和运行的工作。因此,我国中小企业信息化整体水平低下,特别是传统行业的小企业,信息化基本尚处于初级水平,我国电子商务的发展亟待强化整体基础。

4. 我国电子商务的外向型程度亟待提高

我国企业借助电子商务促进与国际接轨、参与国际竞争、开拓国际市场的能力亟待加强。我国电子商务距离实现"在更大范围、更广领域和更高层次上参与国际经济技术合作和竞争,充分利用国际国内两个市场、两种资源,优化资源配置,拓展发展空间"的战略目标,还有很大差距。

1.3.3 加快发展我国电子商务的对策建议

制约我国电子商务发展的问题很多,但最基本的还是信息网络基础设施量不足、质不高、业务主管部门不明确、相关法律制度不完备和社会诚信环境不理想等问题。我国电子商务要实现高速、健康发展,必须尽快在这些方面的建设上取得实质性的长足进步。为避免被发达国家集团甚至被目前与我国同步发展的经济体逐出全球电子商务事业圈的危险,近期必须在以下六个方面做出积极努力。

1. 加快基础性信息网络建设

中国电子商务要在发展中求规范、求质量。首先,中央和各地政府要尽快建设新一代的高速信息传递骨干网络和宽带高速计算机互联网,提高上网速度,降低上网费用,构建能够满足社会经济发展需要的信息化基础平台。在此基础上,组建并完善标准化、广域型、基础性的商品订货系统、商品交易网络、商品信息发布系统等电子网络体系,使尽可能多的企业、商品和商务活动进入电子商务领域。其次,要制定实际措施鼓励企业加大信息技术升级和系统建设投入,尽快实现企业内部信息管理的电子化,为推动全社会电子商务发展打下坚实基础。最后,要积极研究、探索和创造传统产业、企业和产品开展电子商务活动的新形式和新途径,把我国电子商务建立在更广阔的发展平台上。

2. 完善网络贸易的法律体系

要针对当前存在的问题,借鉴电子商务发达国家的经验,结合我国实际,早日出台可具体操作的《电子商务法》及相关法律,构建有利于促进我国电子商务健康发展的法律体系。电子商务法律体系既要符合我国特点,又必须能够与国际接轨。从我国商务活动的实际出发,新的电子商务法规必须具有规范交易程序和行为、保障交易公平和安全、清晰界定责任的法律功效。

3. 尽快建立独立的电子商务税收制度

目前,不同经济发展水平的国家对电子商务的征税制度各不相同。美国对电子商务实行全面免税制度:禁止联邦和州政府对 Internet 访问征新税,对数字化产品和服务暂缓征税,对任何形式的电子商务不再增加新税。欧盟则采用"清晰与中性的税收"制度,对在 Internet 上从事电子商务活动的企业和个人征收增值税,不征额外税。大多数发展中国家对电子商务的涉税问题没有明确的政策。我国应对电子商务的税制建设持积极主动态度。国家税务总局提出的电子商务税制"六原则"应是大体适应近中期我国电子商务发展要求和国民经济整体发展利益的税制框架。现在需要加紧做的,是按照这一框架要求制定出具体独立的电子商务税收制度和实施细则。

4. 采取积极措施,鼓励和支持更多的传统产业、企业的产品和服务贸易活动电子化

电子商务的核心内容毕竟还是商务,电子化只是活动形式的变革,而现阶段商务活动的主体依然是传统产业、企业的产品贸易,离开这一主体,单纯依靠专业网络公司,商务活动的全面电子化是难以成立的。近五六年国内外电子商务发展的历程也证明了这一点。因此,只有当尽可能多的传统企业的商务活动实现了电子化,才能实现经济运行的电子商务化。

5. 商务部要加强规划和指导,以保障电子商务的健康、稳定发展

发展电子商务的主要动力理应是来自社会的、民间的、市场的力量。但是,电子商务是在高度依赖高新技术和众多社会公共产品、共用设施、公共资源的基础上,对传统商务模式的变革,其发生、发展是离不开政府支持的。这种支持,除了前面论述的硬设施(网络基础设施等)和软设施(贸易、税收等制度和法律体系建设等)两方面内容外,商务活动的行政主管部门对电子商务发展的规划、规范工作也是不可或缺的。同任何形式的商务活动一样,市场秩序是决定其发展前景的关键因素,而市场秩序的形成和完善有赖于行政部门在法律框架内对市场运行及市场行为进行具体化规划和规范。这就是即使在最自由、最开放的领域,市场经济条件下相应于各类经济活动的行政主管部门之所以仍然存在的理由,中外各国概莫能外。因此,作为商务活动行政主管部门的商务部,应该切实担负起规划我国电子商务发展方向和规范具体发展行为的责任。

6. 加快建设适应在传统产业和产品交易中进行电子商务活动的物流体系

要充分考虑电子商务发展对传统经济运行方式和商品交易、流通模式带来的革命性改变趋势,建设与之相配套的新的物流体系。

本 章 小 结

发端于20世纪90年代的因特网技术创造了一个虚拟的因特网世界,催生了电子商务的诞生,而电子商务不仅仅为我们带来了技术上的革命,还促使传统企业进行技术、流程、机构和文化等四个方面的变革;它作为先进生产力促进了全球经济一体化的发展。电子商务是指参与交易的各方利用现代信息技术和计算机网络所从事的各种商贸活动。信息技术(特别是互联网技术)的产生和发展是电子商务开展的前提条件,掌握现代信息技术和商务理论与实务的人是电子商务活动的核心,系列化、系统化电子工具是电子商务活动的基础,以商品贸易为中心的各种经济事务活动是电子商务的对象。电子商务系统的组成是由网络、用户、配送中心、认证中心、银行、商家等构成。我国电子商务发展的现状与发达国家相比还存在不小差距和不少亟待解决的问题,因此,我国未来电子商务应向纵深化、个性化、专业化、国际化、区域化和融合化六个方面发展。

复习与思考

1. 电子商务产生的重要条件有哪些？
2. 电子商务的内涵是什么？
3. 电子商务的特点有哪些？
4. 电子商务系统由哪几个部分组成？
5. 我国电子商务的框架结构有哪些？
6. 我国电子商务发展所面临的主要问题有哪些？

案例分析

阿里巴巴的网上市场

阿里巴巴（Alibaba.com）是国际贸易领域最大的网上社区之一。目前，阿里巴巴网站全球会员已近10万个，会员数目达42万名，分别来自220多个国家和地区，每天登记成为阿里巴巴的商人会员超过1 000名。网站实时互动地为全球厂商提供30多个行业700多项产品的分类信息以及有关采购、销售及商业合作机会的最新资料。阿里巴巴是国际贸易领域最大、最活跃的网上市场，库存买卖类商业机会信息达30万条，每天新增买卖信息超过2 000条。阿里巴巴是中国人建的站点中外国人看得最多的网站，它每天发布的新买卖信息约800—1 000条，平均每条会得到3个反馈，它要把全球的买家和卖家联结起来。

网上市场的功能如下。

1. 产品信息搜索

如果你想为自己的商品找寻市场或者查询热门商品的市场机会，只要点击"商业机会"栏目，你就可以进入各种商品的市场信息栏。在该目录下有查询商业机会、发布信息、刊登广告、每日更新、商情特快、商业机会指南六个项目。查询商业机会栏目根据商品的性质分类，如环保、家居类商品，用户可以根据自己的需要点击所需栏目进入，在该栏目下又对商品进行细分，这样一层层下去，直到找到自己所需的商业机会内容为止。进入发布信息栏，首先会提示你进行会员登录，登录后用户可以免费发布商业信息，创造商业机会，获得属于你的阿里巴巴会员登录名，享有阿里巴巴提供的其他所有免费商务服务，分享阿里巴巴上所有免费信息。你可以在刊登广告栏为自己的商品刊登广告以提高商业机会。在每日最新栏为你提供最新的商业信息，为了减少你的搜寻时间，网站还提供了搜索引擎以方便用户使用。商情特快栏目也许要进行会员注册,在这里,阿里巴巴为注册会员提供一项免费的 Internet 商务服务;把最新增加的商业机会信息在当天直接发送到你的电子信箱;分类订阅功能任你自由选择类目、直接命中客户;使你更省时、更高效、更直接地进行选择。商业机会栏为用户提供各种商品的最新商业机会。阿里巴巴把全球范围同行业的商业机会汇聚在一起,以最简单、最直接、也是最有效的形式,把最有价值的商业机会免费提供给用户。阿里巴巴是目前世界上最大的商业机会信息集散中心,你可以在这里免费查询浏览来自 200 多个国家(地区)的商业机会,也可以免费发布你自己的供求合作信息。

2. 发布产品信息

"产品展示"栏下设浏览产品、创建产品目录、编辑产品目录、产品目录指南四个项目。此栏目是阿里巴巴为会员提供的一项展示自己产品图文信息的服务。在这里,你可以按类别查询感兴趣的其他公司的产品信息。按照方便快捷的原则,浏览产品栏也根据商品性质进行分类,用户照样可以一层层地进行选择下去,直到找到自己需要的产品为止。创建产品目录也许要进行会员注册,阿里巴巴的"产品展示"服务将为你解决在频繁的贸易活动中携带资料、互寄样品的麻烦,你只需经过几步简单的操作,就可以在阿里巴巴的商务平台上创建一个图文并茂的私人"产品目录",它将按你的需要充分展示你的产品信息。上传产品资料、修改产品信息均可由你独立操作完成,远比想象的要简单。有了这个可以"随身携带"的"产品目录",你就可以随时地与你的贸易伙伴上网浏览。另外,你所创建的"产品目录"还将与你发布的商业机会、公司信息有机地结合起来,让你真正感受省时、省力、省心的服务,全面展示你企业的风采!

3. 商务服务

"商务频道"是阿里巴巴专为商人朋友开设的频道,在这里,你可以找到商贸活动中必需的各项服务,让你快速、轻松地解决疑难问题。"商务服务"现下设航运、会展、企业在线推广和资信等频道,另外,还开设了各种查询(税则、股市查询等)功能,你可以根据自己的需要选择使用。

商务服务栏最有特色的是短信息中心。在这里你可以像 OICQ 那样给你的商务伙伴发送手机短消息,同时,它还为你提供各种商业信息,以方便你进行商业查询和为你提供商业机会。

4. 网上支付

中国工商银行和阿里巴巴(中国)网络技术有限公司于 2000 年 8 月 15 日在杭州宣布,将联手推出电子商务 B to B 在线支付服务。中国工商银行 B to B 在线支付业务是指企业与企业在因特网上开展电子商务活动过程中,银行为其提供网上资金结算服务的一种业务。阿里巴巴中文网站的会员企业在网上达成交易后,通过中国工商银行网站或阿里巴巴的网站提交电子付款指令,借助工商银行的网上银行在线支付系统实现买卖双方交易资金的实时结算,同时,该系统还将为网站和买卖双方提供信息增值服务。中国工商银行推出的B to B在线支付业务,不仅适用于网站撮合型模式,也适用于网上采购及分销型模式,企业只需通过互联网,动动鼠标就可实现商品交易和资金结算。这一方法的采用将为浏览者提供更简单、更方便的支付方式。

阿里巴巴通过Alibaba的交易信息平台给中国的商家提供来自各国国际买家的特别讯盘。阿里巴巴是一家成功的B to B企业网站,它为企业进行网上交易提供了交易平台,企业可以充分利用这一方便、简单、快捷、廉价的交易方式找寻商机,提高销售额。通过阿里巴巴的信息平台,全世界几百万的商人可以迅速交流。原先两个人做生意要通过好几个人的环节才能联系上,阿里巴巴的价值是可以让220多个国家和地区的商人直接联系上。阿里巴巴的会员中,除了中国、美国和欧洲以外,有亚洲印度、巴基斯坦等国家的2万多名会员,他们的活跃程度令人惊叹。阿里巴巴对促进国际贸易的发展起到重要的作用。

资料来源:www.cj.zjgsu.edu.cn。

讨论题

1. 什么是电子商务?电子商务的典型类型有哪些?阿里巴巴网站属于哪种类型?
2. 请谈谈阿里巴巴网站成功的启示。
3. 结合我国电子商务企业的实际情况,谈谈应该如何发展电子商务。

2 电子商务的概念模型

 学习目标

学完本章,你应该能够:
1. 理解电子商务的概念模型;
2. 熟悉电子商务的系统结构;
3. 了解电子商务的交易成本;
4. 熟悉电子商务的分类;
5. 掌握电子商务的解决方案。

 基本概念

电子商务的概念模型　B2B　B2C　C2C　电子商务解决方案

2.1 电子商务的系统结构

2.1.1 电子商务的概念模型

为了把现实世界中的具体事物抽象化,人们常常首先将现实世界抽象为信息世界。也就是说,首先把现实世界中的客观对象抽象为某一种信息结构,就形成了概念模型。电子商务的概念模型是对现实世界中电子商务活动的一般抽象描述,主要描述企业商务模式如何实现。电子商务概念模型是由电子交易主体、电子市场、交易事务以及信息流、资金流、物资流等基本要素构成(见图 2-1)。

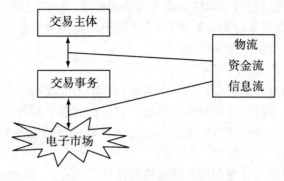

图 2-1 电子商务的概念模型

1. 交易主体

交易主体是能够从事电子商务活动的对象,可以是企业银行、商店、政府机构、科研教育机构和个人等。

2. 电子市场

电子市场是交易主体从事商品和服务交换的场所,它由各种各样的商务活动参与者组成,利用各种通信装置,通过网络连接成一个统一的经济实体。

3. 交易事务

交易事务是交易主体之间所从事的具体商务活动的内容,如询价、报价、转账支付、广告宣传、商品运输等。

4. 物流

物流是指商品在空间和时间上的位移,包括这个过程中的采购配送、物流性加工、仓储和包装等环节中的流通情况。一个成功的物流系统至少应该做到5R,即在正确的时间(right time)、正确的地点(right location)和正确的条件(right condition)下,将正确的商品(right goods)送到正确的顾客(right customer)手中。

物流虽只是交易中的一个组成部分,但却是商品和服务价值的最终体现,"以顾客为中心"的价值实现最终体现在物流上。

5. 资金流

资金流作为电子商务的三个构成要素之一,是实现电子商务交易活动不可或缺的手段。

作为电子商务中连接生产企业、商业企业和消费者的纽带,是否能有效地实现电子支付已成为电子商务成败的关键。在常见的 B2C 交易中,持卡顾客向商家发出购物请求,商家将持卡人的支付指令通过支付网关发给银行的电子支付系统;银行接着通过银行卡网络从发卡行获得批准,并将确认信息再从支付网关返回商家;商家取得支付确认后,向持卡人发出购物完成信息。剩下的工作就是银行系统内部的资金拨付和行间结算。

6. 信息流

信息流是指电子商务交易活动中买家和卖家为促成利于己方的交易而进行的所有信息获取、辨别、处理与应用活动。它是一切电子商务活动的核心。现代电子商务环境下的企业管理的本质和核心就是对企业信息流实施有效控制,从而增进企业效益。

电子商务为更高效地利用和整合资源提供了可能性,其中的物流、资金流和信息流是极其重要的组成要素,是企业与供应商之间、企业相互之间及企业与客户之间高效沟通的三条主线。在电子商务活动中,资金流是条件,信息流是手段,物流是过程。

2.1.2 电子商务的系统组成

电子商务的系统组成有电子商务网络(Internet、Intranet、Extranet)、用户(供应方、需求方)、物流中心、认证中心、支付中心、电子商务服务商等(见图2-2)。

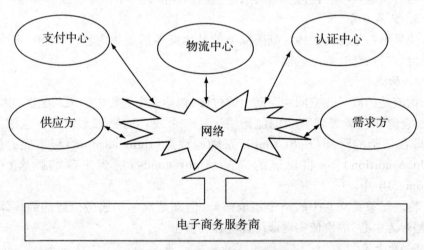

图2-2 电子商务的系统结构

1. 网络

网络包括Internet、Intranet、Extranet。Internet是电子商务的基础,是商务、业务信息传送的载体;Intranet是企业承包内部商务活动的场所;Extranet是企业与企业以及企业与个人进行商务活动的纽带。

2. 用户

电子商务用户分为供应方和需求方。需求方可以是企业,也可以是个人,只要是通过电子商务系统采购商品或者服务,就是电子商务系统中的需求方;供应方是指通过电子商务系统提供商品或服务的企业或个人。

3. 认证中心(CA)

认证中心是受法律承认的权威机构,负责发放和管理电子证书,使网上交易的各方能相互确认身份。认证中心是一些不直接从电子商务交易中获利的第三方机构,负责发放和管理证明参与方身份的数字证书,使各参与方能够互相确认身份。

4. 物流中心

物流中心接受供应方的送货要求,组织运送无法从网上直接得到的商品,跟踪产品的流向,将有形的实物及时送达需求方要求的地点。

5. 支付中心

支付中心的功能是为电子商务系统中的需求方和供应方等用户提供资金结算和支付服务,一般由网络银行承担。

6. 电子商务服务商

电子商务服务商一般不直接参与网上的交易,主要提供两方面的基础服务。

(1) 为网上交易的实现提供信息系统支持和配套的资源管理等服务,是企业、组织和消费者之间交易的技术和物质基础。

(2) 为网上交易提供商务平台,是企业、组织和消费者之间交易的商务活动基础。

应该指出的是,上面所讨论的内容都是针对电子商务的逻辑结构的,是一般性的内容,在实际应用中,并非每个电子商务系统都要包括以上所有的组成部分。

案例 2-1　　　　　　京东的物流战

在上海市嘉定区占地 200 亩的京东商城华东物流仓储中心内,投资上千万的自动传送带已投入使用。工人们手持 pda,开着小型叉车在数万平方米的仓库内调配商品。

这是京东迄今最大的物流仓储中心,承担了一半销售额的物流配送,也是公司将融到的 2 100 万美元的 70% 投放到物流建设的结果。在这里,京东每日能正常处理 2.5 万个订单,日订单极限处理能力达到 5 万单。在此基础上,公司计划在嘉定建成一座15万至18万平方米的超大型仓储中心,其规模将是鸟巢的8倍。随着"亚洲一号"计划的公布,京东预计未来三年投入20亿至30亿元到物流建设中。

不难发现,京东对仓储物流的"热衷"并不是个案。此前,马云便参股了星晨快递、百世物流,当当也宣布,今年将斥资10亿元在华北、华东、华南新增三个物流基地。京东的老对手新蛋更是先行一步,在全国7个分公司都设有分仓和自主配送队伍。大笔的资金换成了实实在在的土地和库房,B2C电子商务公司俨然迎来了一阵"仓储热",各地的物流竞赛正在上演。

资料来源:http://www.chinatat.com/new。

2.2 电子商务的商业模式

电子商务的商业模式有何特点?

通俗而言,商业模式就是公司赚钱的途径或方式。例如,饮料公司通过卖饮料来赚钱;网络公司通过点击率来赚钱;超市通过平台和仓储来赚钱等。通过模式的运作,一个公司可以维持自己的生存,就是说,能有收益。所谓商业模式,是指一个企业从事某一领域经营的市场定位和赢利目标以及为了满足目标顾客主体需要所采取的一系列的、整体的战略组合。

2.2.1 电子商务商业模式的构成

韦尔(Weill)和瓦伊塔尔(Vitale)在2001年创建了一个评估电子商务企业生存能力的框架。该框架包含了八种构成电子商务的元素或"原子"(见图2-3),按不同方法将这些"原子"进行组合,可以创建出运作的电子商务公司。例如,亚马逊的商业模式综合了直销、中介、虚拟社区和内容提供商。每一种"原子"模式均可以用四个特征来描述,即战略目标、收益来源、关键成功因素和所需核心竞争力。

一个综合的商业模式主要由以下六个部分组成。

(1)对目标客户以及与公司的关系的描述,包括客户角度的机制主张和客户价值定位。

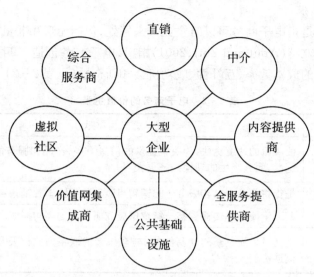

图 2-3 电子商务商业模式的构成

(2) 对企业所提供的产品和服务的说明。

(3) 对生产和销售的产品、服务所需的业务流程描述。

(4) 所需资源的列表以及识别哪些资源可以利用、哪些资源需要开发、哪些资源需要获取。

(5) 对企业所在的供应链的描述，包括供应商和其他业务合作者。

(6) 对期望收益(收益模式)、预期成本、资金来源和利润估计的说明。

1. 收益模式

包括了企业或电子商务项目的收益来源，主要收益模式如表 2-1 所示。

表 2-1 电子商务项目的主要收益模式

模式种类	简要说明
销售	企业通过在网站上销售商品或服务来创造收益
交易费	公司根据交易额的大小收取佣金
预定服务费	顾客为获得某项服务，通常需要每月支付固定数额的费用
广告费	电子商务公司允许其他公司在自己的网站上放置其企业标志，并收取一定费用
入会费	电子商务公司可通过把顾客引导到其他网站而收取费用
其他收益	提供游戏或赛事转播注册费等

2. 价值主张

价值主张是指电子商务可以给企业带来好处,包括无形和非量化的好处。

阿米特和左特(Amit and Zott,2001)指出,电子商务创造了四方面的价值,即搜索和交易的成本效率、互补性、成功机会和新奇性(见表2-2)。

表2-2 电子商务的价值主张

价值主张	意义与贡献
搜索和交易的成本效率	使决策的速度更快,为决策提供的信息更多,产品和服务的选择范围更宽泛,而且产生的规模经济更大
互补性	是指将部分产品和服务一起销售可以创造出比单独销售更多的价值
成功机会	归因于使顾客转移到某一特定供应商所需要的高转换成本
新奇性	是通过采用创新的交易结构、与合作者的联系方式以及培育新市场来创造价值

2.2.2 典型的电子商务商业模式

电子商务为商业模式增加了许多新的种类,并在网络上使它的应用扩展到更大范围的物品和服务。

1. 在线直销

电子商务经营模式中最典型的就是网上销售商品或服务,或由制造商将商品或服务直接销售给顾客,从而消除中间商或实体商店的存在;或由零售商销售给消费者,从而提高商品的配送效率(如沃尔玛)。

直销模式的应用对数字产品和服务的销售是非常有效的,这一模式主要应用于B2C(或电子零售)和部分B2B类型的电子商务中。

2. 电子招/投标系统

无论是私营企业还是公共的大企业,常常采取招/投标系统(也称逆向拍卖)来进行大批量或大价值的采购。这类招/投标活动可以在网上实现,节省了时间和资金。

通用电气公司最先采用这类系统,并得到了普及。实际上,一些政府机构规定政府的大部分采购活动必须通过电子招/投标系统来完成。

3. 开价

开价模式(name-your-own-price model)允许购买者为某一特定的产品或服务指定他所愿意支付的价格。

Priceline 公司最先引入这一模式,它按照顾客的需求来寻找愿意以顾客指定价格出售产品或服务的提供商。该模式又叫做采集需求模式。

4. 寻找最优价格

根据寻找最优价格模式的定义,该模式又称搜索引擎模式。

首先,顾客明确说明自己的需求。然后,中介公司在数据库中搜索与顾客需求相匹配的信息,确定最低价格的定位,并将此价格递交给顾客,顾客将会有 30—60 分钟的时间来决定是否接受此价格。该模式一个变相应用的例子就是购买保险。消费者可以向公司提交购买保险的需求,同时将会接收到多种报价。许多公司应用类似的模式来寻找最低的价格。例如,消费者可以到网站上寻找最低的汽车和房屋贷款利息。

5. 关联营销

关联营销(affiliate marketing)是指营销合作商(可以是一家公司、一个组织或个人)将消费者引导到销售公司的网站上。

这种引导主要是通过在关联公司的网站上放置销售公司的横幅(banner)和标志(logo)来实现的。只要被引导到销售公司网站上的顾客在该网站购买了商品,则关联公司将得到 3%—5% 的回扣。换句话说,销售公司通过利用关联营销创造了一批虚拟代销员。

6. 病毒营销

根据病毒营销(viral marketing)的定义,该模式是通过引导人们发送信息给他人或吸收朋友加入某个程序的方式来增加企业知名度或销售产品与服务。这基本上属于一种基于网络的口头传播的营销方式。

7. 群体采购

在传统商务中,通常只有大量采购才能享受到折扣。然而,电子商务创造的"需求集成"的概念也同样可以使企业享受折扣。

根据这一概念,由一个第三方寻找个人或中小企业(small-to-medium enterprises,SME)的订单,并将这些订单集中起来形成一个数目较大的订单,最后第三方与供应商进行协商以实现最好的交易。由此,那些小企业或个人通过群体采购(group purchasing)模式也能够享受到折扣。这种模式又叫大批量采购模式。网上采购的群体也被称为 E-Co-Ops。

8. 网上拍卖

几乎所有人都知道 eBay,它是世界上最大的在线拍卖网站。另外,还有上百个网上拍卖公司,如亚马逊和雅虎等,也都从事网上拍卖业务。其中,最流行的一种拍卖方式就是网上购物者对各种产品和服务连续开价,最高开价者将会得到所拍卖的商品。

电子拍卖有很多种形式,采用的模式也不相同。例如,eBay 在一种拍卖模式中就用到将近 4 万个"助理",由这些助理完成订单的履行。

9. 定制产品和服务(客户定制化)

定制(customization)产品和服务是指按照购买者所要求的规格来生产产品和服务。

定制并不是一个新模式,新的只是以不高出非定制化产品太多的成本快速在网站上为顾客定制出产品和服务的能力。为顾客定制 PC 机的戴尔公司就是这方面的典范。

案例 2-2　　麦包包电子商务模式路径分析

麦包包的前身是为法国鳄鱼做贴牌生产的皮包制造商和贸易商。从一个完全没有品牌知名度到获得良好的市场口碑和美誉度并成为一个年销售上亿元的网络明星企业,其中有很多亮点值得学习。

麦包包的电子商务模式路径是快速研发创新产品=营销活力。网络购物之所以兴起得那么快,其中有三个原因:一是消费者在"逛"店的时候比逛实体店有更多的商品可供选择,可以轻松地货比"百"家,省时;第二,网络购物可以通过互动和搜索,了解更多有关品牌和商品的口碑,以此作出更正确的购物决策,省心;三是网络销售的商品由于没有渠道、促销等本钱,会比实体店的商品更加优惠,即所谓的省钱。所以,我们不难得出"省时、省心、省钱"是网络购物人群不断增多的主要原因,而且还在迅速向 35 岁以上的消费人群渗透,这说明经过十年的发展,中国的网络购物和电子商务市场基本已经培育成型,那些捷足先登的企业也开始吃到了甜头。

丰富的产品线、细致的品牌治理和快速的研发创新使 60% 的麦包包客户会在三个月内重复购买,这个数字在国内足以让竞争对手和传统的同行感到震动。

资料来源:http://666.36578.com/news/1204270198.html。

2.3 电子商务的交易成本

 电子商务的交易成本由什么构成？

交易通常是指双方期待情况下产生的资源交换行为,交易成本是获得准确的市场信息所需要付出的费用以及谈判和经常性的契约费用。网络经济下的交易成本理论认为,在网络经济条件下,交易成本一般很低。一方面,这是由于网络技术的发展极大地突破了现实世界的时空限制,信息在网上的传送十分迅速、便捷,缩短了时空差距,进而降低了时空成本;另一方面,网络可以减少交易双方之间信息不对称程度,提高社会资源的配置效率。减少信息不对称意味着用于搜寻信息的时间、精力和财力的减少,即搜寻成本的降低,也意味着社会运行成本的降低和社会净剩余的增加。

在电子商务环境下,企业交易成本的构成与传统交易没有本质的区别,主要是度量、界定和保证产权的成本,即提供交易条件的费用,包括发现交易对象和交易价格的费用、讨价还价的费用、订立交易合约的费用、执行交易的费用、监管违约行为并对之制裁的费用和维护交易秩序的费用等。

2.3.1 电子商务交易成本的构成

1. 技术成本

电子商务的技术成本包括软硬件成本、学习成本和维护成本。电子商务是各种技术结合的产物,昂贵的投资、复杂的管理和高昂的维护费用使一些系统、技术和人才匮乏的企业望而却步。面对客户无力应付复杂的技术平台和高昂的软硬件配置的实际问题,ASP 这个行业便产生了,但是,这种租赁式服务的价格和质量能否为企业所接受以及能在多大程度上降低电子商务的技术成本,还有待于实践的验证。

2. 安全成本

在任何情况下,交易的安全总是人们关心的首要问题,如何在网上保证交易的公正性和安全性、保证交易双方身份的真实性、保证传递信息的完整性以及交易的不可抵赖性,成为推广电子商务的关键所在。上述交易的一系列安全要素,必须要有一系列的技术措施来保证。目前,安全标准的制定、安全产品的研制以及安全技术的开发为网上交易的安全起到了推动作用。而这些用于交易安全的协议、规章、软件、硬件、技术的安装和使用以及学习和操作定会加大电子商务的运营成本。

3. 物流成本

在电子商务中最难解决的就是物流配送。物流配送是电子商务最后的环节,是电子商务的目标和核心,也是衡量电子商务成功与否的一个重要尺度。物流配送需要有商品的存放网点,需要增加运输配送人员的开支,由此增加的成本也应该经过仔细核算。有人认为,企业要增加的仅仅是配送成本,而节省的是库存成本和店面成本。试想,店面成本虽然节省了,但存放网点的增加和配送所需的其他开支能在多大幅度上降低总成本,这仍需要在实践中摸索,而且,库存仍然是必需的。

4. 客户成本

电子商务的客户成本指的是顾客用于网上交易所花费的上网、咨询、支付直到最后商品到位所花费的费用总和,这是一种完全依赖于网络的服务,只要消费者一开始享受这样的服务,就要承担每小时数元钱的最低成本,还不包括添置相应的硬件设备和学习使用的费用。这种费用虽然不列入商家的运营成本,但作为用户成本,却是影响电子商务发展的重要因素。如果用户用于网上浏览、查询、挑选、支付所花费的费用超过实体交易的费用,用户便会放弃网上购物的方式。电子商务虽然孕育着巨大的商机,但利润的真正实现需要经过详细的论证。

2.3.2　电子商务过程中的交易成本

产品本身是没有价值的,使用者必须先有"需求"的产生,产品才会有市场价值。这个需求可能是 need,可能是生理上、生活上所迫切需要的。当然,厂商可以借由行销的手法将 need 转换为 want,如广告、办活动等,让产品的市场价值提升,将利润极大化。这些使用者购买之前所接收到的信息,或者说是网站与使用者所产生的信息不对称性,都可能影响交易环节的交易成本。为了更好地理解电子商务交易成本的内涵,可以依据电子商务过程,从交易前、交易中、交易后三阶段对电子商务的交易成本进行分析。

1. 交易前的交易成本

交易前的交易成本是当使用者想上网购物之前搜寻信息的过程,可能是过去的经验所形成的基础模型,可能来自亲友的告知(口语行销),可能来自电视的广告(广告行销),可能来自使用者的使用经验。然而,信息的量可能很多,有时也可能掺杂着情感的因素,所以,人无法以最有效的方式去判读这些信息,必须借助其他的工具来辅助。

许多入门网站所提供的搜寻引擎便是在降低使用者寻找信息时的成本；提供信息分类功能，是借由有次序的分类让使用者可以找到其所想要。更进一步地，有些网站提供减少比价时间的功能，如 CNET 将搜寻器与寻找网络最低价相结合，或是像网擎提供的信息代理人的服务，可以将所需信息寄回自己的电子邮件信箱，有些网站则提供专家、网友的评比作为使用者参考的依据。

2. 交易中的交易成本

当事前的信息搜寻完成之后，双方便开始进行交易，在这期间，交易的安全性可以降低使用者因为网络所产生的不确定感，这个安全性可能包含银行的安全性、使用者资料的安全性、使用者的隐私的保护和产品的保障期限。网站本身所提供的接口亲和性、动线的便利性、功能的完整性、交易时间的长短也会影响交易的完成度。除了上述的因素可能影响之外，事前的交易成本也可能有所分担，包括品牌的效应和产品的口碑。

3. 交易后的交易成本

交易完毕之后，货品是否能准确、及时、完好地送到定义了交易是否成功，也就是使用者验货的成本。为了让消费者降低验货成本的不确定，后端物流系统和客服系统的建立是必要的保障，例如，Amazon 提供的不满意马上退书、免付邮资的服务便获得很多使用者的青睐。

当然，客服可以是同步的，也可以是异步的，可以是专属的，也可以是很大众化的。同步的可以从对客户问题响应的速度方面去探讨，网络上可以见到很多网站提供了客服信箱，先不管客服信箱是否正常运作，如果可以提供电话的线上服务，应该可以让客户的问题得到更快地解决，或者是开辟客服人员服务的线上聊天室，提供线上的实时对话。当然，产品的歧异性也与客服所应提供的服务时间有关联。专属的则是像传统的业务人员的身份，不仅仅将东西卖出，还知道这个顾客的其他喜好，甚至这个顾客家中其他人的喜好，进而投其所好，建立彼此的信任关系。这些关系的建立都有助于下一次交易程度的提高。

 案例 2-3　唯品会运营电子商务网站的成本

唯品会 2008 年 8 月创建初期，重点是组建团队、建立仓储中心、架构网站。2009 年以后，唯品会开始加大货品采购，进入正常运转，我们逐项看看这家电商需要哪些开支。

> 1. 采购成本。唯品会的基本商业模式为品牌商清理库存,做这个生意首先要找到供应商拿货,即采购,2009—2011 年,唯品会的采购成本分别为 257.6 万美元、2 937.4 万美元和 1.838 亿美元,占营收比例分别为 91.8%、90.2% 和 80.9%,为其最大开支。
>
> 2. 运营开支。唯品会的运营开支包括仓储物流、市场营销、技术和内容、行政管理四方面的开支,2009—2011 年的运营开支分别为 160.9 万美元、1 157.4 万美元和 7 633.1 万美元,占比分别为 57.4%、35.5% 和 33.6%。
>
> 另外,唯品会招股书披露了其成立以来的公司的物业和设备开销,2009—2011 年的这项开支分别为 19.9 万美元、151.4 万美元和 1 060.6 万美元,随着公司扩张,需要租用更多的办公场地、买办公设备、机动车(唯品会的机动车开销有可能和物流有关,具体不详)等,这些开销也是电商正常运转、扩张过程中必须的开销。
>
> 综上,我们可以看到,一个电商网站在初创期,由于尚未形成规模效应,和供货商议价能力较低,采购成本较高,从而导致毛利率低;运营过程中需要进行较大的仓储物流投资,需要进行市场推广获取用户、早期得花重金吸引人力资源,运营开支高导致运营利润率低。
>
> 资料来源:http://www.efpp.com.cn/html/news/2012-2-27/227188.html。

2.4 电子商务的类别

电子商务有哪些分类体系?各有什么特点?

研究和分析电子商务的分类体系,有助于挖掘新的电子商务模式,从多个角度建立不同的分类框架,可以为电子商务模式创新提供途径,也有助于企业采用特定的电子商务策略和实施步骤。

2.4.1 按参与主体划分

国外已有不少学者提出了相关的分类方法,对电子商务模式可以从多个角度建立分类体系。目前,最流行的莫过于 B2B、B2C、C2C 这种基于交易对象的分类体系了。毋庸置疑,这三者是存在着很大差别的,所以我们将它们分开来讨论。

1. **企业对企业的电子商务模式**(简称 B2B 模式,即 B to B 模式)

企业对企业的电子商务(B2B)是企业与企业之间通过互联网进行产品、服务及信息的交换。传统的企业间的交易往往要耗费企业的大量资源和时间,无论是销售和分销还是采购都要占用产品成本。通过 B2B 的交易方式,买卖双方能够在网上完成整个业务流程,从建立最初印象,到货比三家,再到讨价还价、签单和交货,最后到客户服务。B2B 使企业之间的交易减少许多事务性的工作流程和管理费用,降低了企业经营成本。网络的便利及延伸性使企业扩大了活动范围,企业发展跨地区、跨国界更方便,成本更低廉。

在 B2B 模式下的电子商务结构框图,如图 2-4 所示。

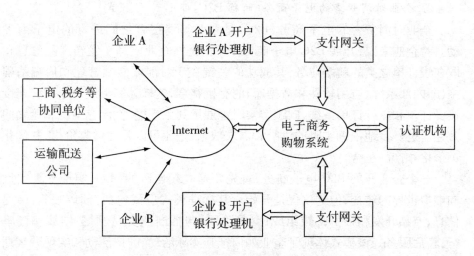

图 2-4　B to B 购物系统结构框图

图 2-4 中,企业 A 通过 Internet 选定一家提供商务服务的电子商务系统或自身商务购物系统,根据其自身需要提出商务业务请求,将请求信息通过 Internet 发送给此电子商务系统;电子商务系统根据企业 A 提出的商务业务请求寻找合适的交易企业 B,并将请求信息通过 Internet 发送给企业 B,企业 B 得到企业 A 的请求信息后,经过分析处理其相应交易请求,并将相应信息发送给电子商务系统;收到企业 B 的交易请求后,电子商务系统开始处理交易信息,并要求交易双方提供各自银行账户信息;得到交易双方的银行账户信息后,需对交易双方进行身份认证,将认证合格的银行账户信息通过支付网关发送给交易双

方的开户银行,完成银行转账;将转账后的信息通过电子商务系统发送给交易企业,并联合工商、税务等协同单位,最后委托运输配送公司来完成配送工作。

这是一个理想的 B2B 电子商务系统的运作过程。在目前比较常用的 B2B 电子商务运作过程中,企业 A 与企业 B 的交流是完全通过第三方 B2B 电子商务服务提供商来进行的,彼此之间不产生即时关联。先是企业 B 向该服务提供商提供其服务列表,委托其处理商务服务,然后,企业 A 向该服务提供商提出商务请求,将请求信息和账户信息一同提交给 B2B 电子商务系统,由 B2B 电子商务系统启动支付系统,向支付网关提交支付信息并完成资金交割。之后,该服务提供商再和企业 B 联系,根据协定将资金划到企业 B 的账户上。

在这种方式下,企业双方共同信任信誉较好的第三方系统,从而避免了因交易双方不信任而造成的信息不畅和商务交易停滞等问题。

2. 企业对消费者的电子商务(简称 B2C,即 B to C 模式)

企业对消费者的电子商务(B2C)是企业与消费者之间进行的电子商务活动。对企业来说,开展 B2C 电子商务并不仅是在企业网站上发布产品信息和获取在线订单之类的前端业务,其成功的关键在于对前端网站管理和后端基础设施(即内部系统、应用软件和数据库)的有机整合,这样才能形成一个无缝连接的接受订单和执行订单系统,向顾客实时地展示其生产能力、库存情况和运输的有效性。进一步地根据实时的供给和需求数据,企业可以及时调整价格,并优化促销价格和产品组合。

一个企业开展 B2C 电子商务,首先要建立起自己的网站,实现从真实世界向虚拟世界的转变,但这仅仅是开始。其标准模式应该包括:预售服务,由提供信息、产品开发和报价比较组成;交易阶段,包括商业交易、财务结算和订单执行;售后服务。该模式体现了企业如何把其实际活动、虚拟活动和实现顾客期望有机结合的问题(见图 2-5)。

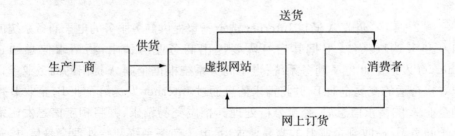

图 2-5 B to C 结构的基本组成

B2C的特点是能迅速地吸引公众和媒体的注意力。
(1) B2C的利润或者来源于公司所提供的服务。
(2) B2C的电子商务模式是近年来各类电子商务模式中发展较快的一个。

3. 消费者之间的电子商务(简称C2C,即C to C模式)

消费者之间的电子商务(C2C)是消费者与消费者之间进行的电子商务活动。C2C电子商务的主要形式是拍卖网站,相当于一个大集市,没有固定的商品和价格。C2C营运商在网上搭建一个平台,为买卖双方架起一座桥梁。由于二手商品的特殊性,C2C营运商一般不提供物流配送,而是由买卖双方在网上谈条件,采用何种支付和付货方式靠交易双方自己解决。一宗C2C交易成功与否,很大程度上取决于买卖双方的诚信,适合为了享受购物过程乐趣的消费者。借助这种方式,个人满足自己个性化需求的机会大大增加了,如知识的获取、经验咨询等。

目前看来,B2B、B2C、C2C仍是典型的基础的电子商务业务模式。其中,B2C属于直接商务,B2B及C2C属于间接商务,直接商务只获得利润,间接商务只收取佣金。这些业务模式根据不同的企业特点会有不同的呈现方式,随着企业的发展,业务模式也在不断地发展和变化中。每个企业的业务模式不能靠模仿和抄袭别人,唯有根据自己的特点进行创新,才能真正找到发展之路。从实际发展来看,一方面,这三种业务模式正被赋予越来越多的内涵和意义;另一方面,由于三者之间逐渐走向融合,也衍生出了一些新的业务模式。

案例2-4　　　　　衍生的电子商务模式

1. B2B2C模式

B2B2C是一种新的网络通信销售方式,是英文"business to business to customer"的简称。第一个B是指广义的卖方(即成品、半成品、材料提供商等),第二个B是指交易平台,即提供卖方与买方的联系平台,同时提供优质的附加服务,C即指买方。卖方不仅仅是公司,可以包括个人,即一种逻辑上的买卖关系中的卖方。平台绝非简单的中介,而是提供高附加值服务的渠道机构,拥有客户管理、信息反馈、数据库管理、决策支持等功能的服务平台。买方同样是逻辑上的关系,可以是内部的,也可以是外部的。B2B2C定义包括了现存的B2C和C2C平台的商业模式,更加综合化,可以提供更优质的服务。

2. O2O模式

O2O模式的核心很简单,就是把线上的消费者带到现实的商店中去,即在线支付购买线下的商品和服务,再到线下去享受服务。OTO 商业模式分成两个层面,即"offline to online"("线下到线上")和"online to offline"("线上到线下"),在不同的运营时期用不同的 OTO 模式。

(1) "offline to online"("线下到线上")的运用

企业可以在推广与营销阶段采取"线下到线上",可以利用自身线下的优势,把线下的用户群体带到线上来发展,对用户进行合理规划,还要保证线下活动与线上推广相互映射,从而达到推广与营销的最大化,引导客户体验网上生活,优化用户群体。

(2) "online to offline"("线上到线下")的运用

企业在销售阶段,可以采用一些价格策略,积极鼓励用户在线上支付,这时候是"线上到线下"。此时,企业可以通过用户的支付信息对用户个性化进行深入挖掘,掌握这些用户数据,可以大大提升对老用户的维护与营销效果,通过分析,还可以提供发现新用户的线索,预判甚至控制用户流量,进而分析用户特征和来源,重新组织合理的推广和营销。

资料来源:http://www.efpp.com.cn/html/news/2012-2-27/227188.html。

2.4.2 按商务活动内容划分

间接电子商务与直接电子商务的区别是什么?

1. 间接电子商务

间接电子商务涉及的商品是有形货物的电子订货,如鲜花、书籍、食品、汽车等,交易的商品需要通过传统的送货渠道完成商品交货。

这类商品的交易过程中所包含的信息流和资金流可以完全实现网上传输,但交易的商品就必须由卖方通过某种运输方式送达买方指定地点。所以,有形商品电子商务还必须解决好货物配送的问题。电子商务中的商品配送具有范围大、送货点分散、批量小等特点。有形商品的电子商务由于三流(信息流、资金流、物流)不能完全在网上传输,也可称间接电子商务。

2. 直接电子商务

直接电子商务涉及的商品是无形的货物和服务,如计算机软件、电子资料、音乐与视频等数字产品,整个商务过程全部在互联网上完成。直接电子商务能使交易双方真正越过地理界线直接进行交易,充分挖掘互联网的优势和全球市场的潜力。无形商品网上交易与有形商品网上交易的区别在于前者可以通过网络将商品直接送别购买者手中,也就是说,无形商品电子商务完全可以在网络上实现,因而称为直接电子商务。

2.4.3 按电子商务技术标准和支付方式分类

按技术标准和支付方式分类,可将电子商务分为以下五种。

1. 支付系统无安全措施型的电子商务

用户从商家订货,信用卡信息通过电话、传真等非网上传送手段进行传输;也可在网上传送信用卡信息,但无安全措施。商家与银行之间使用各自现有的授权来检查网络,其特点是风险由商家承担,信用卡信息可以在线传送,但无安全措施。

2. 通过第三方经纪人支付型的电子商务

用户在第三方网上经纪人付费系统服务器上开一个账号,用户使用账号付费,交易成本很低,对小额交易很适用。网上经纪人持有用户账号和信用卡号,用户用账号从商家订货,商家将用户账号提供给经纪人,经纪人验证商家身份,给用户发送电子邮件,要求用户确认购买和支付后,将信用卡信息传给银行,完成支付过程。其特点是:用户账号的开设不通过网络;信用卡信息不在开放的网络上传送;使用电子邮件来确认用户身份,防止伪造;商家自由度大,无风险;支付是通过双方都信任的第三方(经纪人)完成的。

3. 电子现金支付型的电子商务

用户用现金服务器账号中预先存入的现金来购买电子货币证书,这些电子货币就有了价值,可以在商业领域中进行流通。电子货币的主要优点是匿名性,缺点是需要一个大型的数据库存储用户完成的交易和电子现金序列号,以防止重复消费。这种模式适用于小额交易。

4. 支付系统使用简单加密型的电子商务

使用这种模式付费时,用户信用卡号码被加密。采用的加密技术有加密的HTTP协议(Security Hyper Text Transfer Protocol,简称 SHTTP)和加密套接字协议层(Security Socket Layer,简称 SSL)等。这种加密的信息只有业务提供商或第三方付费处理系统能够识别。由于用户进行在线购物时只需一个信用卡号,所以,这种付费方式给用户带来方便。这种方式需要一系列的加密、授权、认证及相关信息传送,交易成本较高,对小额交易而言是不适用的。其特点是:

部分或全部信息加密；使用对称和非对称加密技术；可能使用身份验证证书；采用防伪造的数字签名。

5. SET型的电子商务

SET协议(安全传输协议)是安全电子交易的简称，它是一个在Internet上实现安全电子交易的协议标准。SET协议规定了交易各方进行安全交易的具体流程。它通过使用公共密钥和对称密钥的方式加密，保证了数据的保密性，通过使用数字签名来确定数据是否被篡改，保证数据的一致性和完整性，并可以完成交易中的预防抵赖。此种方式的电子商务的支付安全有很好的保障，但SET协议十分复杂，因而其应用也受到了一定的限制，但业界认为这种方式将是未来的发展方向。

此外，电子商务的分类方式还有很多，例如，按电子商务交易过程可分为交易前电子商务、交易中电子商务和交易后电子商务；按交易对象不同分为有形商品交易电子商务、无形商品交易电子商务和服务交易电子商务等。应该说，不同的分类便于从不同的角度研究电子商务，对电子商务的研究都有一定作用。

案例2-5　　　　电子商务模式创新案例

近年来，电子商务开始向细分和模式创新迅速发展，如果想在电子商务领域里进行创业，可以高度关注每月订购、反向定价、游戏化以及社交购物4个趋势。

1. 每月订购。其最为具体的表现就是用户按照一定价格每月认购一份商品，可以跳过，也可以每月都购买。主要的领域集中在时尚用品，服装或者其他高档配饰类。

2. 反向定价。这种模式主要运用心理博弈。由用户给定价格，商家选择是否接受，如果接受，则可以成交。当然，心理博弈的成分很大，用户不可能随便给定价格。另外，"最能实现商品使用价值的人最愿意支付高价"也使这种模式会被商家接受。

3. 游戏化。即在整个电子商务的购物过程中设计一些有趣的、可以增强用户情感体验的游戏因素。这种微妙的情感设计能够更好地抓住用户的心。

4. 社交购物。国外最先出现的是基于Facebook的购物，因此，社交购物也被称作F-commerce。主要是基于社交网络关系图谱或者兴趣图谱产生的购物行为。

资料来源：http://www.36kr.com/。

2.5 电子商务解决方案

什么是电子商务解决方案?

2.5.1 电子商务解决方案概述

电子商务解决方案是指用于特定类型的电子商务系统或针对电子商务的某些环节的全套解决方案,通常包括开展电子商务所需的全部软件、硬件,系统集成方案及相关服务。

通常认为电子商务解决方案有广义与狭义之分。广义的电子商务解决方案是指,凡是可以有助于实现电子商务的举措,均可以划入电子商务解决方案的范畴,如提供虚拟主机、域名注册业务等。狭义的电子商务解决方案是重点围绕着交易而提供的一系列软件功能,如建构企业的电子商务站点、构建网上交易平台等。企业要正确开展电子商务,关键是选择电子商务解决方案。

1. 电子商务解决方案的特点
(1) 快速启动,快速推向市场。
(2) 开放体系。
(3) 模块化结构。
(4) 良好的移植性和扩展性。
(5) 服务的有效性。

2. 电子商务解决方案的类别
(1) 按复杂程度分。分为初级电子商务解决方案、中级电子商务解决方案和高级电子商务解决方案。
(2) 按商务模式分。分为企业对企业电子商务解决方案、企业对消费者电子商务解决方案和消费者对消费者电子商务解决方案等。
(3) 按行业分。分为制造业电子商务解决方案、流通业电子商务解决方案、媒体与互联网行业电子商务解决方案、政府机关电子商务解决方案、电力行业电子商务解决方案和跨行业电子商务解决方案等。
(4) 按应用领域分。分为企业资源规划(ERP)、客户关系管理(CRM)、供应链管理(SCM)、移动商务应用和电子交易的电子商务解决方案等。

2.5.2 电子商务解决方案架构

电子商务解决方案定义了新的商务形式,除了提供买卖服务外,还能够支持企业全部业务过程和提供完整的管理手段。所以,电子商务解决方案所提供的内容不仅仅是技术方面的,而且应该涉及为业务服务的企业管理的各个方面。

一个基本的企业电子商务解决方案的架构应包括基础框架、应用服务和咨询服务三个部分。

1. 基础框架

基础框架是企业为商务、运作服务的全部基础信息系统,是企业内部的电子商务。其中,办公自动化软件(OA)、企业资源计划(ERP)等系统也和设备、网络一样,成为基础设施的必要组成部分,没有这些系统作基础,电子商务解决方案就成了空中楼阁。基础框架应包括的基本服务是硬件及网络设备服务、操作系统服务、数据存储服务、开发环境服务、内部应用服务、内部管理服务、Web 服务、集成能力、可扩展性、分布性、安全通信等。

2. 应用服务

应用服务是指企业对外的供应链服务和客户关系服务,在前面坚实的基础上,电子商务要依靠它才能真正发挥效能。主要内容包括运销、采购、交易过程、支付、库存管理、物流管理、售前售后服务、客户关系管理等。

3. 咨询服务

咨询服务对企业提供一种引导,帮助企业高层制定有效的规划,决策出一个完整的、正确的电子商务策略。否则,整个决策的失误会导致这个企业原来的传统业务全部毁坏,而且可能是 10 倍速度的加速。

该服务通常分为三个主要阶段:第一阶段,集中在对企业内部进行一次评价和对整个行业的分析,帮助客户了解现在的总体业务状况,明确自己为什么要搞电子商务。第二阶段,帮助企业建立一个远景目标,让企业在了解自己现状的同时设想自己的发展远景;设计改革现在的流程,包括价值链的改变;制定一些策略,以配合企业达到其确定的远景。第三阶段,具体地看哪些项目可以做出来,然后定义项目的时间表、确定项目的高层工作计划、确定需要参与的高层领导并预定他们的时间、确定内部的交流计划等。

2.5.3 选择电子商务解决方案

企业在茫茫的国内外软件供应商的海洋里,很难分清哪家的产品是适合自己企业的以及什么样的数据库平台和硬件平台是能与企业现在的业务流程相适应并能满足企业将来发展需要。这需要全面地分析企业的规模、行业特点、业务特点等要素,为企业量体裁衣,帮助企业选择合适的应用系统、数据库平台、硬件平台等技术架构。

如何选择电子商务解决方案?首先,要明确选择电子商务方案的依据是企业电子商务系统总体规划方案;其次,要将电子商务解决方案提供商作为自己企业开展电子商务活动的全程战略合作伙伴。

在选择电子商务解决方案时,企业要注意以下六点:
(1) 对提供电子商务解决方案的服务商的合法地位进行考虑;
(2) 服务商是否有成功案例;
(3) IT 领域中售后服务尤为重要;
(4) 服务商在行业中的形象和声誉;
(5) 对服务商业务的纵向比较;
(6) 了解服务商的服务收费是否有竞争性。

企业本身是有个性的,企业的电子商务解决方案必然是以客户为中心并量体定制的,但这种量体定制已经是超越了企业信息化初期的那种"以客户为中心"的概念,现在,有成千上万的企业在期待着迅速地实现电子商务,而如果再按部就班地派一批人马驻扎到企业去开发,一是时间上不允许,二是电子商务解决方案的提供商——软件公司也不允许。在一体化设计思想的指导下,将基本功能的模块细分化,使各个功能模块可以实现积木式的拆装,这样,针对不同的企业就可以具体地选择不同的功能模块,迅速地搭建起对应的电子商务平台。

案例 2-6　　　白兰氏电子商务解决方案

组织策略

白兰氏的电子商务项目由总公司进行统一规划,各个地区差异化实施、运营;针对每个地区不同的建设重点和需求,提供不同的建设方案,每个地区的业务指标均由各个分公司进行制定,和总公司并无关系。

商品管理策略

白兰氏对商品的管理主要在于价格,不管任何地区销售的价格都有严格的控制,均由总公司进行价格的管控,各个地区对商品的绝对价格并无制定权,只是在一定的范围内可以进行促销的实行,但促销一般也是买赠形式,基本不会有直减价格的方式出现。

> **仓储物流方案**
>
> 大陆地区并无自己的仓库,因为所有后端订单的处理全部外包给第三方的代运营公司进行,所以是由代运营公司进行仓库的建立和商品的保管,物流全部采用第三方物流公司进行配合。
>
> **运维方案**
>
> 大陆地区的服务器由 ShopEX 提供,并提供《运维管理解决方案》和《安全及信任解决方案》,保证大陆地区 B2C 网站的稳定运行;其他国家和地区的 B2C 网站的服务器在新加坡,但是客户方只能保证安全,并无法保证稳定运行,所以,ShopEX 提供《运维管理解决方案》对境外的服务器进行管理和服务,保证稳定的运行。
>
> 资料来源:http://www.shopexecp.com/blog/。

本 章 小 结

电子商务概念模型是由交易主体、电子市场、交易事务、信息流、资金流、物资流等基本要素构成。电子商务的商业模式是指一个电子商务企业从事某一领域经营的市场定位和赢利目标以及为了满足目标顾客主体需要所采取的一系列的、整体的战略组合。一个综合的商业模式主要由以下部分组成:①目标客户以及相互关系;②企业的产品和服务;③生产和销售的业务流程;④识别资源;⑤企业所在的供应链;⑥期望收益(收益模式)、预期成本、资金来源和利润估计(财务生存能力)。企业对企业的电子商务(B2B)是指企业与企业之间通过互联网进行产品、服务及信息的交换。企业对消费者的电子商务(B2C)是指企业与消费者之间进行的电子商务活动。消费者之间的电子商务(C2C)是指消费者与消费者之间进行的电子商务活动。

电子商务交易成本的构成包括技术成本、安全成本、物流成本和客户成本,电子商务的运作是成本的运作。电子商务的基本运作条件中最关键的环节是电子商务的参与者,即从事电子商务的客观对象,主要包括企业、消费者、中介机构和政府。此外,电子商务的分类方式还有很多,不同的分类便于从不同的角度研究电子商务。研究电子商务,既要对上述各对象进行单独研究,也要研究它们相互之间的关系,找出适合企业自身特点的电子商务模式。电子商务解决方案是指用于特定类型的电子商务系统或针对电子商务的某些环节的全套解决方案,通常包括开展电子商务所需的全部软件、硬件、系统集成方案及相关服务。电子商务解决方案是重点围绕着交易而提供的一系列软件功能,如建构企业的电子商务站点、构建网上交易平台等。企业正确地开展电子商务的关键是选择合适的电子商务解决方案。

复习与思考

1. 什么是电子商务的概念模型?
2. 电子商务系统结构的主要组成部分是如何定义的?
3. 试述电子商务的交易成本如何划分?
4. 简述电子商务的分类?
5. 举出几个你身边电子商务运用的例子,说明企业在选择电子商务方案时要注意的问题?

案例分析

凡客诚品的商业模式分析

(一) 战略目标

1. 战略目标

不是做一个品牌,也不是做一个平台,而是做一个服务的提供商,从早期的衬衫到T恤、裤子等,再发展到家具等,做的是一个服务提供商,这是凡客诚品的最终战略目标。VANCL已从单一男装品牌直销平台变身为多品牌电子商务平台。以男装直销品牌起家的VANCL不满足于单一的品牌战略,拟推出多个子品牌,同时将推出女装等更多服饰。VANCL要成为一个兼具GAP之形和ZARA之神的品牌,致力于成为中国电子商务的服装行业巨头。

2. 愿景

提供高性价比的自有品牌、最好的用户体验和全球时尚的无限选择,成为互联网快时尚品牌。

3. 使命

平价快时尚,是人民时尚。

(二) 目标用户

互联网加速了中国中产阶级的成长,因为中产阶级市场的形成需要符合中产阶级品位的品牌。凡客诚品的目标客户就是中国网民中人数最为庞大的一个群体,那些中产阶层熟悉互联网,热衷于网上购物的是处于 20—35 岁左右的中层经济状况的"70 后"、"80 后"、"90 后"青年。他们大都是一些习惯于网络购物、有猎奇心态的年轻人,而且很容易被折扣所吸引,希望在彰显出自己的个性和价值主张的同时,又得到社会大众的主流价值观认可。

从目标客户群来看,凡客主要定位于时尚、快乐、阳光、青春、休闲的基调,许多都市白领、青年男女、成功人士都是凡客的目标客户。此类客户总体上来看属于年轻、高学历,多为单身或上班族,有一定的经济基础,愿意为自己喜欢的东西花钱。

(三) 产品和服务

1. 产品

凡客诚品自 2007 年 10 月运营发布以来,品类涉及男装、女装、童装、鞋、家居、配饰、化妆品等七大类。产品定位为中低端品牌,提倡简单生活方式,让消费者以合适的价格享受高品质和时尚的商品,性价比高,以男士衬衫网络销售为切入点,逐步扩展到综合服装类的全线销售。目前已是根植中国互联网上遥遥领先的领军平价快时尚品牌。

2. 为客户提供以下服务

(1) 在线直销服务

客户直接从网站上购买商品,实现 24 小时营业,凡客的购物系统提供了快速定位产品及预览产品的通道,在凡客购物,你能体会到的最大好处就是简单易选;凡客还为客户设立了 24 小时电话客户服务中心,客户也可以通过电话的方式订购或咨询产品。

(2) 网络轻型渠道服务

VANCL 通过电子商务直接架构了轻型营销渠道,与传统服装企业相比,轻型渠道可以省去大量的库存成本,VANCL 的轻型营销渠道可以增强企业的经营活力。

(3) 支付和配送服务

VANCL 提供多种支付方式,支持货到付款,为客户的支付提供了便捷的方式。VANCL 支持快钱支付、网银支付、网汇通、邮局汇款、货到付款等多种方式。

这些虽然并不是 B2C 行业的标准性规则,但却是吸引用户、刺激消费的最核心客户体验。凡客诚品不断地从多个层面的"微创新"来提升用户体验,例如,网络营销的全方位覆盖;29 元印花 T 恤、59 元帆布鞋以及丝袜、防寒服等产品线的不断扩展;"当面验货,无条件试穿"以及"30 天退换货保障"的服务承诺。

凡客诚品凭借一流的客服服务,免除了消费者心中诸多的忧虑。

(四) 价值主张

VANCL作为互联网时尚生活品牌,坚持诚信、务实、创新的价值主张。VANCL提倡简单得体的生活方式,坚持国际一线品质和合理价位,致力于为互联网新兴族群提供高品质的精致生活。

(五) 赢利模式(收入和利润来源)

1. 营利空间

VANCL以男式系列服装为核心产品,通过将现代电子商务模式与传统零售业进行创新性融合,以现代化网络平台和呼叫中心为服务核心,以先进的直销营销理念配合卓越的供应链管理的方式及高效完善的配送系统,为消费者提供高品质的服装产品与服务保障,通过对上游生产商成本控制和自我产业链管理,以高效物流体系来销售产品,给客户提供价廉物美的产品,以此实现公司的利润。

2. 收入模式

(1) 产品销售收入

VANCL网站上的产品的直接单击订购,2010年销售额达到20亿元人民币,销售服装3千万件,服装销量增长三倍,这为VANCL带来大量的销售收入,也是其主要的收入来源。

(2) 资金快速周转收益

VANCL与传统商业关系不同,它把其变得更简单、更便捷,很多流通环节大大缩短甚至取消,VANCL走"轻资产"的营销渠道,产品最初是采用外包物流配送的方式,2010年建立如风达快递公司,自建物流配送体系的另外一大好处就是可以加速资金流动性,强化资金流的周转能力,增加了投资的收益率。

(3) 成本控制收益

VANCL采用轻型直销渠道,省去了大量的店面成本和库存成本。在传统服装企业的销售环节中,成本最大的就是店面成本,而且在线下店面销售服装时,每个零售网点都需要备有适量的库存,随着零售网点数量的增大,所有门店所需的库存成本是巨大的。而VANCL通过互联网实现无店面的销售模式,大大减少了库存成本和店面成本。

(4) 凡客V+品牌加盟费

2010年5月,凡客V+平台上线,成为凡客旗下又一赢利网站,这是一个网上商城,许多大品牌的企业都在凡客上开了自建的店铺,凡客通过收取摊位费和广告费获取了更多的营利。

(5)"达人"分成

"凡客达人"是凡客诚品推出的一个社区化分成营销平台,买家只要通过"达人"的店铺或者空间购买凡客产品,"达人"就可以获得凡客10%的销售分成,凡客也凭此获得收入。

(六) 核心能力

1. CPS 新的营销模式

凡客诚品在多家网络广告联盟上投放 CPS 广告。CPS 是指按销售提成广告费用,许多个人站长在网站上投放了他们的广告,成立了自己的网站聪明。让广大站长和店长加入,根据销售额进行提成费用,这个形式也属于 CPS。

在媒体选择上,凡客不仅注重带来的流量,更注重广告与销售的投入产出比。凡客发展出一套以 ROI 为考核标准,对门户、社区、CPS 聪明等进行优胜劣汰,量身定制出一套完全符合 VANCL 的整体营销策略,保证了凡客诚品平稳、快速地成长。

2. 自建物流体系

以前的凡客诚品主要依赖第三方物流配送,但由于配送不规范,送货时间不准时,货物被损坏的情况造成了不必要的纠纷,所以,凡客诚品决心在北京、上海、广州自建配送体系,以确保北京、上海、广州、深圳这四个网购消费力度大的城市两天内能够送达,而其他城市则由第三方配送合作伙伴来完成。

3. 质量管理

VANCL 在行业内率先推出了"全检"制度,产品一进入库房,每件产品都有专门的巡检员进行质量检查,只有质量合格才能进入仓库。凡客诚品的北京、上海、广州三地品控架构中都有品检中心。在供应商的生产过程中,凡客诚品还会派出专业人员进行产前辅导和产中检测,以确保质量。

4. 竞争优势

(1) 凡客拥有网络市场运作经验丰富的管理团队和优秀的营销团队,有很强的市场敏锐度,对网络市场非常了解,制定科学的管理理念,拥有技术优势以及人力资源优势——网络巨人携手,顶级设计师加盟。

(2) 凡客运用网络直销运营模式,采用轻公司的运营模式,拥有自主设计理念与工作室,专注于做品牌和市场,使凡客拥有比较低的价格优势以及成本优势。

(3) 凡客利用无可比拟的互联网行业资源与服装行业资源,积极运用网络营销策略,宣传企业文化,扩大品牌影响力。

(4) 凡客诚品没有自己的工厂,通过呼叫中心和互联网收集市场信息,分析其中的变化和新需求,进而反馈给各供应商并制定下阶段的市场计划。凡客的最大竞争优势就是快速的资源整合能力、快速的市场反应能力以及对供应链的绝对控制能力。

资料来源：http://www.zuozuo365.com/。

讨论题

1. 什么是电子商务？典型的电子商务类型有哪些？凡客属于哪种类型？
2. 请谈谈凡客诚品的启示。
3. 结合我国电子商务企业的实际情况,谈谈应该如何发展电子商务？

3 电子商务实现技术

学习目标

学完本章,你应该能够:
1. 掌握计算机基础网络知识;
2. 了解因特网的基础服务;
3. 理解电子商务网站的建设;
4. 熟悉电子商务中的 EDI 技术;
5. 了解电子支付技术。

基本概念

EDI 技术　电子支付　电子现金　电子支票

3.1　Internet 技术

电子商务中需要掌握哪些 Internet 技术?

3.1.1　OSI 参考模型

1979 年,国际标准化组织(International Organization for Standardization,简称 ISO)提出了一个"开放系统互联参考模型"的国际标准,即著名的 OSI/RM (Reference Model of Open System Interconnection)参考模型,泛称为 OSI 或 OSI 参考模型,并由此衍生出一系列的 OSI 标准。

OSI 参考模型提供了一个开放系统互联的概念上和功能上的体系结构,规定了开放系统中各层提供的服务和通信时需要遵守的协议。若计算机和信息处理系统符合 OSI 标准,则无论系统采用何种硬件构架,使用什么样的操作系统,都可互连和交换信息,这样就可以很方便地实现计算机等之间的通信。

OSI 参考模型将计算机网络体系结构分为七层,分别为物理层、数据链路层、网络层、传输层、会话层、表示层和应用层。

1. 物理层

物理层(physical layer)是 OSI 的最低层,是整个开放系统的基础。物理层为设备之间的数据通信提供传输媒体及互联设备,为数据传输提供可靠的环境。

2. 数据链路层

数据链路层(data link layer)可以粗略地理解为数据通道。物理层要为终端设备间的数据通信提供传输媒体及其连接。媒体在连接生存期内,收发两端可以进行若干次数据通信。每次通信都要经过建立通信联络和拆除通信联络两个过程。这种建立起来的数据收发关系就叫做数据链路。

3. 网络层

网络层(network layer)是通信子网与高层结构的界面,是通信子网的最高层,为建立网络连接和为上层提供服务。当数据终端增多时,它们之间有中继设备相连,此时会出现一台终端能和多台终端通信的情况,这就产生了把任意两台数据终端设备的数据链接起来的问题,也就是路由或者叫寻径。

4. 传输层

传输层(transport layer)是为两个端系统(源站到目的站)的会话层间建立一条运输连接,可靠、透明地传送报文(该层运输的都是报文),执行端到端的差错控制、管理多路复用(即在一个网络连接上创建多个逻辑连接)等。传输层尚需具备差错恢复、流量控制等功能,以此对会话层屏蔽通信子网在这些方面的细节与差异。

5. 会话层

会话层(session layer)提供的服务可使应用建立和维持会话,可对会话实施管理、整合同步数据流,并能使会话获得同步。会话层使用校验点可使会话在通信失效时从校验点继续恢复通信(该能力对传送大的信息文件极为重要)。

6. 表示层

表示层(presentation layer)向应用层提供数据变换服务。变换服务涉及数据的代码变换、形式变换、数据加密和解密、数据压缩和还原等工作,可为异种机通信提供一种公共语言,以便能进行相互操作。

7. 应用层

应用层(application layer)是 OSI 参考模型中的最高层,也是最主要的一层,可向应用程序提供各种服务(如文件传输、电子邮件、远程登录、作业传送、银行事务、订单输入和资源管理等),这些服务按所提供应用程序的特性分组。有些可为多种应用程序共同使用,有些则为某类特定应用程序使用。

OSI 参考模型如图 3-1 所示。

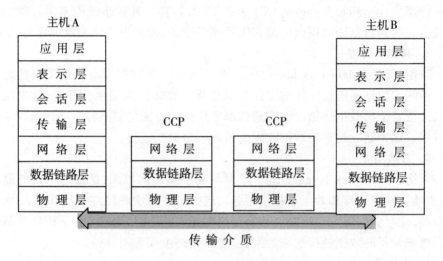

图 3-1 OSI 参考模型

3.1.2 Internet 的接入方式

互联网(Internet,又译因特网、网际网)是由广域网、局域网及单机按照一定的通讯协议组成的国际计算机网络。互联网是指将两台计算机或者是两台以上的计算机终端、客户端、服务端通过计算机信息技术的手段互相联系起来的结果,人们可以与远在千里之外的朋友相互发送邮件、共同完成一项工作或共同娱乐。

互联网的接入形式多种多样,常见的有以下几种。

1. XDSL(ADSL)

XDSL 是 HDSL、ADSL、VDSL 等技术的统称,目前应用最广泛的是 ADSL(见图 3-2)。ADSL 是非对称数字用户线路(Asymmetric Digital Subscriber Line)的缩写。它采用 PPPoe 虚拟拨号方式联网,具有以下优势。

(1) 带宽充足,最大可以提供 8M bps 的下行速率和 512K bps 的上行速率,足够满足目前会议电视、视频点播等的要求。而且这种不对称性也非常符合用户联网的实际需要。

(2) 由于采用了独特的信号调制技术,用户在使用 ADSL 的同时并不影响普通电话的使用。

(3) 由于 ADSL 入户采用的是普通的电话线,对于传统电信运营商而言,可以用相对较小的投资较快地为用户提供宽带接入,以最小的代价解决宽带网络入户问题。

ADSL 业务的信号从电信局端到用户端的途中会迅速的衰减,有质量保证的一般在 3 公里内,这个距离在市区一般不会存在问题,但在郊区,由于距离远,会有很多地区的用户无法使用 ADSL 服务。

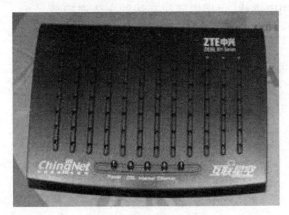

图 3-2 ADSL Modem

2. DDN

DDN 是数据传输网(Digital Data Network)的简称,它采用的是数字专线和数字电路,传输质量高,时延小,可靠性好。DDN 一般可以提供最大 2M bps 的上下行对称的速率。

由于 DDN 是按流量来进行计费的,而且需要铺设专门的线路,因此,安装和使用成本都相当高昂,除了大型企业和对网络要求非常严格的企业外,一般中小型企业都很少会去采用它。

3. FTTB

FTTB 是光纤到楼(Fiber To The Building)的简称,是一种基于优化光纤网络技术的宽带接入方式,采用光纤到楼、网线到户的方式实现用户的宽带接入,我们称为 FTTB+LAN 的宽带接入网(简称 FTTB),这是一种最合理、最实用、最经济有效的宽带接入方法。

FTTB 的速度很快,上下行均可达到 10M bps 的速率(甚至可以达到 100M bps 的速率),由于采用的是双绞线(超五类双绞线或四对非屏蔽双绞线)到户,简化了施工难度,也有效地控制了安装成本。

4. Cable Modem

Cable Modem 是一种将你的计算机和有线网络连接起来的外部设备(见图 3-3)。和普通 Modem 不同的是,它所连接的是有线网络而不是电话线。它能使计算机发出的数据信号与电缆传输的射频信号实现相互之间的转换。

Cable Modem 本身不单纯是调制解调器,它集 Modem、调谐器、加/解密设备、桥接器、网络接口卡、虚拟专网代理和以太网集线器的功能于一身。它无需拨号上网,不占用电话线,可提供随时在线的永久连接。

图 3-3 Cable Modem

5. PLC

PLC 的英文全称是 Power Line Communication,即电力线通信(见图 3-4)。通过利用传输电流的电力线作为通信载体,使得 PLC 具有极大的便捷性,只要在房间任何有电源插座的地方,不用拨号,就立即可享受 4.5—45M bps 的高速网络接入。另外,可将房屋内的电话、电视、音响、冰箱等家电利用 PLC 连接起来,进行集中控制,实现智能家庭的梦想。目前,PLC 主要是作为一种接入技术,提供宽带网络最后一公里的解决方案,适用于居民小区、学校、酒店、写字楼等领域。

PLC 的优点非常明显,由于它使用电力线,所以,无需额外布线,延伸方便。但在实际使用过程中,受用电高峰和低谷的影响,会造成网络传输的不稳定,这也是目前正在解决的技术难点。

图 3-4　PLC Modem

6. FTTH

顾名思义，FTTH（Fiber To The Home）就是一根光纤直接到家庭（见图 3-5）。具体地说，FTTH 是指将光网络单元安装在住家用户或企业用户处，是光接入系列中除 FTTD（光纤到桌面）外最靠近用户的光接入网应用类型。

FTTH 的优势主要有以下几点：第一，它是无源网络，从局端到用户，中间基本上可以做到无源；第二，它的带宽是比较宽的，支持的协议比较灵活，而且可以长距离传输；第三，因为它是在光纤上承载的业务，所以在功能开发上不存在技术性的问题；第四，网络延时小、速度快，一般状态下可以达到 100—1 000M bps 的速率。

图 3-5　华为 HG8245 无线一体光猫

3.1.3 Internet 的主要功能

1. 超文本传输功能

超文本传输功能基于超文本传输协议(Hyper Text Transport Protocol,简称 HTTP),它利用超文本标记语言(HTML)把图形、图像、文本、动画等有机地集成起来,形成多姿多彩的网页形式,其文件的扩展名为 htm 或 html,用户只需使用浏览器软件(如 Internet Explorer、FireFox、Chrome、Opera 等)即可访问浏览。

2. 文件传输功能

文件传输功能基于文件传输协议(File Transfer Protocol,简称 FTP),是指用户从一个地点的计算机向另一个地点的计算机传送或收取文件。用户把自己的文件传送到远程计算机上被称为上传(upload),从远程计算机上取得自己所需要的文件被称为下载(download)。常用的 FTP 工具有 CuteFTP、LeapFTP、FlashFXP 等。

3. 远程登录功能

远程登录(Telnet)是本地计算机与远程主机之间的一种有效的连接手段,它为用户提供了在本地计算机上完成远程主机工作的能力。有了 Telnet,用户不必局限在固定的地点和特定的计算机上工作,通过网络随时可以使任何地方的任何计算机联网。

4. 电子邮件功能

电子邮件(Electronic Mail,简称 E-mail)是用户或用户组之间通过计算机网络收发信息的服务。与一般邮件相比,电子邮件具有快速、简便、高效、价廉等特点,其发送服务器和接收服务器不需要直接连接就能工作。因此,即使对方不在,仍可将邮件送到对方的邮箱里。

E-mail 服务器主要采用简单邮件传输协议(Simple Mail Transfer Protocol,简称 SMTP)来传送电子函件。SMTP 描述了电子函件的信息格式及其传递处理方法,以保证被传送的电子函件能够正确地寻址和可靠地传输。和 SMTP 同时出现的,还有邮局通讯协议(Post Office Protocol,简称 POP),常用的 POP3 是这个通讯协议的第三个版本。SMTP 负责将使用者所撰写的 E-mail 送到电子信件邮局中,而 POP 则负责从邮局中接收信件。一般来说,POP 和 SMTP 邮件服务器都是设定在同一部邮件主机上的。

5. BBS 功能

BBS(Bulletin Board System)即电子公告牌系统。世界上第一个电子公告牌系统是 Ward Christensen 于 1978 年在芝加哥开发的。电子公告牌系统具有经验交流、信息交流、问题解答等功能,它是一种休闲性的信息服务系统。讨论区是 BBS 的最主要功能之一,包括各类学术专题讨论区、疑难问题解答区和闲聊神侃区等各种领域的讨论主题。

6. BLOG 功能

BLOG 即是博客,又译为网络日志或部落格,是一种通常由个人自行管理、不定期发布新文章的网站。博客可以理解为一种表达个人思想和网络链接、内容按照时间顺序排列并且不断更新的出版方式。由于博客沟通方式比电子邮件、讨论群组更简单和容易,因此,BLOG 已成为家庭、公司、部门和团队之间越来越盛行的沟通工具。许多博客专注在特定的课题上,提供评论或新闻,其他则是个人的日记。大部分的博客内容以文字为主,也有一些博客专注于艺术、摄影、视频、音乐、播客等各种主题。博客网站是网民们通过互联网发表各种思想的虚拟场所,其主要特点是频繁更新、简洁明了和个性化。

7. 微博功能

微博是微博客(MicroBlog)的简称,最早也是最著名的微博是 2006 年在美国建立的 Twitter,用户可以使用 140 字以内的文字进行信息更新,并实现即时分享。2009 年 8 月,中国最大的门户网站新浪网推出"新浪微博"内测版,成为门户网站中第一家提供微博服务的网站,微博正式进入中文上网主流人群视野。由于用户可以通过网页、WAP、桌面应用、手机浏览器以及各种移动客户端随时随地地进行微博的发布、浏览和转发,使得微博在过去两年呈爆炸性地发展,截至 2012 年 5 月底,我国的微博用户数已经超过 3 亿。

3.1.4 Internet IP 地址

在互联网上有上亿台主机,为了区分这些主机,人们给每台主机都分配了一个专门且唯一的地址,称为 IP 地址。IP 地址就好像我们常用的电话号码,有了某台主机的电话号码(IP 地址),你就能与这台主机通信了。

IP 地址的长度为 32 位(bit),也就是 4 个字节,但为了方便人们的使用,IP 地址经常被写成十进制的形式,也就是把每个字节分别转换成十进制,之间用符号"."分开,我们平时看到的 IP 地址基本都是这种形式。

IP 地址的内容可分成网络地址和主机地址两大部分,根据两者所占长度的不同,共有五种类别,分别称为 A、B、C、D、E。其中,前三种是最常用的,后两种一般只用于组播和实验,所以,这里只介绍前三种。

IP 地址的网络号及主机号范围如图 3-6 所示。

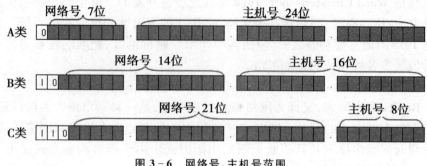

图 3-6 网络号、主机号范围

1. A 类地址

A 类地址的第 1 字节为网络地址,其他 3 个字节为主机地址。它的第 1 个字节的第一位固定为 0。A 类地址的范围是 1.0.0.0—126.255.255.255。

A 类地址中,10.×.×.× 是私有地址(就是不能在互联网上使用,而只能用在局域网络中);127.×.×.× 是保留地址,代表本机 IP(一般常用 127.0.0.1)。

2. B 类地址

B 类地址的第 1 字节和第 2 字节为网络地址,其他两个字节为主机地址。它的第 1 个字节的前两位固定为 10。B 类地址的范围是 128.0.0.0—191.255.255.255。

在 B 类地址中,172.16.0.0—172.31.255.255 是私有地址;169.254.×.× 是保留地址(当你的 IP 地址设置为自动获取且自动获取又失败的时候,就会得到其中一个)。

3. C 类地址

C 类地址的第 1 字节、第 2 字节和第 3 个字节为网络地址,第 4 个字节为主机地址。它的第 1 个字节的前三位固定为 110。C 类地址的范围是 192.0.0.0—223.255.255.255。

在 C 类地址中,192.168.×.× 是私有地址。

3.1.5 Internet 域名

IP 地址是互联网主机的一种数字型标识,但对于使用网络的人来说,却难以记忆和书写。为此,人们就研究出了一种符号化的地址方案来代替数字型的 IP 地址,每一个符号化的地址都与特定的 IP 地址对应,这就是域名(Domain Name)。

域名由若干部分组成,各部分之间用小数点分开。域名地址更直接地体现出层次型的管理方法,比较常用的格式为本地名.组织名.最高域。最高域也称为顶级域,至少由两个字母构成,往往是网络类别、国家或地区的代码,它是由全球域名管理组织统一发布,不可以随便自定义。组织名是由 1 到 63 个字母、数字或"－"构成("－"不可位于首尾),可由注册人自行定义。本地名一般为 www,也可以由使用人自行定义甚至为空。常见的最高域见表 3-1。

表 3-1 常见最高域

. com	商业机构	. biz	工商企业
. net	网络组织	. info	信息机构
. org	非营利组织	. name	个人网站
. edu	教育机构	. int	国际组织
. gov	政府部门	. mil	军事部门
. cn	中国国家域	. us	美国国家域

对 Internet 来说,域名必须要翻译成 IP 地址才可以使用,而把域名翻译成 IP 地址的服务被称为域名解析服务,即 Domain Name Service,简称 DNS。域名服务器是指保存有该网络中所有主机的域名和对应 IP 地址并具有将域名转换为 IP 地址功能的服务器。其中,域名必须对应一个 IP 地址,而 IP 地址不一定只对应一个域名。

案例 3-1　　　　微博鼻祖——Twitter

　　Twitter(非官方中文通用名称为推特)是即时信息的一个变种。它允许用户将自己的最新动态和想法以短信息的形式发送给手机和个性化网站群,而不仅仅是发送给个人。2006 年,博客技术先驱 blogger.com 创始人埃文·威廉姆斯(Evan Williams)创建的新兴公司 Obvious 推出了 Twitter 服务。到 2012 年 5 月,Twitter 的全球注册账号总数已经超过两亿,每天发布的 Tweets 条数已超过 4 亿条。客户端覆盖电脑桌面、WAP 手机、安卓手机、苹果手机、黑莓手机、WP手机以及各种平板电脑等。

　　Twitter的英文意思是一种鸟叫声,创始人认为鸟叫是短、频、快的,符合网站的内涵,因此选择了Twitter作为网站名称。

　　资料来源:http://baike.baidu.com/view/843376.htm。

3.2　网站建设技术

电子商务网站如何建立和开发?

3.2.1　电子商务网站系统

　　从技术角度来说,Web网站系统是建立在客户机/服务器(Client/Server)模型上,以HTML语言、HTTP协议和URL标识为基础构成的。电子商务网站系统也是Web网站系统的一种。

　　既然称之为系统,它就不是由单一的要素构成的。构成Web网站系统的对象主要有网页浏览器和网站服务器。网页浏览器是客户端软件,客户必须通过这类软件实现与服务器的交互。网站服务器是为客户提供网页浏览服务的软、硬件系统。

　　客户端的网页浏览器要向网站服务器提出服务请求,网站服务器要响应请求,都必须遵循两者特定的通信协议,也就是HTTP协议。基本服务的流程是:客户端网页浏览器向网站服务器发出HTTP服务请求,网站服务器接到请求后进行相应的处理,并将处理结果以HTML文件的形式返回给浏览器,客户端网页浏览器对内容进行解释并展示给用户。如果网站服务器要与数据库服务器进行交互的话,还需通过中间件来实现。Web网站系统的结构如图3-7所示。

图3-7　Web网站系统结构

Web 网站系统使用统一资源定位符 URL(Uniform Resource Locator,简称 URL)来定位每一个网页,URL 是一种标准化的命名方法,支持 HTTP、FTP 等各种协议,Internet 上任何地方的信息都可以用 URL 来定位和取回,所以,有时候我们也把 URL 称为网址。一个完整的 URL 是由协议、主机、端口、路径和文件名所组成,下面是一个 URL 的例子。

http://www.wikipedia.org:80/wiki/Search.htm。

(1) http 是协议名称;

(2) www.wikipedia.org 是服务器的完整域名;

(3) 80 是协议在服务器上使用的网络端口号;

(4) /wiki/是路径;

(5) Search.htm 是文件名。

大多数网页浏览器不要求用户输入 URL 中的 http:// 的部分,因为绝大多数网页内容是超文本传输协议文件。同样,80 也是超文本传输协议文件的常用端口号,一般也不必写明。因此,上面的 URL 可以缩写为:www.wikipedia.org/wiki/Search.htm。

3.2.2 电子商务网站建设技术

1. HTML

HTML 是 Hypertext Markup Language(超文本标记语言)的缩写,它是构成 Web 页面的主要工具,是用来表示网上信息的符号标记语言。网页文件本身是个文本文件,通过在文本文件中添加 HTML 标记符,告诉浏览器如何显示其中的文本内容(如文字大小和颜色样式如何处理、画面大小和位置如何安排以及图片如何显示等)。浏览器按顺序阅读网页文件,然后根据标记解释并显示出内容。但要注意的是,对于不同的浏览器,同一标记符可能会有不完全相同的解释。

由于 HTML 语言是标记性的语言,它在浏览器中是解释执行的,无需编译,因而用 HTML 语言编写的文档适合在各种浏览器中进行浏览。这也就决定了 HTML 适合于多种操作系统平台,它的文档都是独立于平台的,对多种平台兼容。我们只要用一个相应平台下的浏览器就可以实现任何平台网络文档的阅读。

HTML 的源文件是纯文本文件,可以使用任意一种文本编辑器来编辑,如操作系统中自带的记事本等,由于这是采用非"所见即所得"的方式来编写源代码,因此显得非常繁杂和难以学习。而现在普遍采用的是可视化的网页编写工具软件,这些工具软件实现了 HTML 文档编写的"所见即所得",使用起来十分方便,Dreamweaver 就是典型代表之一。但是,受到网页编写工具自身的约束,用户很难编辑出一些精确的效果,因此,网页编写者应该在编写工具的基础上进一步学会 HTML 语言,综合使用。HTML 的标准文件名后缀为 .htm 和 .html(见图 3-8)。

```
<HTML>
  <HEAD>
    <TITLE>
      Homepage.
    </TITLE>
  </HEAD>
  <BODY>
  Hello World!
  </BODY>
</HTML>
```

图 3-8 典型的 HTML 代码示例

2. ASP

ASP 是 Active Server Page 的缩写,译为"动态服务器页面"。它是由微软公司开发的代替 CGI 脚本程序的一种应用,可以与数据库和其他程序进行交互,是一种方便简单的编程工具。运行 ASP 需要 Microsoft Internet Information Server(简称 IIS)环境支持。

ASP 从字面上包含了三方面的含义。

(1) Active,ASP 使用了 Microsoft 的 ActiveX 技术。它采用封装对象和程序调用对象的技术,简化编程,加强程序间的合作。ASP 本身封装了一些基本组件和常用组件,也有很多公司开发了很多实用的组件。只要在服务器上安装这些组件,通过访问组件,就可以快速、简易地建立自己的 Web 应用。

(2) Server,ASP 代码运行在服务器端。这样就不必担心浏览器是否支持 ASP 所使用的编程语言。ASP 的编程语言可以是 VBscript 和 JSript。

(3) Pages,ASP 执行后返回的内容是标准的 HTML 页面,可以在常用的浏览器中正常显示。浏览者查看页面源文件时,看到的是 ASP 执行后生成的 HTML 代码,而不是 ASP 程序源代码,这样也就保护了源代码不会被泄露。

由此我们可以看出,ASP 是在 IIS 下开发 Web 应用的一种简单、方便的编程工具,它无需编译,容易编写且与浏览器无关,这些都大大提升了 ASP 的运用范围。使用 ASP 编写的网页的源代码实际上包括了两个部分,一部分是标准的 HTML 代码,另一部分是嵌在 HTML 代码中的 ASP 代码,并由＜％…％＞将其和 HTML 代码隔开。在了解了 VBScript 的基本语法后,只需要清楚各个组件的用途、属性、方法,就可以轻松地编写出 ASP 程序。

ASP 的标准文件名后缀为 .ASP(见图 3-9)。

```
<html>
<body>
<% response.write("Hello World!") %>
</body>
</html>
```

图 3-9 典型的 ASP 代码示例

3. PHP

PHP 原为 Personal Home Page 的缩写,现已修正为"PHP：Hypertext Preprocessor"(超级文本预处理语言)的缩写,要注意不是"Hypertext Preprocessor"的缩写,这种将名称放到定义中的写法形象地被称作递归缩写。

PHP 独特的语法混合了 C、Java、Perl 以及 PHP 自创的语法,它的运行速度比 CGI 或者 Perl 更快速。PHP 还可以进行预编译执行,以达到加密和优化代码的目的,能使代码运行得更快。PHP 可以在绝大多数的服务器和操作系统上执行,支持几乎所有流行的数据库和 Web 服务器软件,非常可贵的是,PHP 还是开放源代码并完全免费的。

PHP 的标准文件名后缀为 .phtml 、.php4 和 .php,一般用 .php 的较多(见图 3-10)。

```
<?php
    echo 'Hello World!';
?>
```

图 3-10 典型的 PHP 代码示例

4. JSP

JSP 是 Java Server Pages 的缩写,是由 Sun Microsystems 公司倡导并由许多公司参与一起建立的一种动态网页技术标准。JSP 以 Java 作为脚本语言,而 JAVA 拥有天生的跨平台性,这使得 JSP 在动态网页的建设中具有强大而特别的功能,它主要用于创建可支持跨平台及跨 Web 服务器的动态网页。

Java Server Pages 技术可以让 Web 开发人员和设计人员非常容易地创建和维护动态网页,特别是目前的商业系统。作为 Java 技术的一部分,JSP 能够快速地开发出基于 Web 且独立于平台的应用程序。JSP 把用户界面从系统内容中分离开来,使设计人员能够在不改变底层动态内容的前提下改变整个网页布局。

JSP 页面由 HTML 代码和嵌入其中的 Java 代码所组成。服务器在页面被客户端请求以后对这些 Java 代码进行处理,然后将生成的 HTML 页面返回给客户端的浏览器。Java Servlet 是 JSP 的技术基础,而且大型的 Web 应用程序的开发需要 Java Servlet 和 JSP 配合才能完成。JSP 具备了 Java 技术的简单易用、完全面向对象、具有平台无关性且安全可靠以及主要面向因特网的所有特点。

JSP 的标准文件名后缀为 .jsp(见图 3-11)。

```
<html>
<body>
<%
out.println( "Hello World!! ");
%>
</body>
</html>
```

图 3-11 典型的 JSP 代码示例

5. XML

XML(Extensible Markup Language,可扩展标记语言)是 SGML(Standard Generalized Markup Language)的优化子集,是国际组织 W3C(World Wide Web Consortium)为适应 Web 的应用,克服 HTML 局限,将 SGML 标准进行简化而形成的标记语言。XML 作为一种可用来制定具体应用语言的元语言,既具有强大的描述能力,又具有适合网络应用的简洁性。

XML 主要有以下几点特性。

(1) 可扩展性。XML 允许使用者创建和使用他们自己的标记,企业可以用 XML 为电子商务和供应链集成等应用定义自己的标记语言,甚至特定行业可以一起来定义该领域的特殊标记语言,作为该领域信息共享与数据交换的基础。

(2) 灵活性。HTML 很难进一步发展,就是因为它是格式、超文本和图形用户界面语义的混合,要同时发展这些混合在一起的功能是很困难的。而 XML 提供了一种结构化的数据表示方式,使用户的显示界面分离于结构化数据。所以,Web 用户所追求的许多先进功能在 XML 环境下更容易实现。

(3) 自描述性。XML 文档通常包含一个文档类型声明,因而 XML 文档是自描述的。不仅人能读懂 XML 文档,计算机也能处理。XML 表示数据的方式真正做到了独立于应用系统,并且数据能够重用。

(4) 简明性。XML 只有 SGML 约 20% 的复杂性,但却具有 SGML 约 80% 的功能。XML 比完整的 SGML 简单得多,易学、易用并且易实现。

XML 众多的优点意味着它是网页设计语言的发展方向。但需要指出的是,XML 并不是用来取代 HTML 的,而是用于补充 HTML 的不足,HTML 仍将在较长的一段时间里被继续使用。

3.2.3 网站服务器的选择

电子商务网站的建设可以分为两种:一种是自己建立网站,一种是外购整体网络服务。如果一个企业规模较大,资金充足,客户访问量巨大,而且需要和外界交流大量信息,利用独立服务器建立网站来接入因特网是比较理想的选择;如果企业资金有限且与外界没有太多的信息交流,则选择外购整体网络服务比较合理。外购整体网络服务又分虚拟主机与服务器托管两种形式。

1. 虚拟主机

虚拟主机使用特殊的软硬件技术,把一台真实主机的硬盘空间分成若干份,每一个被分割的硬盘称为一台虚拟主机。每个虚拟主机都具有独立的域名,但共享真实主机的 CPU、内存、操作系统和应用软件等。虚拟主机之间完全独立,从外部表象来看,一台虚拟主机和一台独立主机的效果是完全一样的,用户可以利用它来建立和使用完全属于自己的 WWW、FTP 和 E-mail 服务。

选择虚拟主机主要考虑以下几点服务内容。

(1) 主机速度。虚拟主机由于是多用户共享主机资源的,所以,应选择速度较快和资源有保障的主机。

(2) 存储空间。虚拟主机服务商应提供有升级保障的存储空间,可根据发展的需求不断调整存储空间。

（3）带宽速度。速度是网站的生命，选择虚拟主机服务商时应重点考虑这个问题，首选那些拥有骨干网机房的或者有多线机房的。

（4）FTP 文件传输。文件传输的主要功能是上传网页，在任意上网地点都可以将网页文件上传到虚拟主机上。

（5）在线时间。虚拟主机服务商应提供每天 24 小时、每年 365 天的连续服务，因为网站一旦开通就不允许发生长时间停机的事故。

2．服务器托管

虚拟主机是由多个不同的站点共享一台服务器的所有资源，如果该服务器上运行了过多的虚拟主机，系统资源就容易过载，轻则影响网站浏览速度，重则系统死锁或死机。所以，当网站有较高要求时，就应该抛弃虚拟主机方式，而去选择服务器托管。

服务器托管是指用户将自己的独立服务器寄放在主机托管服务商的机房，即租用机房的机架位置，日常系统维护都由主机托管服务商提供，而用户只进行主机系统软件的维护及数据的更新。这种方式不需申请专用线路和搭建复杂的网络环境，也就节省了大量的初期投资及日常维护的费用。

相对于虚拟主机，服务器托管具有灵活、稳定、安全、快捷的特点。

选择主机托管服务时应考虑以下三个因素。

（1）可靠性因素。为了保持竞争力，网站服务器必须每时每刻都处于在线状态，因此，首选那些自己拥有独立网络线路而非租用的主机托管服务商。

（2）安全因素。一个良好的主机托管服务商可以提供一个确保没有黑客入侵、没有故障和病毒的安全环境。所选择的托管主机设施既要不断地监控硬件设施，又要不断地监控进入到硬件设施中的数据和软件。

（3）功能需求因素。托管主机设施应具备提供潜在的功能，如具有更高的带宽等。

3．独立服务器

虚拟主机和服务器托管都是将服务器放在主机服务商的机房中，由他们负责因特网的接入及部分维护工作。而独立服务器是指用户的服务器从因特网接入到维护管理完全由自己操作。

独立服务器需要专用的机房、空调、电源、主机等硬件设施，也需要有操作系统、防火墙、电子邮件、网络服务、数据库等运行软件。这些软硬件都需要专职人员进行维护，因此，使用独立服务器的支出相对较多。

3 电子商务实现技术   63

案例 3-2   上海张江多线机房

上海张江多线机房是由上海市信息投资、上海文广、东方明珠共同出资组建而成,目前,接入有电信、新联通、移动、教育网及有线通带宽,采用多线路路由优化技术方式实现多线互联,其中,新联通、移动和有线通线路品质非常好,电信线路表现良好,机柜数为 500 多个,园区管理和安保严格,整体而言,机房性价比高,非常适合中小企业 WEB、SQL、MAIL 等应用,但不适合游戏运营、视频会议、文件下载等高带宽应用。

上海张江多线机房是以 8G 中国电信 ChinaNet 骨干网光纤,4G 新联通骨干光纤、1G 移动骨干光纤和 500M 教育网直接相连而建立的。是华东地区唯一一家以三大 ISP 线路同时接入并优化路由后国家同意认可并颁发资质运营三星级 IDC 机房。该机房是国家"十一五"规划专为国家企事业、三产、市委和其部门、银行、教育等重要单位的网络通讯而设立。

资料来源:http://www.7x24.cn。

3.3 EDI 技术

在企业的商务活动中,供应商和客户之间存在着大量的信息交流。对于传统的商务活动,这些信息一般是以纸介质为载体在企业之间进行传送的。这种以纸介质来传送信息的方式不仅速度慢,而且因为其中的数据需要反复录入,所以容易出错。随着计算机网络技术在商业领域应用的发展,一种以计算机网络为媒介来传输商业信息的新型方式出现了,这就是 EDI。EDI 将计算机和通信网络高度结合,快速地处理和传递商业信息,作为企业间交易活动的主要技术,EDI 已经成为实施电子商务的重要手段之一。

3.3.1 EDI 的概念

EDI 是英文 Electronic Data Interchange 的缩写,中文可译为"电子数据交换"。联合国标准化组织将 EDI 描述为"将商业或行政事务处理按照一个公认的标准,形成结构化的事务处理或报文数据格式,从计算机到计算机的电子传输方法"。简单地说,EDI 就是按照商定的协议,将商业文件格式化和标准化,在贸易伙伴的计算机网络系统之间进行数据交换和自动处理(见图 3-12)。

图 3-12 EDI 的工作流程

EDI 有以下三种定义。

(1) 1995 年版的《美国电子商务辞典》(Haynes. E 1995)将 EDI 定义为:"为了商业用途在计算机之间所进行的标准格式单据的交换。"

(2) 美国国家标准局 EDI 标准委员会对 EDI 的解释是:"EDI 指的是在相互独立的组织机构之间所进行的标准格式、非模糊的具有商业或战略意义的信息的传输。"

(3) 联合国 EDIFACT 培训指南中认为:"EDI 指的是在最少的人工干预下,在贸易伙伴的计算机应用系统之间的标准格式数据的交换。"

从上述 EDI 定义不难看出,EDI 包含了三个方面的内容,即计算机应用、通信环境和数据标准化。其中,计算机应用是 EDI 的条件,通信环境是 EDI 应用的基础,标准化是 EDI 的特征。这三方面相互衔接、相互依存,构成 EDI 的基础框架。

在 EDI 应用推广的近 40 年中,使用 EDI 较多的产业可划分为以下四类。

(1) 贸易运输业。快速通关报检,经济使用运输资源,降低贸易运输空间、成本与时间的浪费。

(2) 制造业。即时响应(Just In Time,简称 JIT)以减少库存量及生产线待料时间,降低生产成本。

(3) 流通业。减少商场库存量与空架率,以加速商品资金周转,降低成本;建立物资配送体系,以完成产、存、运、销一体化的供应链管理。

(4) 金融业。EFT(Electronic Funds Transfer)电子转账支付,减少金融单位与其用户间交通往返的时间与现金流动风险,并缩短资金流动所需的处理时间,提高用户资金调度的弹性。

3.3.2 EDI 的发展历史

EDI 的发展分为以下三个阶段。

1. 行业标准阶段(1968—1979 年)

这个阶段的标准主要是一些行业为满足行业内部业务往来的要求而制定。1968 年，美国运输数据协调委员会(TDCC)首先在铁路系统使用 EDI，并提出用于运输业的报文和通信结构方面的标准。1970 年，英国贸易工业部(DTI)成立了简化国际贸易程序组织(XITPRO)，负责简化进/出口程序并着手起草文件。1978 年，美国会计研究基金会(ACRF)和 TDCC 联合成立了一个委员会，负责开发事务处理和信息的数据互换。

2. 国家标准阶段(1980—1985 年)

随着经济及计算机技术的发展，行业标准已经不能适应发展的需求，于是，国家标准应运而生。1980 年，美国国家标准化协会成立了 X.12 鉴定标准委员会(ASCX.12)，下设 10 个分委员会，负责开发和制定美国 EDI 通用标准。1981 年，联合国欧洲经济委员会第四工作组推出了贸易数据元目录 TDED 和贸易数据交换指南 GT-DI。1985 年，ANSI 提出 X.12 系列标准，推广应用于北美地区。

3. 国际通用标准阶段(1986 年至今)

鉴于全球 EDI 发展的趋势，各国的国家标准为国际标准提供了完整的技术和应用结构。1986 年，ANSI 与欧洲标准协会、英国 EDI 标准组织等单位共同协调全球 EDI 标准。同年，WP4 正式提出《用于行政管理、商业和运输的电子数据互换》文件，即 EDIFACT 标准。EXO/TCI54 分别通过 UN/TDED 以及 UN/EDIFACT 为 7372-86《贸易数据元目录》。1987 年，ISO 正式通过《用于行政管理、商业和运输的 EDI 应用语法规则》，即 ISO9735-87。1992 年，美国 ANSI X.12 鉴定委员会又投票决定，美国将于 1997 年全部采用 EDIFACT 来代替现有的 X.12 标准。

3.3.3 EDI 标准

EDI 的核心是被处理业务的数据格式的标准化，EDI 在本质上要求国际统一标准，采用共同语言进行通信。EDI 标准主要提供语法规则、数据结构定义、编辑规则和协定、已出版的公开文件等。不同地区与行业出现过一些不同的 EDI 标准，目前，EDI 常用标准包括以下四个方面。

(1) ANSI X.12。ANSI X.12 的前身是由 TDCC 于 20 世纪 60 年代在美国

国防部的支持下制定的 TDCC 标准。1975 年,ANSI(美国国家标准协会)吸收和完善 TDCC 通用文件,在其基础上分别针对不同行业和功能,制定相应的贸易文件格式和标准。该标准在北美得到很好地推广,美国沿用至今。

(2) EDIFACT。联合国行政、商业与运输电子数据交换(United Nations Electronic Data Interchange for Administration Commerce and Transport,UN/EDIFACT)是国际 EDI 的主流标准。当今的 EDI 国际标准主要就是指 UN/EDIFACT 标准和 ISO 标准。UN/EDIFACT 标准是由联合国欧洲经济委员会(UN/ECE)制定并发布的,而 ISO 标准由国际标准化组织制定并发布。UN/EDIFACT 标准比较偏重当前的应用,而 ISO 的一些标准和研究结果则测重未来的发展。目前,支持这一标准的国家和地区越来越多,主要是欧洲国家。

(3) RosettaNet。1998 年 2 月,IBM、HP、Microsoft、Intel 等大型电子及高科技企业发起成立 RosettaNet(RN),开始运营这一非营利的、独立运作的标准化组织。此后,这一组织分别于 1999 年 6 月和 2000 年 10 月扩展至电子产品产业和半导体制造产业各相关领域,欧美百余家企业和标准推动组织也相继加入此团体,在日本和中国也建立了分支机构。

(4) FEDI 规范。金融电子数据交换(Financial Electronic Data Interchange,FEDI)是银行与其商务伙伴间以标准方式进行的支付、相关支付信息、或金融相关文档的电子交换。由于 EDI 在支付活动中起着越来越重要的作用,并对银行业也有着重要影响,因此,很多不同规模的公司、企业、政府及金融机构都在采纳金融 EDI,以最小化纸张流量。目前,FEDI 标准被严格用于 B2B 交易。

EDIFACT 作为国际 EDI 的主流标准,它内置了一系列涉及电子数据交换的标准、指南和规则,包括以下八个方面的内容。

(1) EDIFACT 应用级语法规则(ISO9735)。应用级语法规则规定了用户数据结构的应用层语法规则和报文的互换结构。

(2) EDIFACT 报文设计指南。报文设计指南是为从事标准报文的设计者提供技术依据。

(3) EDIFACT 应用级语法规则实施指南。这一指南的目的是帮助 EDI 用户使用 EDIFACT 语法规则。

(4) EDIFACT 数据元目录(ISO7372)。EDIFACT 数据元目录收录了 200 个与设计 EDIFACT 报文相关的数据元,并对每个数据元的名称、定义、数据类型和长度都予以具体的描述。

(5) EDIFACT 代码目录。代码目录给出数据元中的代码型数据元的代码集,收录了 103 个数据元的代码,这些数据元选自 EDIFACT 数据元目录,并通过数据元号与数据元目录联系起来。

(6) EDIFACT 复合数据元目录。所谓复合数据元,是指由别的数据元组成的数据元,其功能更强,包含的信息量更多。目录收录了在设计 EDIFACT 报文时涉及的 60 多个复合数据元。目录中对每个复合数据元的用途进行描述,罗列了组成复合数据元的数据元,并在数据元后面注明其类型,注有字母"M"的表示该数据元在此复合数据元中是必须具备的,注有字母"C"的表示该数据元在此复合数据元中的出现与否是根据具体条件而定的。复合数据元通过复合数据元号与段目录相联系,组成复合数据元的数据元通过数据元号与数据元目录、代码表相联系。

(7) EDIFACT 段目录。段目录定义了 EDIFACT 报文中用到的段。目录中注明了组成段的简单数据元和复合数据元,并在数据元后面注明此数据元是"必备型"或"条件型"。段目录中除有段名外,每个段前均标有段的标识。"段标识"一般由三个英文字母组成,它们是段的英文首字母缩写。每个段通过"段标识"与 EDIFACT 标准报文相联系,简单数据元和复合数据元通过数据元号和复合数据元事情与 EDIFACT 数据元目录和复合数据元目录相联系。

(8) EDIFACT 标准报文目录。这是已得到联系合批准的贸易单证标准报文的集合。EDIFACT 标准报文格式分 0 级、1 级和 2 级。0 级是草案级,1 级是试用推荐草案,2 级是推荐报文标准级。

3.3.4 使用 EDI 的优点

(1) 减少重复劳动,提高工作效率。如果没有 EDI 系统,即使是高度计算机化的公司,也需要经常将外来的资料重新输入本公司的电脑。调查表明,从一部电脑输出的资料有多达 70% 的数据需要再输入其他的电脑,既费时,又容易出错。

(2) 降低了纸张消费。根据联合国组织的一次调查,进行一次进出口贸易,双方约需交换近 200 份文件和表格。韩国政府也做过统计,在使用 EDI 之前,每次国际贸易需 300 多份文件单据。

(3) 降低整体成本。EDI 系统规范了信息处理程序,信息传递过程中无需人工干预,在提高了信息可靠性的同时,大大降低了成本。香港对 EDI 的效益做过统计,使用 EDI 可提高商业文件传送速度 81%,降低文件成本 44%,减少错漏造成的商业损失 41%,降低文件处理成本 38%。

（4）提升效率，提高竞争力。EDI 使贸易双方能够以更迅速有效的方式进行贸易，大大简化了订货或存货的过程，使双方能及时地充分利用各自的人力和物力资源。厂商可以准确地估计日后商品的寻求量，货运代理商可以简化大量的出口文书工作，商户可以提高存货的效率，大大提高他们的竞争能力。

3.3.5　EDI 系统的组成

EDI 系统由硬件系统和软件系统组成。硬件系统又包括计算机、通信设备和计算机网络。在 EDI 系统中，不同企业之间的计算机可以通过通信线路直接连接，也可以采用第三方机构提供的增值网方式连接。随着 Internet 的发展，Internet 也可以被 EDI 系统使用来传输数据。

1. 用户接口模块

业务管理人员可用此模块进行输入、查询、统计、中断、打印等，及时地了解市场变化并调整策略。

2. 内部接口模块

这是 EDI 系统和本单位内部其他信息及数据库的接口，一个单位的信息系统应用程度越高，内部接口模块也就越复杂。一份来自外部的 EDI 报文，经过 EDI 系统处理之后，大部分相关内容都需要经内部接口模块送往其他信息系统或查询其他信息系统才能给对方 EDI 报文以确认的答复。

3. 报文生成及处理模块

接收来自用户接口模块和内部接口模块的命令和信息，按照 EDI 标准生成订单、发票等各种 EDI 报文和单证，经格式转换模块处理之后，由通信模块经 EDI 网络发给其他 EDI 用户。在处理过程中，要与本单位信息系统相连，获取必要信息并给其他 EDI 系统答复，同时将有关信息给本单位其他信息系统。

4. 格式转换模块

所有的 EDI 单证都必须转换成标准的交换格式，转换过程包括语法上的压缩、嵌套、代码的替换以及必要的 EDI 语法控制字符。在格式转换过程中，要进行语法检查，对语法出错的 EDI 报文应拒收并通知对方重发。

5. 通信模块

该模块是 EDI 系统与 EDI 通信网络的接口。包括执行呼叫、自动重发、合法性和完整性检查、出错警报、自动应答、通信记录、报文拼装和拆卸等功能，有些还需要地址转换等工作。

EDI 系统功能模型如图 3-13 所示。

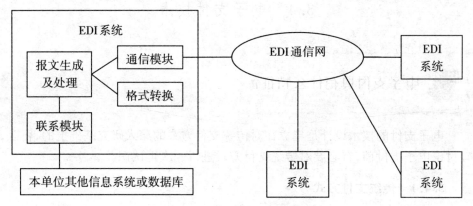

图 3-13 EDI 系统功能模型

 案例 3-3　　　　　美的集团 EDI 应用

创立于 1968 年的美的集团,是一家以家电业为主,涉足房产、物流等领域的大型综合性现代化企业集团,旗下拥有四家上市公司和四大产业集团,是中国最具规模的白色家电生产基地和出口基地之一。

2009 年 11 月 4 日,美的和 SinoServices 成立了由双方专家组成的项目实施小组,宣布 EDI 项目正式启动。2010 年 2 月 3 日,伊莱克斯(Electrolux)作为美的第一家 EDI 对接合作伙伴,成功上线运行,实现了双方出货通知、发票等的自动化 EDI 流程。2010 年 11 月 4 日,北滘码头成功上线运行,实现了美的与北滘码头的订舱确认、调柜指令等的自动化 EDI 流程。2011 年 5 月 4 日,美的与中国出口信用保险公司(中信保)EDI 对接成功,双方实现了费率同步、OA 限额申请、LC 限额申请、出运申报、出运反馈、收汇反馈等业务数据的交互。

资料来源:http://www.chinawuliu.com.cn/xsyj/201202/09/177882.shtml。

3.4 电子支付技术

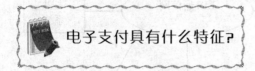
电子支付具有什么特征？

电子支付的技术设计是建立在对传统支付方式的深入研究基础上的,所以,在讨论电子支付前,有必要对传统支付方式进行一次再认识。

3.4.1 传统支付方式

传统支付方式主要包括现金、票据、信用卡等,与之相对应的支付系统分别为现金支付系统、票据支付系统、信用卡支付系统等。

1. 现金支付方式

现金有纸币和硬币两种形式,由国家组织或政府授权的银行发行。其中,纸币是指由国家发行并强制使用的价值符号,其本身没有任何价值;硬币本身含有一定的金属成分,它与纸币的不同之处在于其本身就具有一定的价值。

在使用现金进行交易时,买卖双方应处于同一位置,而且整个交易过程可以匿名进行。卖方不需要了解买方的身份,只要认同买方支付时使用的现金有效就可以了。使用现金进行支付和清算在程序上非常简单,就是我们平常所说的"一手交钱,一手交货"。卖方用货物换取现金,买方用现金买到货物,双方在交易结束后就完成交易目的。

当然,这种支付方式也存在一些缺陷。首先,它受到时间和空间的限制,无法完成不同时间或者不同地点进行的交易;其次,对于大宗交易,就会导致买方需要携带大量的现金,显然,这是不方便的,还会引发不安全因素。

2. 票据支付方式

使用票据支付方式来进行交易从一定程度上可以弥补现金支付方式本身具有的缺陷。广义上的票据包括各种记载一定文字、代表一定权力的文书凭证,如股票、债券、货单、汇票等;狭义上的票据则是一个专用名词,专指《票据法》所规定的汇票、本票和支票等票据。

结合我国颁布的《票据法》的具体内容,票据可定义为出票人依据《票据法》发行的、无条件支付一定金额或委托他人及专门机构无条件支付一定金额给收款人或持票人的一种文书凭证。

与现金支付方式相比,票据支付方式有以下四个特点。

(1) 在商业交易中,交易双方往往分处两地,通过在甲地将现金转化为票据,再在乙地将票据转化为现金的办法,以票据的转移代替实际的金钱转移,可以大大减少麻烦和风险。同时,票据所具有的汇兑功能使大宗交易成为可能。

(2) 票据代替现金作为支付工具,可以避免清点现金时可能产生的错误,也可节省清点现金的时间。

(3) 作为支付手段,各种票据都可以使用,但无论是使用汇票、支票还是本票,都需要有出票人的签名方能生效,所以,票据支付方式不再匿名。

(4) 与现金支付方式相比,票据支付方式的业务费用比较高,而且方便性和时效性都不如现金支付方式。

3. 信用卡支付方式

信用卡是银行向个人或单位发行的,凭以向特约单位购物、消费和向银行存取现金,具有消费信用的特制卡片。信用卡最早诞生于美国,发展至今它已经逐步取代了现金支付方式和票据支付方式,成为一种普遍采用的新型支付手段。

信用卡之所以能在世界范围内广泛使用,与其本身的特点是分不开的。信用卡具有转账结算、消费信贷、储蓄和汇兑等多种功能。利用信用卡结算,可以减少现金流通量,简化收款手续,提高结算效率。同时,客户还可以避免随身携带大量现金的不便,更为支付提供较好的安全保障。

4. 借记卡支付方式

银行借记卡是指商业银行向个人和单位发行的、先存款后消费(或取现)、没有透支功能的、可凭此向特约单位购物、消费和向银行存取现金的银行卡。现阶段,我国各银行发行的银行卡大多是借记卡,借记卡也可以透过 ATM 转帐和提款,但不能透支,帐户内的金额按活期存款计付利息。

3.4.2 电子支付

电子支付(Electronic Payment)是电子交易的当事人(包括消费者、厂商和金融机构)使用安全电子支付手段,以计算机和通信技术为手段,通过计算机网络系统以电子信息传递形式实现的货币支付与资金流通。电子支付是电子商务系统的重要组成部分。

1. 电子支付的特征

与传统的支付方式相比较,电子支付具有以下特征。

(1) 电子支付是采用先进的技术通过数字流转来完成信息传输的,其各种支付方式都是采用数字化的方式进行款项支付的;而传统的支付方式则是通过现金的流转、票据的转让及银行的汇兑等物理实体的流转来完成款项支付的。

(2) 电子支付的工作环境是基于一个开放的系统平台(即 Internet)之中；而传统支付则是在较为封闭的系统中运作。

(3) 电子支付使用的是 Internet、Extranet 等先进的通信手段；而传统支付使用的则是传统的通信媒介。电子支付对软、硬件设施的要求很高，一般要求有联网的微机、相关的软件及其他一些配套设施；而传统支付则没有这么高的要求。

(4) 电子支付具有方便、快捷、高效、经济的优点。用户只要拥有一台可以上网的电脑，便可足不出户，在短时间内完成整个支付过程，而支付的费用却仅不到传统支付方式的百分之一。

就目前而言，电子支付仍然存在一些固有的缺陷和问题。比如一直困扰电子支付发展的安全性问题以及消费者所选用的电子支付工具被商家所在银行的支持和认可等。这些固有的缺陷和问题若不能得到妥善地解决，全面的电子支付时代也还是难以实现的。

2. 电子支付的发展阶段

银行进行电子支付的五种形式分别代表着电子支付发展的不同阶段。

第一阶段是银行利用计算机处理银行之间的业务，办理结算。

第二阶段是银行计算机与其他机构计算机之间资金的结算，如代发工资，代交水费、电费、煤气费、电话费等业务。

第三阶段是利用网络终端向用户提供各项银行服务，如用户在自动柜员机(ATM)上进行取、存款操作等。

第四阶段是利用银行销售点终端(POS)向用户提供自动扣款服务，这是现阶段电子支付的主要方式。

第五阶段是最新发展阶段，电子支付可随时随地通过互联网络进行直接转账结算，这一阶段的电子支付称为网上支付。

3. 电子支付的类型

电子支付的业务类型按电子支付指令发起方式分为网上支付、电话支付、移动支付、销售点终端交易、自动柜员机交易和其他电子支付。

(1) 网上支付。网上支付是电子支付的一种形式。广义地讲，网上支付是以互联网为基础，利用银行所支持的某种数字金融工具，发生在购买者和销售者之间的金融交换，而实现从买者到金融机构、商家之间的在线货币支付、现金流转、资金清算、查询统计等过程，由此向电子商务服务和其他服务提供金融支持。

(2) 电话支付。电话支付是电子支付的一种线下实现形式,是指消费者使用电话(固定电话、手机)或其他类似电话的终端设备,通过银行系统就能从个人银行账户里直接完成付款的方式。

(3) 移动支付。移动支付是指使用移动设备通过无线方式完成支付行为的一种新型的支付方式。移动支付所使用的移动终端可以是手机、PDA、平板电脑、移动 PC 等。

(4) 其他各种电子货币。除了上述的电子信用卡、电子支票和电子现金外,还有电子零钱、安全零钱、在线货币、数字货币、电子钱包、在线支票等电子支付工具。这些支付工具的共同特点都是将现金或货币无纸化、电子化和数字化,利于在网络中传输、支付和结算,利于网络银行的使用,利于实现电子支付。

3.4.3 电子支付工具

随着计算机技术的发展,电子支付的工具越来越多。这些支付工具可以分为三大类:①电子货币类,如电子现金、电子钱包等;②电子信用卡类,包括智能卡、借记卡、电话卡等;③电子支票类,如电子支票、电子汇款(EFT)、电子划款等。这些方式各有自己的特点和运作模式,适用于不同的交易过程。以下介绍下银行卡、电子现金、电子支票、电子钱包和智能卡。

1. 银行卡

在所有的传统支付方式中,银行卡(主要是信用卡和借记卡)最早适应了电子支付的形式。支付者可以使用已申请在线转账功能的银行卡转移小额资金到另外的银行账户中,从而完成相应的支付操作。

2. 电子现金

电子现金(Electronic Cash)又称数字现金(Digital Cash)或 E-money,是一种以数据形式流通的货币。它通过把用户银行账户中的资金转换成为一系列的加密序列数,通过这些序列数来表示现实中各种金额,用户可用这些加密的序列数在允许接受电子现金的网上商店进行购物。

3. 电子支票

电子支票(Electronic Checks)是纸质支票的电子版本,它利用数字传递将钱款从一个帐户转移到另一个帐户,可以说是传统票据支付在网络中的延伸。电子支票是客户向收款人签发的、无条件的数字化支付指令,包括数据、收款人姓名、金额、签名、备注等。电子支票往往通过金融网传递,可用来支付各种账单、购物、转账等,也适用于任何可以使用纸质支票的场合。

4. 电子钱包

电子钱包(Electronic Wallet)是电子商务购物活动中常用的一种支付工具,适用于小额购物。在电子钱包内存放电子货币,如电子现金、电子零钱、电子信用卡等。使用电子钱包购物,通常需要在电子钱包服务系统中进行,在电子商务活动中,电子钱包的软件通常都是免费提供的。

在使用电子钱包时,用户先安装相应的应用软件,在该软件系统中设有电子货币和电子钱包的功能管理模块,称为电子钱包管理器(Wallet Administration),用户可以用它来改变口令或保密方式,用它来查看自己银行账户上收付往来的电子货币账目、清单和数据。世界上有 VisaCash 和 Mondex 两大电子钱包服务系统,其他电子钱包服务系统还有 MasterCard Cash、EuroPay 的 Clip 和比利时 Proton 等。

5. 智能卡

智能卡是在法国问世的。20 世纪 70 年代中期,法国 Roland Moreno 公司采取在一张信用卡大小的塑料卡片上安装嵌入式存储器芯片的方法,率先开发成功 IC 存储卡。目前,我国 IC 卡已在金融、电信、社会保障、税务、公安、交通、公用事业、石油石化、组织机构代码管理等许多领域得到广泛应用,像第二代居民身份证(卡)、社会保障 IC 卡、城市交通 IC 卡、电话 IC 卡、消费 IC 卡等行业 IC 卡应用已经渗透到百姓生活的方方面面,并取得了较好的社会效益和经济效益。从智能卡的发卡主体来看,一般分为商业银行发行的银行类智能卡、销售商品或提供服务的机构发行的商业类智能卡以及不销售商品或提供服务的机构发行的第三方机构智能卡,后两种也称为非银行类智能卡。

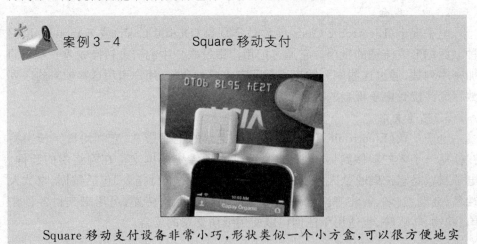

案例 3-4　　　　　Square 移动支付

Square 移动支付设备非常小巧,形状类似一个小方盒,可以很方便地实现信用卡支付功能,个人或商家只要有智能手机,加上 Square 刷卡器和支付软件就能做生意。整个过程你可以与另一方面对面,在一台智能手机上或者平板设备上完成支付和交易。

凡是有 wifi、3G 数据链接的设备,都可以使用 Square 的服务。这套设备比 POS 机硬件和信用卡服务费便宜。在 Square 的网站上,可以查看支付的信息,包括支付的地理位置、产品图片和其他信息。整个流程非常流畅,Square 的支付软件也做得很漂亮,很赏心悦目。

资料来源:https://squareup.com/。

本 章 小 结

计算机网络是随着计算机技术与通信技术的发展而发展的,是电子商务运作的基础平台,推动了电子商务的发展。Internet 中最重要的功能是 HTTP 的 Web 服务,其他还有文件传输、电子邮件、远程登录、BBS 等。HTML 是超文本标记语言,可以用来建立 Web 网页,XML 是 HTML 的一种有效补充。EDI 是一种将商业或行政事务处理按照一个公认的标准,形成结构化的事务处理或报文数据格式,从计算机到计算机的电子传输方法。EDI 的定义至今没有一个统一的标准,但有 3 个方面是相同的,即资料用统一的标准、利用电信号传递信息和计算机系统之间的连接。

电子货币是随着电子交易的发展而产生的,基于传统货币的理念,但较传统货币来说更为方便、快捷。电子支付工具包括银行卡、电子现金、电子支票、电子钱包和智能卡。电子支付是电子交易的当事人(包括消费者、厂商和金融机构),使用安全电子支付手段,以计算机和通信技术为手段,通过计算机网络系统,以电子信息传递形式实现的货币支付与资金流通。电子现金是一种以数据形式流通的货币。电子支票是纸质支票的电子版本,它利用数字传递将钱款从一个帐户转移到另一个帐户,可以说是传统票据支付在网络中的延伸。

复习与思考

1. Internet 的接入方式有哪些?主要功能有哪些?
2. IP 地址的分类有几种?各自的网络号和主机号是什么?

3. Internet 域名和 IP 之间的关系是什么？
4. 静态网页和动态网页之间的区别是什么？
5. XML 克服了 HTML 哪些主要的不足？
6. 简述 EDI 的定义。
7. 简述 EDI 系统由哪些部分组成。
8. 简述电子支付的种类和它的特点。
9. 简述电子支票的特点。

案例分析

域名申请

1. 选择域名注册商

目前，网上可选择的域名注册商有很多，价格和服务也各有不同，但为了自己域名的安全，一定要选择知名度国内较大的域名注册商。如中国万网 http://www.net.cn/ 和新网互联 http://www.dns.com.cn/。其中，中国万网是目前国内最大的域名注册商，下面的操作就以万网为例。

2. 确定申请注册的域名

域名是一个网站的无形资产，一个好的域名对网站的运营推广有非常大的好处，所以，在注册域名之前，必须对域名的选择慎重考虑。目前，国际域名注册的通行规范是先注先得，因此，在注册域名前必须确认你考虑的域名没有被别人注册。在中国万网的首页右侧，有一个域名查询，输入你想注册的域名即可。

下面是输入 china 作为域名进行查询的结果,这么好的域名当然都已经被注册了。

域名查询结果

- china.com (已被注册) —————————————————— 详细 前往
- china.net (已被注册) —————————————————— 详细 前往
- china.com.cn (已被注册) ———————————————— 详细 前往
- china.cn (已被注册) ————————————————— 详细 前往
- china.mobi (已被注册) ————————————————— 详细 前往

□ 全选   [所选域名加入购物车]   [返回]

下面是输入 china-mobile-web 作为域名进行查询的结果,基本都是可以注册。

域名查询结果

- ☑ china-mobile-web.com.cn (尚未注册) ······ 庆祝CN域名开放个人注册 域名节特惠 ￥55元/年 🛒 加入购物车
- ☑ china-mobile-web.cn (尚未注册) ·········· 庆祝CN域名开放个人注册 域名节特惠 ￥55元/年 🛒 加入购物车
- ☑ china-mobile-web.mobi (尚未注册) ········ 手机网站专属域名 ￥180元/年 🛒 加入购物车
- ☑ china-mobile-web.com (尚未注册) ········· 最受欢迎的域名 域名节特惠 ￥55元/年 🛒 加入购物车
- ☑ china-mobile-web.net (尚未注册) ········· 国际通用顶级域名 域名节特惠 ￥55元/年 🛒 加入购物车
- □ china-mobile-web.so (尚未注册) ·········· 新开放,资源丰富 ￥260元/年 🛒 加入购物车
- □ china-mobile-web.org (尚未注册) ········· 社会组织首选域名 ￥139元/年 🛒 加入购物车
- □ china-mobile-web.net.cn (尚未注册) ······ 庆祝CN域名开放个人注册 域名节特惠 ￥55元/年 🛒 加入购物车
- □ china-mobile-web.tv (尚未注册) ·········· 媒体类首选域名 ￥500元/年 🛒 加入购物车
- □ china-mobile-web.cc (尚未注册) ·········· Chinese Company缩写 ￥400元/年 🛒 加入购物车
- □ china-mobile-web.co (尚未注册) ·········· 新一代商业域名 ￥320元/年 🛒 加入购物车

□ 全选   [所选域名加入购物车]   [返回]

3. 选择可以进行注册的域名

如果你想申请的是 china-mobile-web.com,那就在 china-mobile-web.com 这行前面打钩,其他行前面都不打钩,接着点击"所选域名加入购物车"后进入购物车。

4. 填写域名注册人的资料

点"立即结算"后，使用万网注册帐号登录，填入个人资料。要注意的是域名所有者名称千万不要写错，因为这是不能更改的，域名所有者名称的更改等同于域名过户，需要额外收取费用。

5. 支付域名注册费用

接上图，点"确定订单，继续下一步"后，开始支付域名注册费用，可以选用账户余额、网上银行、支付宝、线下支付等多种支付手段。

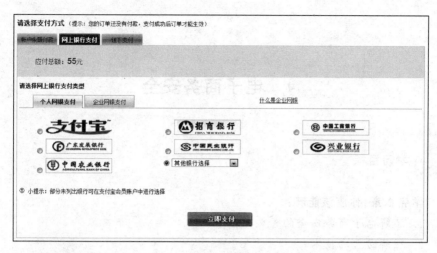

6. 域名注册完成

支付完成后,域名注册成功,正常情况下,域名会即时生效,可在自己账号的管理中心内对域名的解析或者本地名等进行相应的设置操作。如下图所示。

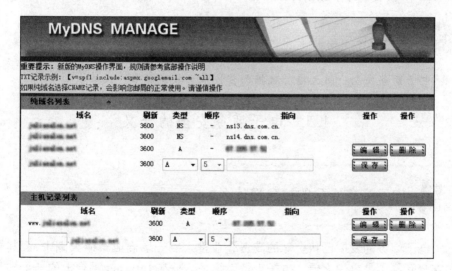

讨论题

1. 叙述域名申请的主要步骤。
2. 请谈谈域名注册对一个企业的意义。

4 电子商务安全

学习目标

学完本章,你应该能够:
1. 了解电子商务安全的含义;
2. 理解防火墙技术;
3. 熟悉数据加密技术;
4. 了解认证技术;
5. 掌握电子商务安全交易的有关标准。

基本概念

电子商务安全 防火墙 数据加密技术 数字证书 认证中心

4.1 电子商务安全的含义

电子商务安全的概念是什么?

电子商务的发展已将全球的商务企业推入到一场商业革命大潮中,而其中的安全问题则是重中之重。电子商务系统是活动在 Internet 平台上的一个涉及信息、资金和物资的综合交易系统,其安全对象是一个开放的、与社会紧密耦合的复杂系统,由营销系统、支付系统、配送系统等信息技术系统复合构成。

4.1.1 电子商务安全的概念

电子商务安全不仅与计算机系统结构有关,还与电子商务应用的环境、人员素质和社会因素有关,是一个系统概念。它包括以下四个方面。

1. 电子商务系统硬件安全

硬件安全是指保证其自身设备的可靠性并为系统提供基本安全机制,保护计算机系统硬件的安全。

2. 电子商务系统软件安全

软件安全是指保护软件和数据不被篡改、破坏和非法复制。软件安全的目标是使计算机系统逻辑上安全,主要是使系统中信息的存取、处理和传输满足系统安全策略的要求。

3. 电子商务系统运行安全

运行安全是指保护系统能连续和正常地运行。

4. 电子商务安全立法

电子商务安全立法是对电子商务犯罪的约束,它是利用国家机器,通过安全立法,体现与犯罪作斗争的国家意志。

综上所述,电子商务安全是一个复杂的系统问题。电子商务安全立法与电子商务应用的环境和人员素质等社会因素有关,基本上不属于技术上的系统设计问题,而硬件安全是目前硬件技术水平能够解决的问题,因此,软件安全成为电子商务安全的关键问题。

4.1.2　电子商务的安全要素

电子商务安全的前提是信息的安全,信息安全的含义主要是信息的完整性、可用性、保密性和可靠性,电子商务活动中的信息安全问题主要体现在以下两个方面。

1. 网络信息安全方面

(1) 安全协议问题。目前,安全协议还没有全球性的标准和规范,国际性的商务活动被相对制约。此外,在安全管理方面还存在很大隐患,普遍难以抵御黑客的攻击。

(2) 防病毒问题。在电子商务领域如何有效地防范病毒也是一个十分紧迫的问题,电脑病毒的传播多以互联网为媒介,很多新病毒直接以网络作为自己的传播途径。

(3) 服务器的安全问题。装有大量与电子商务有关的软件和商户信息的系统服务器是电子商务的核心,所以,服务器特别容易受到安全的威胁,并且一旦出现安全问题,造成的后果会非常严重。

2. 电子商务交易方面

(1) 身份的不确定问题。电子商务的交易双方通常不需要见面,交易的实现借助于虚拟的网络平台,因此带来了交易双方身份的不确定性。攻击者可以仿冒合法用户的身份与他人进行交易,并通过非法的手段盗窃合法用户的身份信息。

(2) 交易的抵赖问题。在电子商务的交易过程中,有些用户可能对自己发出的信息进行恶意地否认,以推卸自己应承担的责任,所以,应该保证电子商务交易同传统的交易一样具有不可抵赖性。

(3) 交易的修改问题。为了保证不影响到另一方的商业利益,签订的交易文件是不可修改的。为了保证商务交易的严肃和公正,电子商务中的交易文件一经确定同样也不能随意修改。

案例4-1　　电子商务交易安全非常重要

在电子商务的运作过程中,大量的商务活动是通过Internet、Extranet或Intranet网络实现的,商务活动中的支付信息、订货信息、谈判信息、机密的商务往来文件等商务信息在计算机系统中存放,并通过网络传输和处理。与此同时,计算机病毒等造成的商务信息被窃、篡改和破坏以及机器失效、程序错误、误操作、传输错误等造成的信息失误或失效,都严重危害着电子商务系统的安全。尤其是基于因特网之上的电子商务活动,对安全通信提出了前所未有的要求。因此,安全性是影响电子商务健康发展的关键和电子商务运作中最核心的问题,也是电子商务得以顺利进行的保障。电子商务安全包括有效保障通信网络和信息系统的安全以及确保信息的真实性、保密性、完整性、不可否认性和不可更改性等。

电子商务安全研究的主要内容涉及安全电子商务的体系结构、现代密码技术、数字签名技术、身份和信息认证技术、防火墙技术、虚拟专用网络、Web安全协议、安全电子邮件系统、防治病毒技术、网络入侵检测方法、证书管理、公钥基础设施、数字水印技术、数字版权保护技术、安全电子商务支付机制、安全电子商务交易协议、在线电子银行系统和交易系统的安全以及安全电子商务应用等。

资料来源:http://zhidao.baidu.com。

4.2 防火墙技术

4.2.1 防火墙的概念

防火墙的英文名称为 FireWall,是应用最为广泛的一种安全手段,指的是一个由软件和硬件设备组合而成的,在内部网和外部网之间以及专用网和公共网之间的界面上构造的保护屏障。防火墙能有效地控制内部网络与外部网络之间的访问及数据传送,从而达到保护内部网络的信息不受外部非授权用户的访问和过滤不良信息的目的。通过防火墙来决定哪些内部服务可以被外界访问以及哪些外部服务可以被内部人员访问。图 4-1 所示是一个防火墙示意图。

图 4-1 防火墙示意图

所有流入与流出的网络通信和数据都应该经过防火墙,防火墙是在两个网络通讯时执行的一种访问控制尺度,实际上是一种隔离技术,它能允许你"批准"的人和数据进入你的网络,同时将你"不批准"的人和数据拒之门外,最大限度地阻止网络中的黑客来访问你的网络。

4.2.2 防火墙的特点

企业的电子商务系统连接 Internet 的最大好处是实现了共享,提高了工作效率,方便了企业内部与外部的信息交流。然而,Internet 是一个世界范围的开放网络,企业在获得利益的同时也有付出安全代价的风险。企业内部网连入

Internet,就意味着如果没有一个安全性保护措施,黑客们很可能在企业毫无察觉的情况下非法访问企业的内部资源。Internet 的安全性主要包括以下两个方面的含义:一是控制和监督企业内网对外部 Internet 的访问;二是保护企业内部资源,防止外部入侵,控制和监督外部用户对企业内部网的访问。防火墙具有以下特点。

(1) 保护安全网络最大限度地访问不安全网络;

(2) 将不安全网络转变为安全网络;

(3) 把安全网络连接到不安全网络上;

(4) 检测与控制装置仅需安装在防火墙系统中;

(5) 所有风险可集中到防火墙系统上,安全管理者可针对网络的某个方面进行管理,而采取的安全措施对网络中的其他区域并不会有多大影响;

(6) 内部网与外部网的一切联系都必须通过防火墙系统进行。

4.2.3 防火墙的分类

根据使用的技术和系统设备配置,防火墙可以分为以下两种类型。

1. 包过滤(Packet Filter)防火墙

包过滤防火墙工作在 OSI 网络参考模型的网络层和传输层,它根据数据包源地址、目的地址、端口号和协议类型等标志确定是否允许通过。只有满足过滤条件的数据包才被转发到相应的目的地,其余数据包则从数据流中被丢弃。

包过滤方式是一种廉价、通用和有效的安全手段。所谓廉价,是因为大多数路由器都提供数据包过滤功能,所以,这类防火墙多数是由路由器集成的;所谓通用,是因为它适用于所有网络服务,不是针对各个具体的网络服务采取特殊的处理方式;所谓有效,是因为它能基本上满足绝大多数企业的安全要求。

在整个防火墙技术的发展过程中,包过滤技术出现了两种不同版本,称为第一代静态包过滤和第二代动态包过滤。

(1) 第一代静态包过滤。这种类型的防火墙根据定义好的过滤规则审查每个数据包,以便确定其是否与某一条包过滤规则匹配。过滤规则基于数据包的报头信息进行制定。报头信息中包括 IP 目标地址、IP 源地址、TCP/UDP 目标端口、传输协议(TCP、UDP、ICMP 等)、ICMP 消息类型等。包过滤类型的防火墙要遵循的一条基本原则是"最小特权原则",即禁止其他的数据包,明确允许那些管理员希望通过的数据包。

(2) 第二代动态包过滤。这种类型的防火墙采用动态设置包过滤规则的方法,避免了静态包过滤所具有的问题。采用这种技术的防火墙对通过其建立的每一个连接都进行跟踪，并且根据需要在过滤规则中可动态地增加或更新条目。

2. 应用级网关(Application Level Gateway)防火墙

应用级网关防火墙也叫代理防火墙，是建立在网络应用层上的协议过滤和转发技术，可以将数据包分析结果和采取措施进行登记和统计，并针对特别的网络应用协议指定数据过滤逻辑。

它由两部分组成：第一部分是代理服务器，第二部分是筛选路由器。代理服务器提供应用层服务的控制，起到外部网络向内部网络申请服务时中间转接作用，使内部网络与外部网络之间没有直接联系，筛选路由器负责网络的互联，进行严格的数据选择。内部网络只接受代理服务器提出的服务请求，拒绝外部网络其他节点的直接请求。当外部网络向内部网络的某个节点申请某种服务时，由代理服务器根据其域名范围，时间等因素，决定是否接受此项服务。如果接受，就由代理服务器向内部网络转发这项请示并把结果反馈给申请者，否则，就拒绝。

两类防火墙的技术对比如表4-1所示。

表4-1 两类防火墙的技术对比

	包过滤防火墙	代理防火墙
优点	价格较低	内置了专门为提高安全性而编制的Proxy应用程序，能够透彻地理解相关服务的命令，对未来的数据包进行安全化处理
	性能开销小，处理速度较快	安全，不允许数据包通过防火墙，避免了数据驱动式攻击的发生
缺点	定义复杂，容易出现因配置不当带来的问题	速度较慢，不太适用于高速网(ATM或千兆位以太网等)
	允许数据包直接通过，容易造成数据驱动式攻击的潜在危险	
	不能理解特定服务的上下文环境，相应控制只能在高层由代理服务和应用层网关来完成	

从其功能上来分，防火墙技术又可分为FTP防火墙、Telnet防火墙、E-mailL防火墙和病毒防火墙等各种专用防火墙。通常情况下，几种防火墙技术

被一起使用来弥补各自的缺陷,增加系统的安全性能。

另外,防火墙还可以分为硬件防火墙和软件防火墙。硬件防火墙是指把防火墙程序做到芯片里面,由硬件执行这些功能,能减少 CPU 的负担,使路由器更稳定。硬件防火墙一般都有 WAN、LAN 和 DMZ 三个端口,还具有各种安全功能,价格比较高,企业以及大型网络使用得比较多。软件防火墙其实就是安全防护软件,如天网防火墙、金山网镖、蓝盾防火墙等。

4.2.4 防火墙的"防火"范围及其局限性

1. 防火墙的防火范围

(1) 一般的防火墙无法防范外部病毒的侵犯,如果想实现这种保护,防火墙中应设置检测病毒的逻辑。

(2) 防火墙无法防范数据驱动型的攻击。这种攻击从表面上看是无害的数据被邮寄或拷贝到因特网主机上。但一旦执行就形成攻击,导致主机修改与安全相关的文件,使入侵者容易获得对系统的访问权。

(3) 防火墙只在内部网和外部网之间相互沟通时起作用,如果内部网络用户对其内部资源进行攻击,防火墙则不起作用。这时候,只能通过内部系统的认证和接入控制机构来解决。

(4) 防火墙检测只能检测经过防火墙而直接进入内部网络的数据流。

2. 防火墙的局限性

防火墙并不是万能的,它只能抵御经由防火墙的攻击,不能防范不经由防火墙的攻击。如果内部网用户直接从 Internet 服务提供商那里购买直接的 SLIP 或 PPP 连接,则绕过了防火墙系统所提供的安全保护,从而造成了一个潜在的后门攻击渠道。

防火墙不能防止受病毒感染的软件或文件的传输。由于操作系统、病毒、二进制文件类型(加密、压缩)的种类太多且更新很快,所以,防火墙无法逐个扫描每个文件以查找病毒。

防火墙不能防范人为因素的攻击,不能防止由公司内部人员恶意攻击或用户误操作造成的威胁以及由于口令泄漏而受到的攻击。

防火墙不能防止数据驱动式的攻击。当有些表面看来无害的数据邮寄或拷贝到内部网的主机上并被执行时,可能会发生数据驱动式的攻击。例如,一种数据驱动式的攻击可以使主机修改与系统安全有关的配置文件,从而使入侵者下一次更容易攻击该系统。

4.2.5 防火墙技术的发展趋势

1. 模式转变

传统的防火墙通常都设置在网络的边界位置,不论是内网与外网的边界,还是内网中的不同子网的边界,以数据流进行分隔,形成安全管理区域。但这种设计的最大问题是,恶意攻击的发起不仅仅来自外网,内网环境同样存在着很多安全隐患,对于这种问题,边界式防火墙处理起来是比较困难的,所以,现在越来越多的防火墙产品也开始体现出一种分布式结构。以分布式为体系进行设计的防火墙产品以网络节点为保护对象,可以最大限度地覆盖需要保护的对象,大大地提升安全防护强度,这不仅仅是单纯的产品形式的变化,而且象征着防火墙产品防御理念的升华。

防火墙的几种基本类型各有优点,所以,很多厂商将这些方式结合起来,以弥补单纯一种方式带来的漏洞和不足。例如,比较简单的方式就是既针对传输层面的数据包特性进行过滤,同时也针对应用层的规则进行过滤,这种综合性的过滤设计可以充分挖掘防火墙核心功能的能力,是在自身基础之上进行再发展的最有效途径之一,目前较为先进的一种过滤方式是带有状态检测功能的数据包过滤,其实这已经成为现有防火墙产品的一种主流检测模式了,由此预见,未来的防火墙检测模式将继续整合进更多的范畴。

就现状来看,防火墙的信息记录功能日益完善,通过防火墙的日志系统,可以方便地追踪过去网络中发生的事件,还可以完成与审计系统的联动,具备足够的验证能力,以保证在调查取证过程中采集的证据符合法律要求。相信这一方面的功能在未来会有很大幅度地增强,同时这也是众多安全系统中一个需要共同面对的问题。

2. 性能提高

未来的防火墙产品由于在功能性上的扩展以及应用日益丰富、流量日益复杂所提出的更多性能要求,会呈现出更强的处理性能要求,而寄希望于硬件性能的水涨船高肯定会出现瓶颈,所以,诸如并行处理技术等经济实用并且经过足够验证的性能提升手段将越来越多地应用在防火墙产品平台上;相对来说,单纯的流量过滤性能是比较容易处理的问题,而与应用层涉及越密,性能提高所需要面对的情况就会越复杂;在大型应用环境中,防火墙的规则库至少有上万条记录,而随着过滤的应用种类的提高,规则的数量往往会以趋进几何级数的程度上升,这对防火墙的负荷是很大的考验,使用不同的处理器完成不同的功能可能是解决办法之一,例如,利用集成专有算法的协处理器来专门处理规则判断,在防火墙的某方面性能出现较大瓶颈时,可以通过升级某个部分的硬件来解决,这种设计已经部分地应用到现有的产品中了,也许未来的防火墙产品会呈现出非常复杂的结构,当然,从某种角度来说,我们祈祷这种状况最好还是不要发生。

3. 功能扩展

现在的防火墙产品已经呈现出一种集成多种功能的设计趋势,包括 VPN、AAA、PKI、IPSec 等附加功能,甚至防病毒、入侵检测这样的主流功能,都被集成到防火墙产品中了。很多时候,我们已经无法分辨这样的产品到底是以防火墙为主,还是以某个功能为主了,即其已经逐渐向我们普遍称之为 IPS(入侵防御系统)的产品转化了。有些防火墙集成了防病毒功能,这样的设计会对管理性能带来不少提升,但同时也对防火墙产品的另外两个重要因素产生了影响,即性能和自身的安全问题,所以,应该根据具体的应用环境来做综合的权衡。

防火墙的管理功能一直在迅猛发展,并且不断地提供一些方便好用的功能给管理员,这种趋势仍将继续,更多新颖实效的管理功能会不断地涌现出来,例如,短信功能至少在大型环境里会成为标准配置,当防火墙的规则被变更或类似的被预先定义的管理事件发生之后,报警行为会以多种途径被发送至管理员处,包括即时的短信或移动电话拨叫功能,以确保安全响应行为在第一时间被启动,而且在将来,通过类似手机、PDA 这类移动处理设备也可以方便地对防火墙进行管理,当然,这些管理方式的扩展需要首先面对的问题还是如何保障防火墙系统自身的安全性不被破坏。

综上所述,不论从功能还是从性能来讲,防火墙产品的演进并不会放慢速度,相反,产品的丰富程度和推出速度会不断地加快,这也反映了安全需求不断上升的一种趋势,而相对于产品本身某个方面的演进,更值得我们关注的还是平台体系结构的发展以及安全产品标准的发布,这些变化不仅仅关系到某个环境的某个产品的应用情况,更关系到信息安全领域的未来。

案例 4-2　　　　　　防火墙的应用

防火墙具有很好的保护作用。入侵者必须首先穿越防火墙的安全防线才能接触目标计算机。你可以将防火墙配置成许多不同保护级别。高级别的保护可能会禁止一些服务,如视频流等,但至少这是你自己的保护选择。

在具体应用防火墙技术时,还要考虑到两个方面。

一是防火墙是不能防病毒的,尽管有不少防火墙产品声称其具有这个功能。二是防火墙技术的另外一个弱点在于数据在防火墙之间的更新是一个难题,如果延迟太大将无法支持实时服务请求。并且,防火墙采用滤波技术,滤波通常使网络的性能降低 50% 以上,如果为了改善网络性能而购置高速路由器,又会大大提高经济预算。

总之,防火墙是企业网安全问题的流行方案,即把公共数据和服务置于防火墙外,使其对防火墙内部资源的访问受到限制。作为一种网络安全技术,防火墙具有简单实用的特点,并且透明度高,可以在不修改原有网络应用系统的情况下达到一定的安全要求。

资料来源: http://baike.baidu.com/.

4.3 数据加密技术

数据加密技术是电子商务采取的主要安全措施之一。对数据进行加密的目的是防止竞争对手破译系统中的机密数据。

4.3.1 数据加密技术的概念

加密技术是 EC 采取的主要安全措施,贸易双方可根据需要在信息交换的阶段使用。

所谓加密,就是使用数学方法来重新组织数据,将某些重要信息和数据从一个可以理解的明文形式变换成一种复杂错乱的、不可理解的形式,这种不可理解的内容叫做密文,这个过程就是加密。加密技术能避免通过 Internet 传送的或各种存储介质(硬盘、软盘、磁带)上的敏感数据被侵袭者窃取。由于密文加密带有机密性,因而加密技术也使用于检查信息的真实性与完整性。

解密是加密的逆过程,即合法接收者将密文还原成原来的可以理解的形式。加密算法是对明文进行加密时所采用的一组规则,解密算法则是对密文进行解密时所采用的一组规则。加密算法和解密算法的操作通常都是在一组密钥控制下进行的,分别称为加密密钥和解密密钥(如图 4-2)。加密和解密过程中依靠"算法"和"密钥"两个基本元素,缺一不可。其中,"算法"是加密或解密的一步一步的过程,而"密钥"是这个过程中需要的一串数字或字符。

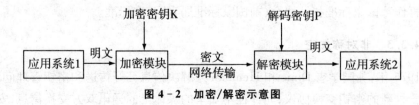

图 4-2 加密/解密示意图

4.3.2 对称加密

采用单钥密码系统的加密方法时,同一个密钥可以用作信息的加密和解密,这种加密方法称为对称加密,也称为单密钥加密。

需要对加密和解密使用相同密钥的加密算法时,由于其速度,对称性加密通常在消息发送方需要加密大量数据时使用。对称性加密也称为密钥加密。

所谓对称,就是采用这种加密方法的双方使用同样的密钥进行加密和解密。密钥是控制加密及解密过程的指令。算法是一组规则,规定如何进行加密和解密。

因此,信息的发送者和信息的接收者在进行信息的传输与处理时,必须共同持有该密码(称为对称密码)。在对称密钥密码算法中,加密运算与解密运算使用同样的密钥。通常,使用的加密算法比较简便高效,密钥简短,破译极其困难。由于系统的保密性主要取决于密钥的安全性,所以,在公开的计算机网络上安全地传送和保管密钥是一个严峻的问题。最典型的是 DES(Data Encryption Standard)算法。

数据加密标准是一种使用密钥加密的块密码,1976 年被美国联邦政府的国家标准局确定为联邦资料处理标准(FIPS),随后在国际上广泛流传开来。它基于使用 56 位密钥的对称算法。这个算法因为包含一些机密设计元素,相对短的密钥长度以及被怀疑内含美国国家安全局(NSA)的后门而在开始时是有争议的,DES 因此受到了强烈的学院派的审查,并以此推动了现代的块密码及其密码分析的发展。

DES 现在已经不被视为一种安全的加密算法,主要是因为它使用的 56 位密钥过短。1999 年 1 月,distributed.net 与电子前哨基金会合作,在 22 小时 15 分钟内即公开破解了一个 DES 密钥。为了提供实用所需的安全性,可以使用 DES 的派生算法 3DES 来进行加密,虽然 3DES 也存在理论上的攻击方法。也有一些分析报告提出了该算法理论上的弱点,虽然在实际中难以得到应用。2001 年,DES 作为一个标准已经被高级加密标准(AES)所取代。另外,DES 已经不再作为国家标准科技协会(前国家标准局)的一个标准。

4.3.3 非对称加密

1976 年,美国学者 Dime 和 Henman 为解决信息公开传送和密钥管理问题,提出一种新的密钥交换协议,允许在不安全的媒体上的通讯双方交换信息,安全地达成一致的密钥,这就是公开密钥系统。相对于对称加密算法,这种方法也叫做非对称加密算法。

与对称加密算法不同,非对称加密算法需要两个密钥,即公开密钥(publickey)和私有密钥(privatekey)。公开密钥与私有密钥是一对,如果用公开密钥对数据进行加密,只有用对应的私有密钥才能解密;如果用私有密钥对数据进行加密,只有用对应的公开密钥才能解密。因为加密和解密使用的是两个不同的密钥,所以,这种算法叫做非对称加密算法。私钥加密算法使用单个私钥来加密和解密数据。私钥加密又称为对称加密,因为同一密钥既用于加密又用于解密。私钥加密算法非常快(与公钥算法相比),特别适用于对较大的数据流执行加密转换。由于拥有密钥的任意一方都可以使用该密钥解密数据,因此必须保护密钥不被未经授权的代理得到。

非对称加密使用一个必须对未经授权的用户保密的私钥和一个可以对任何人公开的公钥。公钥和私钥都在数学上相关联;用公钥加密的数据只能用私钥解密,而用私钥签名的数据只能用公钥验证。公钥可以提供给任何人,公钥用于对要发送到私钥持有者的数据进行加密。两个密钥对于通信会话都是唯一的。

双方(小红和小明)可以按照下列方式使用非对称加密。首先,小红生成一个公钥/私钥对。如果小明想要给小红发送一条加密的消息,他将向她索要她的公钥。小红通过不安全的网络将她的公钥发送给小明,小明接着使用该密钥加密消息(如果小明在不安全的信道上收到小红的密钥,则小明必须同小红验证他拥有她的公钥的正确副本)。小明将加密的消息发送给小红,而小红使用她的私钥解密该消息。

但是,在小红传输公钥的期间,未经授权的代理可能截获该密钥。而且,同一代理可能截获来自小明的加密消息。但是,该代理无法用公钥解密该消息。该消息只能用小红的私钥解密,而该私钥没有被传输。小红不使用她的私钥加密给小明的答复消息,原因是任何拥有公钥的人都可以解密该消息。如果小红想将消息发送回小明,她将向小明索要他的公钥并使用该公钥加密她的消息。然后,小明使用与他相关联的私钥来解密该消息。

在一个实际方案中,小红和小明使用不对称加密来传输对称密钥,而对他们的会话的其余部分使用私钥加密。

非对称加密具有更大的密钥空间或密钥的可能值范围,因此,不大容易受到对每个可能密钥都进行尝试的穷举攻击。由于不必保护公钥,它易于分发。非对称加密算法可用于创建数字签名以验证数据发送方的身份。但是，非对称加密算法非常慢（与对称加密算法相比），不适合用来加密大量数据。非对称加密算法仅对传输很少量的数据有用。非对称加密算法通常用于加密一个对称加密算法将要使用的密钥和数字摘要。传输密钥和数字摘要后，会话的其余部分将使用对称加密。

案例4-3　单钥密码体制与双钥密码体制

单钥密码算法又称对称密码算法，是指加密密钥和解密密钥为同一密钥的密码算法。

双钥密码算法又称公钥密码算法，是指加密密钥和解密密钥为两个不同密钥的密码算法。公钥密码算法不同于单钥密码算法，它使用了一对密钥：一个用于加密信息，另一个则用于解密信息，通信双方无需事先交换密钥就可进行保密通信。其中，加密密钥不同于解密密钥，加密密钥公之于众，谁都可以用；解密密钥只有解密人自己知道。这两个密钥之间存在着相互依存关系，即其中任一个密钥加密的信息只能用另一个密钥进行解密。若以公钥作为加密密钥，以用户专用密钥（私钥）作为解密密钥，则可实现多个用户加密的信息只能由一个用户解读；反之，以用户私钥作为加密密钥而以公钥作为解密密钥，则可实现由一个用户加密的信息可以由多个用户解读。前者可用于数字加密，后者可用于数字签名。

资料来源：http://zhidao.baidu.com。

4.4 认证技术

认证技术的概念是什么?

信息的认证性是信息安全性的另一个重要方面。认证的目的有两个：一是验证信息的发送者是真正的，而不是冒充的；二是验证信息的完整性，即验证信息在传送或存储过程中是否被篡改、重放或延迟等。

4.4.1 数字签名技术

1. 数字签名技术的概念

数字签名(也称电子签名)是安全认证技术的核心。在电子商务中,数字签名技术有着特别重要的地位。

数字签名在形式上通常是一个字母或数字串。一个数字签名算法主要由两个算法组成,即签名算法和验证算法。签名者能使用一个(秘密)签名算法签一个消息,所得的签名能通过一个公开的验证算法来验证。例如,如果甲想发一个有数字签名的电子函件给乙,则甲就用自己的私钥将函件加密后发出,乙收到后为了鉴别函件是否由甲所发,就用甲的公钥解密,如果解得开,则表明确实是甲所发,因为没有他人知道甲的私钥,甲用私钥将函件加密就等于签署了自己的姓名。由于公钥和加密算法的公开性,不要求通信双方事先建立某种信任关系或共享某种秘密,因此比传统签名更优越,它能使两个从未见面的人利用数字签名确认对方身份是否属实,特别适合因特网的应用环境。

日常生活中,签字是确认在书面文件上的一种常用手段。政治、军事、外交等活动中签署的文件、商业上签订的合同和个人间传递的书信等传统上都采用手写签名或印鉴,起到认证、核准和生效作用。随着网络信息时代的来临,网络贸易的产生需要通过网络进行远距离的贸易合同的签名,以确定合同的真实有效性。数字签名技术正是在这种情况下产生的,并广泛应用于商贸活动的信息传递中。

通过数字签名能够实现对原始报文的鉴别和不可抵赖性。除了具有手工签名的所有优点外,还具有易更换、难伪造和可进行远程线路传递等优点。其作用包括以下三点。

(1) 保证签名者无法否认自己的签名。
(2) 保证接收方无法伪造发送方的签名。
(3) 可作为信息发送双方对某项争议的法律依据。

2. 数字签名的形式

实现数字签名,就是将发送文件与特定的密钥捆绑在一起发出。数字签名普遍采用非对称加密技术来实现。

目前,应用最广泛的数字签名有 RSA 签名、DSS 签名和 HASH 签名三种。这三种算法可以单独使用,也可以综合在一起使用。

4.4.2 数字证书技术

1. 数字证书的概念

数字证书是目前国际上最成熟并得到广泛应用的信息安全技术,数字证书也称为公开密钥证书。数字证书在网络通信中标志通信各方身份信息的一系列数据,其作用类似于现实生活中的身份证。它是由一个权威机构发行的,人们可以在交往中用它来识别对方的身份。交易伙伴之间可以用数字证书来交换公开密钥。数字证书以密码学为基础,采用数字签名、数字信封、时间戳服务等技术,在 Internet 上建立起有效的信任机制。它主要包含证书所有者的信息、证书所有者的公开密钥和证书颁发机构的签名等内容。

证书的格式遵循 X.509 标准,该标准是由国际电信联盟(ITU)制定的,它等同于国际标准化组织(ISO)与国际电工委员会(IEC)联合发布的 ISO/IEC 9594-8:195 标准。X.509 证书包括有关证书拥有的个人或实体的信息及证书颁发机构的可选信息。实体信息包括实体名称、公用密钥、公用密钥运算法和可选的唯一主体 ID。目前,X.509 标准已在编排公共密钥格式方面被广泛接受,已用于许多网络安全应用程序,包括 IP 安全(Ipsec)、安全套接层(SSL)、安全电子交易(SET)、安全多媒体 Internet 邮件扩展(S/MIME)等。

数字证书通常包含以下内容:
(1) 有唯一标识证书所有者(即交易方)的名称;
(2) 有唯一标识证书发布者的名称;
(3) 证书发布者的数字签名;
(4) 证书所有者的公开密钥、有效期;
(5) 证书的序列号,每个证书都有唯一的证书序列号;
(6) 证书的有效期。

2. 数字证书的功能

以电子邮件为例,数字证书有以下功能:

(1) 认证身份。在 Internet 上传送电子邮件的双方互相不能见面,必须用一种确定对方身份的方法,可以利用发件人数字证书在传送前对电子邮件进行数字签名,即可确定发件人身份,而不是他人冒充的。

(2) 保密性。在发送电子邮件时,使用收件人的数字证书对电子邮件加密。这样,只有收件人才能阅读加密的邮件,在 Internet 上传递的电子邮件信息不会被人窃取,即使发错邮件,收件人也无法看到邮件内容。

(3) 不可否认性。由于发件人的数字证书只有发件人唯一拥有,故发件人利用其数字证书在传送前对电子邮件进行数字签名,发件人就无法否认发过这个电子邮件。

(4) 完整性。利用发件人数字证书在传送前对电子邮件进行数字签名,不仅可以确定发件人身份,而且传送的电子邮件信息也不能被人在传输过程中修改。

3. 数字证书的类型

(1) 个人数字证书。个人数字证书仅仅是为某个用户提供凭证,一般安装在客户浏览器上,以帮助其个人在网上进行安全交易。利用个人数字证书可以发送带有个人签名的电子邮件,也可以利用对方的数字证书向对方发送加密的邮件。

(2) 企业数字证书。企业数字证书是为网上的某个企业 Web 服务器提供凭证。利用企业数字证书,可以在网上进行安全的电子交易,可以开启服务器 SSL 安全通道,使用户和服务器之间的数据传送以加密的形式进行。

(3) 软件数字证书。软件数字证书是为软件开发者提供凭证,证明该软件的合法性。利用软件数字证书,可以在网上使用该软件,同时,也可提供给网上其他用户使用该合法软件。

4.4.3 认证中心及其作用

1. 什么是认证中心

所谓认证机构(Certificate Authority,简称 CA),是采用公开密钥基础技术,专门提供网络身份认证服务,负责签发和管理数字证书,且具有权威性和公正性的第三方信任机构。即认证中心是检验公开密钥是否真实性的第三方,它是一个权威机构,专门验证交易双方的身份。验证的方法是接受个人、商家、银行等涉及交易的实体申请数字证书,核实情况,批准或拒绝申请,颁发数字证书。认证中心除了检验外,还具有管理、搜索和验证证书等职能。

2. 认证中心的作用

认证中心在密码管理方面的作用如下:

(1) 提供安全管理密钥服务。在客户证书的生成与发放过程中,除了认证中心外,还有注册机构、审核机构和发放机构的存在。行业使用范围内的证书的审批控制可由独立于认证中的行业审核机构来完成。认证中心在与各机构进行安全通信时,可采用多种手段。对于使用证书机构安全通信,各机构(通信端)的密钥产生、发放与管理维护,都可由认证中心来完成。

(2) 自身密钥的产生、存储、备份/恢复、归档和销毁。认证中心的密钥对一般由硬件加密服务器直接产生,并存储于加密硬件内或以一定的加密形式存放于密钥数据库内。加密备份于 IC 卡或其他存储介质中,并以高等级的物理安全措施保护起来。密钥的销毁要以安全的密钥冲写标准,彻底清除原有的密钥痕迹。

(3)提供密钥生成和分发服务。认证中心可为客户提供密钥对的生成服务,它采用集中或分布的方式进行。在集中的情形下,认证中心可使用硬件加密服务器,为多个客户申请成批的生成密钥对,然后采用安全的信道分发给客户。也可由多个注册机构分布生成密钥对并分发给客户。

(4)确定密钥生存周期,实施密钥吊销和更新管理。每一张客户公钥证书都会有有效期,密钥对生命周期的长短由签发证书的认证中心来确定。各认证系统的证书有效期有所不同,一般为2—3年。

(5)其他密钥生成和管理及密码运算功能。认证中心在自身密钥和客户密钥管理方面的特殊地位和作用,决定了它具有主密钥、多级密钥、加密密钥等多种密钥的生成和管理功能。

(6)提供密钥托管和密钥恢复工作。认证中心可根据客户的要求提供密钥托管服务,备份和管理客户的加密密钥对。当客户需要时,可以从密钥库中提出客户的加密密钥对,为客户恢复加密密钥对,以解开先前加密的信息。在这种情形下,认证中心的密钥管理器采用对称加密方式对各个客户的密钥加密,加密密钥在加密后即销毁,保证了密钥存储的安全性。密钥恢复时,采用相应的密钥恢复模块进行解密,以保证客户的密钥在恢复时没有任何风险和不安全因素。

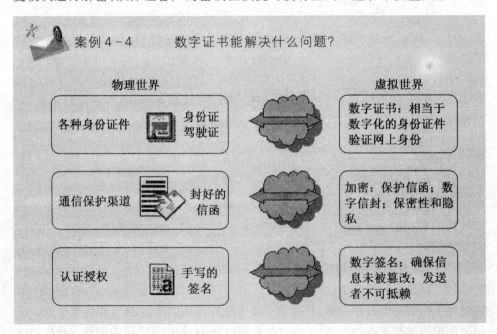

案例4-4　数字证书能解决什么问题?

由上图可以得知,在使用数字证书的过程中应用加密技术,能够有效地预防下列情况的发生。

1. 身份认证。由于非法用户可以伪造、假冒电子商务网站和用户的身份,因此登录到电子商务应用系统的客户无法知道他们所登录的网站是否是可信的电子商务网站,电子商务网站也无法验证登录到网站上的客户是否是经过认证的合法用户,非法用户可以借机破坏,而"用户名+口令"的传统方式安全性较弱,用户口令易被窃取而导致损失。

2. 信息的机密性。传输在客户端与web服务器之间的敏感、机密信息和交易数据,如客户的隐私信息、客户的信用卡号和密码等,也可能在传输过程中被非法用户截取。

3. 信息的完整性。敏感信息和交易数据在传输过程中也可能被恶意篡改。

4. 信息的不可抵赖性。网上交易行为一旦被进行交易的一方否认,另一方可以以没有签名的记录来作为仲裁的依据。

资料来源:http://wenku.baidu.com。

4.5 电子商务安全交易的有关标准

电子商务的主要特征是在线交易。在线交易首先要验证或识别参与交易活动的各个主体,如持卡消费者、商家、受卡银行和支付网关的身份(身份用数字证书表示)以及保证持卡人的信用卡号不会被盗用,这样客户才可以放心地在网上购物。为了保证在线支付的安全,需要采用数据加密和身份认证技术,以营造一种可信赖的电子交易环境。目前,有两种安全在线支付协议被广泛采用,即安全套接层 SSL 协议和安全电子交易 SET 协议。

4.5.1 安全套接层协议(SSL)

1. SSL 简介

SSL(Secure Socket Layer)协议是一种传输层技术,由 Netscape 公司开发,可以实现浏览器与 Web 服务器之间的安全通信。网景、微软及多数流行的 Web 浏览器都支持 SSL 协议。SSL 使用的是 RSA 数字签名算法,可以支持 X.509证书和多种保密密钥加密算法,如 DES 和 TripleDES。SSL 的功能主要有隐私、签证和报文完整性。

2. SSL 加密模式的特点

SSL 加密模式有五个主要特点。

(1) 采用对称的和非对称的加密技术。

(2) 部分或全部信息加密。

(3) 采用防止伪造的数字签名。

(4) 通过数字证书验证身份。

SSL 是一个普通的加密系统,它的实现过程简单,被用来传输任何数据。但由于它是一个面向连接的协议,只能提供交易中客户与服务器间的双方认证,在涉及多方的电子交易中,SSL 协议并不能协调各方间的安全传输和信任关系。由于在电子商务环境下,交易往往涉及多方。因此,为了实现更加完整的电子交易,MasterCard 和 Visa 以及其他一些业界厂商制定并发布了 SET 协议。

4.5.2 安全电子交易规范(SET)

1. SET 简介

安全电子交易是一个通过开放网络进行安全资金支付的技术标准,由国际信用卡联盟 Visa、MasterCard 联合 IBM、RSA、Microsoft 等信息产业公司在 1996 年共同制定,于 1997 年联合推出。由于它得到了 IBM、HP、Microsoft 等很多大公司的支持,已成为事实上的工业标准,目前已获得 IETF 标准的认可。随着电子计算机和网络经济的快速发展,利用电子手段进行支付与贸易正在逐渐走入我们的生活。安全电子交易(SET)是众多可以实现的电子支付手段中发展比较完善、使用广泛的一种电子交易模式。这是一个为 Internet 上进行在线交易而设立的一个开放的、以电子货币为基础的电子付款规范。

2. SET 的作用

(1) 信息的保密性。SET 的一个重要特点是持卡人的信用卡号码只提供给银行,而商家无法知道信用卡号码。SET 利用 DES 密码算法提供信息的保密性。

(2) 数据完整性。从持卡人发往商家的支付信息包括订购信息、个人数据及支付指令。SET 引入 RSA 数字签名及 Sha－1 杂凑函数确保这些消息的内容在传输过程中不被非法更改。

(3) 持卡人身份的鉴别。SET 可以让商家鉴别持卡人是有效信用卡帐号的合法用户。SET 采用 X.509V3 数字证书和 RSA 数字签名达到这一目的。

(4) 商家的鉴别。SET 使持卡人可以鉴别商家真实性,而且可以验证商家能否接受信用卡支付。SET 同样采用 X.509V3 数字证书和 RSA 数字签名实现这一功能。

3. SET 所涉及的当事人

(1) 持卡人。指由发卡银行所发行的支付卡的授权持有者。

(2) 发卡行。指向持卡人提供支付卡的金融机构。

(3) 商户。指出售商品或服务的个人或机构。商家必须与收单银行建立业务联系,以接受支付卡这种付款方式。

(4) 收单行。指与商家建立业务联系的金融机构。

(5) 支付网关。实现对支付信息从 Internet 到银行内部网络的转换,并对商家和持卡人进行认证。

4. SET 的购物过程

(1) 持卡人使用浏览器在商家的主页上查看在线商品目录和商品介绍。

(2) 持卡人将要购买的商品放入购物篮中。

(3) 持卡人确定购买购物篮中的商品后,主页会出现订单确认界面让持卡人确认。

(4) 持卡人确定后,向商家发送订单信息及支付信息,订单信息和支付指令都要由持卡人进行数字签名。同时利用双重签名技术来保证商家看不到持卡人的帐号信息以及支付网关能确认持卡人的身份。

(5) 商家接受订单后,将确认信息及持卡人的支付信息发送给支付网关。

(6) 支付网关验证持卡人的支付信息。确认后联系商家的收单行和持卡人开户行进行转帐。转帐成功后向商家返回信息。

(7) 商家发送订单确认信息给顾客。顾客端软件可记录交易日志,以备将来随时查询。

(8) 商家给顾客发送货物或完成订购的服务。到此为止,一个购买过程即告结束。

4.5.3 UN/EDIFACT 标准

1. EDI 标准的发展过程

EDI 标准的发展经历了从专业标准、行业标准、国家标准到今天的国际标准的四个阶段演化过程。

(1) 专业标准阶段。专业标准起始于美国及欧洲一些国家的大型的、国际化的公司内部,如福特汽车公司、飞利浦公司等,他们为简化自身业务而自行定义了企业标准。这些标准由于为其内部使用而带有相当大的局限性。

(2) 行业标准阶段(1970—1980 年)。这个阶段从 20 世纪 70 年代初开始,一些行业为满足行业内部业务往来的要求而制定的。典型的有美国运输业制定的 TDCC 标准、美国汽车业制定的 AIAG 标准、欧洲汽车业制定的 ODIFICE 标准、零售业制定的 UCS 标准、仓储业制定的 WINS 标准、电子业制定的 EDIFICE 标准、医学界制定的 TEEDI 标准、建筑业制定的 EDICONSTRAUCT 标准等，这些标准的制定为行业 EDI 的开展奠定了基础。

(3) 国家标准阶段(1980—1985年)。随着经济及计算机技术的发展，行业标准已不能适应发展的需求，于是，国家标准应运而生。1979年，美国国家标准协会授权 ASC X12 委员会依据 TDCC 标准，开始开发、建立跨行业且具一般性 EDI 国家标准 ANSI X.12。

(4) 国际标准阶段(1985年至今)。鉴于全球 EDI 发展的趋势，各国的国家标准为国际标准提供了完整的技术和应用结构，在此基础上，联合国欧洲经济委员会(UN/ECE)为简化贸易程序和促进国际贸易活动，公布了一套用于行政、商业和运输业的 EDI 国际标准——UN/EDIFACT 标准。国际标准化组织为 EDIFACT 制定了 ISO9735 EDI 语法规则和 ISO7372 贸易数据元国际标准。

2. EDI 标准的构成要素

为了实现各公司计算机系统间传递贸易单证，必须保证这种贸易单证具有标准格式并能够为各公司的计算机所识别。正如语言在人类交流中的媒介作用一样，EDI 标准是实施 EDI 必不可少的，它是计算机系统之间的语言。作为 EDI 标准，应达到以下目的：

(1) 提供一种任何贸易伙伴都可使用的语句，这种语句是无歧义的，可以使使用者明白其含义。

(2) 这种标准不受计算机机型影响的，既适用于计算机间的数据交换，同时又独立于计算机之外。

(3) EDI 传递的贸易单证是电子单证，目的是为了以电子手段完成传统贸易单证的传递，从而加速单证的周转，缩短贸易进程。EDI 标准的制定正是基于此目的，因此，贸易数据元就是 EDI 标准的重要组成部分。

贸易数据元是电子单证最基本的单位，任何电子单证都由贸易数据元组成。订立 EDI 标准首先就要定义此标准所涉及的贸易数据元，对贸易数据元的名称、使用范围、数据类型和数据段长度做出详细的规定。贸易数据元是制定 EDI 标准的基础，它决定了标准的适用范围，起到对标准的支持和限定作用。

任何贸易单证都是由一些具有一定功能的项组成的。例如，一张发票是由发货人、货物名称、货物价格等项组成。电子单证为实现贸易单证的功能而与贸易单证的项相对应的就是段。

每一个段由多个数据元组成的,与现在贸易单证中的各项所起的作用一样,段在电子单证中完成一定的功能,是组成电子单证的单元。电子单证是以报文形式在计算机网络上传输的,它除包含相应的贸易单证的内容外,还包含一些必要的控制段。因此,段的种类就分成数据段和控制段。在 EDI 标准中,数据段的定义包括段标识、段名、段功能和组成段的数据项,其中,段标识由段名的英文首字母缩写构成。控制段的定义结构与数据段差不多,所不同的是,在功能上,一个数据段完成的功能基本上是贸易单证中一个项所起的作用,而控制段是对整个 EDI 报文的控制、标识与描述;在使用上,不同类型的 EDI 报文都具有相同的控制段,而数据段的取舍则取决于 EDI 报文的类型。EDI 标准中定义的段是 EDI 报文设计中所需段的集合,任何在此标准下设计的 EDI 报文中涉及的段都不超出标准定义的范围。

EDI 标准如果仅有数据元目录和段目录,而公司计算机系统间传递的电子单证格式由用户自行定义,用户间传递的报文将不能被彼此理解,EDI 的应用将处于混乱状态,其优越性就无从体现。因此,EDI 标准除包括贸易数据元目录和段目录外,还应包括标准报文格式,即用户都能识别的电子单证式样。

标准报文格式一般包括报文控制部分和报文内容部分。报文控制部分由控制段构成,至少包括报文头(message header)和报文尾(message trailer)两个段;报文内容部分由数据段构成,涉及的段由报文性质决定,例如,订单报文与发票报文涉及的数据段就有所不同。报文中用到的数据段根据需要从相应的段目录中选取出来,并根据报文设计需要按一定先后次序出现在标准报文中。这样,必要的控制段加上一定数量有序的数据段就构成了 EDI 报文标准。

4.5.4 EDIFACT 标准构成

EDIFACT 标准包括一系列涉及电子数据交换的标准、指南和规则,包括以下八个方面的内容。

(1) EDIFACT 应用级语法规则(ISO9735)。应用级语法规则规定了用户数据结构的应用层语法规则和报文的互换结构。

(2) EDIFACT 报文设计指南。报文设计指南是为从事标准报文的设计者提供技术依据。

(3) EDIFACT 应用级语法规则实施指南。这一指南的目的是帮助 EDI 用户使用 EDIFACT 语法规则。

(4) EDIFACT 数据元目录(ISO7372)。EDIFACT 数据元目录收录了 200 个与设计 EDIFACT 报文相关的数据元,并对每个数据元的名称、定义、数据类型和长度都予以具体的描述。

(5) EDIFACT 代码目录。代码目录给出数据元中的代码型数据元的代码集,收录了 103 个数据元的代码,这些数据元选自 EDIFACT 数据元目录,并通过数据元号与数据元目录联系起来。

(6) EDIFACT 复合数据元目录。所谓复合数据元,是指由别的数据元组成的数字元,其功能更强,包含的信息量更多。目录收录了在设计 EDIFACT 报文时涉及的 60 多个复合数据元。目录中对每个复合数据元的用途进行描述,罗列了组成复合数据元的数据元,并在数据元后面注明其类型,注有字母"M"的表示该数据元在此复合数据元中是必须具备的,注有字母"C"的表示该数据元在此复合数据元中的出现与否是根据具体条件而定的。复合数据元通过复合数据元号与段目录相联系,组成复合数据元的数据元通过数据元号与数据元目录、代码表相联系。

(7) EDIFACT 段目录。段目录定义了 EDIFACT 报文中用到的段。目录中注明了组成段的简单数据元和复合数据元,并在数据元后面注明此数据元是"必备型"或"条件型"。段目录中除有段名外,每个段前均标有段的标识。段标识一般由三个英文字母组成,它们是段的英文首字母缩写。每个段通过段标识与 EDIFACT 标准报文相联系,简单数据元和复合数据元通过数据元号和复合数据元事情与 EDIFACT 数据元目录和复合数据元目录相联系。

(8) EDIFACT 标准报文目录。这是已得到联合批准的贸易单证标准报文的集合。EDIFACT 标准报文格式分 0 级、1 级和 2 级。0 级是草案级,1 级是试用推荐草案,2 级是推荐报文标准级。

 案例 4-5　　电子商务安全交易的有关标准和实施方法

1. 早期曾采用过的地方

在电子商务实施初期,曾采用过一些简易的安全措施,这些措施包括以下三种。

(1) 部分告知(Partial Order)。即在网上交易中将最关键的数据(如信用卡号码及成交数额等)略去,然后再用电话告之,以防泄密。

(2) 另行确认(Order Confirmation)。即当在网上传输交易信息之后,应再用电子邮件对交易作确认,才认为有效。

(3) 在线服务(Online Service)。为了保证信息传输的安全,用企业提供的内部网来提供联机服务。

以上所述的种种方法，均有一定的局限性，且操作麻烦，不能实现真正的安全可靠性。

2. 近年推出的安全交易标准

近年来，IT 业界与金融行业一起，推出不少更有效的安全交易标准。主要有以下四个。

(1) 安全超文本传输协议(S-HTTP)。依靠密钥对的加密，保障 Web 站点间的交易信息传输的安全性。

(2) 安全套接层协议(Secure Sockets Layer，简称 SSL)。由 Netscape 公司提出的安全交易协议，提供加密、认证服务和报文完整性。

(3) 安全交易技术协议(Secure Transaction Technology，简称 STT)。由 Microsoft 公司提出，STT 将认证和解密在浏览器中分离开，用以提高安全控制能力。Microsoft 在 Internet Explorer 中采用这一技术。

(4) 安全电子交易协议(Secure Electronic Transaction，简称 SET)。1995 年，信用卡国际组织、资讯业者及网络安全专业团体等开始组成策略联盟，共同研究开发电子商务(Electronic Commerce)的安全交易。

3. 目前安全电子商务交易的手段

在近年来发表的多个安全电子交易协议或标准中，均采纳了一些常用的安全电子交易的方法和手段。典型的方法和手段包括密码技术、数字签名、数字时间戳、数字凭证、认证中心等。各种手段常常是结合在一起使用的，从而构成比较全面的安全电子交易体系。

资料来源：http://club.heima.com。

本 章 小 结

电子商务安全是一个系统概念，不仅与计算机系统结构有关，还与电子商务应用的环境、人员素质和社会因素有关，涉及信息的保密性、完整性、有效性、不可抵赖性、交易身份的真实性和系统的可靠性六个方面有关安全的要素。防火墙是应用最为广泛的安全手段之一，指的是一个由软件和硬件设备组合而成的、在内部网和外部网之间以及专用网和公共网之间的界面上构造的保护屏障。根据其使用的技术和系统设备配置，可以分为数据包过滤防火墙和代理防火墙。

数据加密技术是电子商务采取的主要安全措施之一。对数据进行加密的目的是防止对手破译数据系统中的机密数据。根据密钥使用和产生的方式不同，可以将加密分为私钥加密和公钥加密。加密密钥和解密密钥相同的称为私钥加密;加密密钥和解密密钥不相同的,则称为公钥加密。信息的认证性是信息安全性的另一个重要方面,它包括数字签名技术、数字证书技术和身份识别技术,其中,数字签名是安全认证技术的核心。数字证书是目前国际上最成熟并得到广泛应用的信息安全技术,数字证书也称为公开密钥证书。认证中心是检验公开密钥是否真实性的第三方,它是一个权威机构,专门验证交易双方的身份。电子商务的主要特征是在线支持,目前,有两种安全在线支付协议被广泛采用,即安全套接层(SSL)协议和安全电子交易(SET)协议。

复习与思考

1. 请解释电子商务安全和客户认证的概念。
2. 为什么说电子商务的安全问题非常重要?
3. 电子商务的安全威胁主要有哪些?
4. 如何解决电子商务的安全问题?
5. 简述防火墙的作用。
6. 个人数字证书有什么作用?
7. 认证中心主要完成什么工作?
8. 请在首都在线认证中心申请个人数字证书并使用它。

案例分析

防火墙在某政府网络中心中的应用

A. 背景与需求

某政府网络中心为青岛市政府下属部门,为政府办公、办事服务、信息发布等提供互联网服务及内部应用服务器,网络出口带宽为300M。用户数达到900人,最大在线人数已达到600人。对外有电信和网通两条线路,使用光纤连接服务器。使用的 IP 地址全部为网通 IP,当访问电信网时,需要做 SNAT;办公 IP 地址都是私网 IP 地址,访问外网都需要做 SNAT 行政审批。大厦的员工还在不断增加,网络出口最大流量在 200M 左右。政府应用程序比较多,流量种类复杂,在不同时间段比例有较大变化。客户要求保证网络视频访谈不能出现中断现象。

B. 解决方案

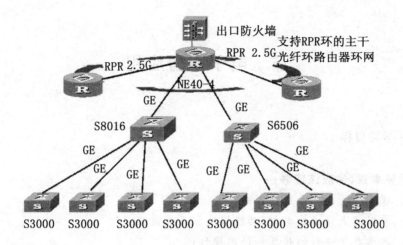

C. 实施效果

网御防火墙支持多种动态协议,保证市政府的应用、对外服务器应用及远程接入正常。最大限度地解决了用户可能存在的安全问题和安全隐患,达到了预期的效果;满足了用户针对接口流量的实时监控,保障了网络实时监控性以及可管理性。

讨论题

1. 市政府为什么需要建立防火墙?
2. 本案例对其他公司有哪些借鉴意义?

5 电子商务应用

学完本章,你应该能够:
1. 理解电子商务的应用模式;
2. 掌握网上商城的类型、功能模块和开发流程;
3. 熟悉电子银行的种类和使用操作;
4. 熟悉网上证券交易;
5. 了解我国电子政务的发展。

企业内部电子商务　企业外部电子商务　网上商城　网上证券交易　电子政务

5.1 电子商务的应用模式

电子商务的参与方主要有企业、消费者、政府和中介方四部分。其中,中介方为电子商务的实现与开展提供技术、管理与服务支持;企业是电子商务的核心。电子商务的价值主要体现在与企业结合,特别是与传统企业进行整合,企业可以依托电子商务来提升自身的竞争能力。

企业电子商务的应用主要是指传统企业(这里区分于新型的网络型企业)如何利用电子商务实现企业经营管理和商务活动的数字化。企业电子商务应用可以帮助企业扩大市场收入和降低运营成本，从而增强企业赢利的能力。

从企业经营活动的范围来看，可以将企业电子商务的应用分为两个层次：第一个层次是企业内部电子商务，也就是企业内部如何利用电子商务技术实现企业内部交易的数字化，同时更好地保证企业外部电子商务的实施。企业内部电子商务的运用主要是帮助企业降低成本，提高企业内部运营效率和效用。第二层次是企业外部电子商务，它是指企业通过市场提供产品服务，实现企业的价值。

5.1.1 企业内部电子商务

企业内部电子商务是指利用电子商务技术实现企业内部交易的数字化，解决企业内部的物流、资金流和信息流的信息化。企业内部电子商务的基础是Intranet，企业通过防火墙等安全措施将企业内联网与因特网隔离，从而将企业内联网作为一种安全、有效的商务工具，用来自动处理商务操作及工作流程，实现企业内部数据库信息的共享，并为企业内部通信和联系提供快捷的通道。

具体来说，企业内部电子商务具有的主要功能包括以下三种。

1. 信息通信便捷

企业内部网可以用来自动处理商务操作及工作流，增强对重要系统和关键数据的存取，共享经验，共同解决客户问题，并保持组织间的联系。

2. 电子信息发布

采用电子化工具，可以起草、管理、发布和传递人力资源手册、产品详细说明、内部新闻等文档。降低文档印刷和传递的成本，实现信息快速传递，避免信息文档的过时，并为企业的战略决策提供有效的支持。

3. 信息的交流与收集

电子商务技术为企业提供了生产与销售之间、企业与客户之间的信息交流，使企业更好地掌握市场动态和竞争对手的信息，为决策提供帮助。

企业内部电子商务正在引发对传统的企业管理与生产模式的一场深刻变革。以现代计算机信息网络为基础的电子商务将促进企业管理的日臻完善，企业内部电子商务的效应主要有以下四个方面。

1. 改革管理组织

Intranet 改变了信息的传递方式，也改变了企业经营和管理的方式，使管理组织结构从金字塔型变成矩阵型。原来起上传下达重要作用的中层组织逐渐消失，高层决策者可以与基层执行者直接联系，基层执行者也可以根据实际情况及时进行决策。分工过于细化的管理组织已不能适应电子商务发展的需要，把相互关联的管理组织加以整合已成为大势所趋。

2. 增强管理功能

Intranet 的功能已不只是简单地提高管理效率,而且还将通过管理的科学化和民主化,全面增强管理功能。由于它是积极地促进管理业务的合理重组,进一步综合集成各种相关的管理职能,从而使管理工作的面目得到了根本的改观。

3. 大幅度降低企业管理成本

企业开展电子商务可以大大降低企业管理成本,提高工作效率。尤其是当企业不断发展壮大时,企业管理成本降低的幅度就更为明显。

4. 实施安全、准确、高效的企业管理

企业开展电子商务,可以使企业的管理更加安全、准确和高效,以充分适应激烈的市场竞争需要。通过 Intranet,企业领导人可以随时了解各部门的经营全貌,运筹帷幄,并迅速把有关指示和工作安排下发到下层各部门。各部门每天的经营情况(包括财务、物资报表等)通过网络准确、自动地汇总到总公司的数据库中,实现企业内部数据汇总的自动化。各部门也可通过网络随时查询总公司的相应数据库,了解产品的生产、库存等情况,从而可以提高整个企业的管理效率。

5.1.2 企业外部电子商务

企业外部电子商务是指企业通过市场提供产品服务,实现企业的价值,主要是指针对市场交易而进行的商务活动。企业进行外部电子商务活动时,必须考虑到不同主体的特点,并采取相应的电子商务方式实现网上交易。

1. 电子商务交易主体的特点

在市场交易网络中,根据参与市场交易主体的特点相应分为三类,即营利组织(A、B)、非营利组织(C)和消费者(D)。

它们的特点如表 5-1 所示。

表 5-1　参与市场交易主体的特点比较

比较项目	营利组织(A、B)	非营利组织(C)	消费者(D)
目标	营利	维持正常运转	满足个人需求
主体地位	社会法人	社会法人	个人
信用度	高	高	低
银行关系	密切(依赖银行)	密切(银行结算)	稀疏
交易行为	规范、理性、约束多	规范、理性、约束多	个性、冲动、自由
交易量	批量	批量	少量

续表

比较项目	营利组织(A、B)	非营利组织(C)	消费者(D)
付款方式	银行转账	银行转账	现金为主
交易信息	丰富,注重收集比较	丰富,注重收集比较	不充分,凭印象
交易关系	比较稳定,伙伴关系	重点选择,稳定购买	随机性,品牌忠诚
交易时间	比较长,多个回合谈判	比较长,慎重比较和选择	比较短,短时间内抉择

从表5-1的比较分析可以看出,营利组织和非营利组织在交易时一般是以法人身份参与交易,交易时表现出极大的相似性,只是营利组织的目标是通过减少交易费用获取更高利润,而非营利组织的目标是通过减少交易费用节省开支并维持组织的运转。

具有社会法人地位的组织机构(包括营利组织和非营利组织)与个人消费者之间的区别较大。

第一,信用方面。组织机构有法人地位和相当的固定资产,一般具有较好的信用;而消费者的信用是建立在以往交易历史记录的基础上,它需要通过长期实践才能确定个人消费者的信用。

第二,与银行关系方面。组织机构很少进行现金交易,主要通过银行进行结算;而个人消费者比较喜欢现金交易,较少依赖银行。

第三,交易方式方面。组织机构在交易时每次交易量都比较大,而且相对比较集中,特别注重市场信息的收集,强调交易的理性选择;而个人消费者一般是为满足自己个体需求而进行交易,注重感性,对交易方式选择以简单方便为标准。

第四,与交易方关系方面。组织机构购买一般有相对固定的采购对象,较少更换供应单位,重视保持与供应单位的长期稳定关系;而消费者的购买具有一定的随机性,要维持消费者忠诚需要供方建立良好的品牌及优质的服务。

第五,交易快捷性方面。组织机构一般强调购买的理性,购买决策周期相对较长;而消费者比较注重购买的便捷性,购买决策时间比较短。

2. 企业外部电子商务模式的比较

根据参与交易主体的特点,有两种不同的企业外部电子商务交易模式,即组织市场交易(B2B)和消费者市场交易(B2C),我们可以对这两种交易模式进行比较,详见表5-2所示。

表 5-2　组织市场与消费者市场交易比较

比较项目		组织市场交易(B2B)	消费者市场交易(B2C)
交易主体		A、B、C(法人)	卖方为 A、B;买方为 D
交易过程		报价/意向-谈判/招标-订合同-发货-结算	寻找/告示-选择/冲动-付款/取货
交易特点	数量金额	交易数量大,金额大	交易数量小,金额较小
	合同形式	正式合同,理性交易	口头要约,有限理性
	信息掌握	透明度大,信息充分,信息对称	信息不对称,消费者处于弱势
	支付方式	通过银行和现代金融信用工具结算	通过现金或信用卡现场结算
	交易特征	信流、物流和币流分离,通过信用和合同保证三流统一和交易实现	物流和币流在时间和空间上高度统一,保证交易的实时性
	交易关系	交易双方关系密切,重复性交易多	交易偶发性,关系简单

从表 5-2 可以看出,组织市场交易与消费者市场交易有着很大区别。

第一,交易过程方面。组织购买时首先提出购买意向并进行寻价,在确定购买意向后就着手进行谈判或者通过招标确定价格,并签订正式合同,然后双方着手具体交易进行货物交接和货款结算。所以,组织市场交易过程比较规范,注重交易风险的控制和交易理性;消费者购买一般通过信息告示来寻找满足自己需求的产品,购买过程比较简单,强调的是快捷性,不注重交易过程的规范性。

第二,交易数量金额方面。组织市场每次交易的数量比较大,交易金额也比较大;而消费者的购买属于零星购买,交易的数量和金额都比较小。

第三,交易合同形式方面。组织市场的买卖行为一般都需要通过正式合同文本来规范;而消费者市场主要是现场交易,采用口头要约的形式。

第四,交易透明度。组织市场的交易由于双方掌握信息都比较充分,双方都处在交易平等的地位;而在消费者市场中,消费者由于精力和时间限制,不可能掌握充分信息,即使掌握大量信息也因精力不够而无法全部处理,因此,交易的透明度不够。

第五,交易实现。组织市场的交易主要通过银行进行结算,通过合同来约束交易的完成;而消费者市场的交易主要是现款现货交易。电子虚拟市场的发展将大大改善消费者市场中交易透明度不够的问题,包括交易实现中的支付手段由原来的现金支付转为依赖信用支付方式。

案例5-1　化妆品品牌相宜本草如何通过网络"掘金"？

相宜本草是一个国产天然本草类化妆品品牌，其产品进入市场化运作时间较短，市场认知度较低。虽然产品拥有良好的品质和口碑，但了解该品牌的消费者相对较少。在有限的市场投入情况下，如何能够针对现阶段的发展产生最好的营销效果？经过多方咨询与沟通，相宜本草采用了网络社区口碑营销的策略，借助互联网社区营销新媒介，展开迎合精准群体心理的营销策略，利用网络快速传播的特点，实现低成本的广泛传播效应。

相宜本草选择了唯伊网作为核心传播载体，以唯伊社区为营销传播中心，整合浙江本地社区及线下高校资源，实现了线上线下互动整合营销。唯伊网是国内一家新兴的化妆品品牌口碑社区，社区以品牌俱乐部、试用达人为特色，汇集化妆品品牌的消费者、粉丝和意见领袖，用户人群以年轻态人群为主，年龄层在20—30岁之间居多，品牌消费习惯不稳定，有较大的热情尝试新鲜品牌和新鲜产品。

相宜本草整个营销过程大致分为五个环节。

第一个环节是免费申请品牌试用装。利用消费者的利益驱动和对新鲜事物的好奇心，为品牌造势、吸引眼球、聚集人气。互联网实现了很多新鲜的尝试，她们也会在这个过程中关注这个品牌，并了解其他消费者对该品牌的口碑评价，这个过程无形中使品牌受到了极大的关注，抓住受众的眼球，其实已经成功了一部分。

第二个环节是收集申请者的数据资料，并向品牌进行反馈，以便数据挖掘。在这个过程中，相宜本草充分利用了数据资源，对这些潜在消费者进行电话营销，并且为每个潜在消费者邮寄了相宜本草的会员杂志，很多用户反馈相宜本草的服务很贴心，使消费者对相宜本草这个陌生品牌产生了好感。

第三个环节是网络整合营销传播。唯伊联合国内知名社区站点联合推广，活动有更丰富的传播载体和更广阔的传播范围，快速提升品牌在网络中的知名度和影响力。这个过程线上线下有着交叉互动的关系，包括高校人群的覆盖和短信平台的精准营销都为整个事件的传播起到了极大的推广作用。

第四个环节是用户分享试用体验。以奖品为诱饵，吸引试用用户分享产品体验，引导消费者的正向口碑，实现推广产品在网络传播的知名度和美誉度一定程度提升的效果。相宜本草推出的免洗眼膜产品，刚好在这一期间投放市场，通过百度和Google搜索相关评论，基本上全部回到唯伊社区，因为这里的用户是第一波试用用户,而且这一产品可以找到几十篇高质量的评论,相宜本草的其他产品可以找到上百篇。对于一个新兴品牌,唯伊社区可能会最集中汇集大量的口碑评论,通过互联网的复制传播效应,口碑逐渐扩散开来。

第五个环节是试用达人Blog Media推荐。试用达人Blog目前拥有1 700多个网络订阅,拥有忠实的读者群,在网络试用领域有着较高的知名度和影响力,相宜本草会在活动结束阶段,重点推荐活动期间优秀的网友评论,为品牌网络传播画上完美的句号。

相宜本草是化妆品领域的年轻品牌,其市场价格也非常适合年轻态群体,明确的营销思路和扎实的实践过程为相宜本草最终的营销成功奠定了坚实的基础。

资料来源:http://classroom.eguan.cn/。

5.2 网上商城

什么是网上商城?

网上商城类似于现实世界当中的商店,差别是网上商城是虚拟商店,利用电子商务的各种手段,减少中间环节,消除运输成本和代理中间的差价,完成买卖交易。2012年淘宝网"双十一"购物狂欢节,天猫和淘宝单日销售额高达191亿元;2012年国内出现大批大型零售超市关门事件。事实在告诉人们,电子商务在零售领域正扮演着越来越重要的角色。天猫2012年"双十一"交易额排名前10位品牌中,交易额过亿元的杰克琼斯旗舰店、骆驼服饰旗舰店、全友家居旗舰店都是传统线下品牌。此次"双十一"活动,让传统品牌更加充分认识到电子商务的巨大威力。据艾瑞咨询网统计,被电子商务行业创造出来的节日"双十一"所覆盖的人群已超过传统"五一""十一"等节假日,它用真实的消费推进着电子商务的增长,改变着人们的购物方式。

网上商城已成为企业电子商务应用中最重要的模式,可以为个人用户和企业用户提供人性化的全方位服务,努力为用户创造亲切、轻松和愉悦的购物环境,不断丰富产品结构,最大化地满足消费者日趋多样的购物需求,并凭借更具竞争力的价格和逐渐完善的物流配送体系等各项优势为企业赢得较高的市场占有率。

5.2.1 网上商城的类型

网上商城主要有四大类。

1. B2B(business to business,商家对商家)

B2B 的典型代表有阿里巴巴、中国制造网、慧聪等,主要从事企业网上批发业务。

2. B2C(business to customer,商家对顾客直接销售,信用度高)

B2C 的典型代表有当当网、京东商城、凡客诚品、苏宁易购、亚马逊、新蛋商城等,主要从事企业网上零售业务。B2C 又可分为三种:一种是实体企业转网上商城,代表网站为巴库网;一种是实体市场转网上商城,代表网站为蚕丝网城;一种是原有电子商务公司建设的网上商城,代表网站为京东商城、中华网库商城系统等。

3. C2C(customer to customer,客户和客户)

C2C 的典型代表有淘宝、拍拍、易趣、百度有啊等,主要从事个人网上零售业务。

4. O2O(online to offline,线上线下相结合)

O2O 的典型代表有象屿商城、淘宝社区代购等,主要打造城市综合购物平台,发展线上线下社区购物。

5.2.2 网上商城的功能模块

网上商城是一个系统,主要有两大功能模块,分别为后台功能模块和前端界面功能模块。

1. **后台功能模块**

主要有六个常见模块。

(1) 商品管理。包括后台商品库存管理、上货、出货、编辑管理和商品分类管理、商品品牌管理等。

(2) 订单管理。在线订单程序,使消费者能够顺利地通过 WEB 在线的方式直接生成购买订单。

(3) 商品促销。一般的购物系统多有商品促销功能,通过商品促销功能,能够迅速地促进商城的消费积极性。

(4) 支付方式。即通过网上钱包、电子支付卡进行网上资金流转换的业务流程。国内主流支付方式包括支付宝、财富通、网银在线等。还有部分网上商城支持货到付款,如京东商城、第九大道、鹏程万里贸易商城。

(5) 配送方式。购物系统集成的物流配送方式,从而以方便消费者对物流方式进行在线选择。如 EMS、顺丰等。

(6) 会员模块。在购物系统中,集成会员注册是吸引会员进行二次购买和提升转换率最好的方式。

2. 前端界面功能模块

具体有五个模块。

(1) 模板风格自定义。即通过系统内置的模板引擎,可以方便地通过后台可视化编辑设计出符合自身需求的风格界面。

(2) 商品多图展示。随着电子商务的发展,商品图片成为吸引消费者的第一要素,多图展示可以提升消费者的购物欲望。

(3) 自定义广告模块。内置在系统中的广告模块,网站管理员能够顺利地通过操作就可以在前端界面中添加各种广告图片。

(4) 商品展示。通过前端界面,以标准的或者其他个性化的方式向用户展示各类商品信息,完成购物系统内信息流的传递。

(5) 购物车。用户可对想要购买的商品进行网上订购,在购物过程中,随时增删商品。

5.2.3 网上商城开发流程

网上商城已成为企业进行电子商务应用的首选,了解网上商城开发流程,有着重要的现实意义。网上商城开发流程大致可分为以下八个步骤。

1. 客户提出需求

客户通过电话、电子邮件或在线订单方式提出自己网上商城建设方面的"基本需求"。涉及内容包括公司介绍、栏目描述、网站基本功能需求、基本设计要求。

2. 设计网上商城建设方案

根据企业的要求和实际状况,设计适合企业的网上商城建设方案。是选择虚拟主机服务还是自己购置服务器要根据企业风格度身定制,一切根据企业的实际需要选择,最合适的才是最好的。

3. 查询申办域名

根据企业的需要,决定是国际域名还是国内域名。域名就是企业在网络上的招牌,是一个名字,并不影响网站的功能和技术。如果是登记国际域名的话,就必须向国际互联网络管理中心申请;国内域名则向中国互联网服务中心登记。

4. 网上商城系统规划

一个好的网上商城,不仅仅是一本网络版的商购平台,它还必须为网站浏览者(即商城的潜在用户)提供方便的浏览导航、合理的动态结构设计、适合商务发展的功能构件(如信息发布系统、产品展示系统、团购系统、运营统计等)、丰富实用的资讯和互动空间。制作方将根据客户的简单材料,精心进行规划,提交出一份网站建设方案书。

5. 确定合作

双方以面谈、电话或电子邮件等方式,针对项目内容和具体需求进行协商。双方认可后,签署《网站建设合同书》,并支付 50%的网站建设预付款。

6. 商城内容整理

根据网站建设方案书,组织出一份与企业网站栏目相关的内容材料(电子文档文字和图片等),制作人员将对相关文字和图片进行详细的处理、设计、排版、扫描、制作,这一过程需要客户给予积极的配合。

7. 网页设计、制作、修改

一旦商城的内容与结构确定了,下一步的工作就是进行网页的设计和程序的开发。网页设计关乎企业的形象,一个好的网页设计能够在信息发布的同时对公司的意念以及宗旨作出准确地诠释。

8. 网上商城提交

制作方开发完成后,将网上商城提交给客户审核,客户确认后,支付网上商城建设余款。同时,网上商城程序及相关文件上传到网站运行的服务器,至此,网上商城正式开通并对外发布。

5.3 电子银行

电子银行业务有哪些?

5.3.1 电子银行的分类

根据中国银行业监督管理委员会 2006 年 3 月 1 日施行的《电子银行业务管理办法》中的有关定义,电子银行业务是商业银行等银行业金融机构,利用面向社会公众开放的通讯通道或开放型公众网络以及银行,为特定自助服务设施或客户建立的专用网络向客户提供的银行服务。

1. 电子银行业务

主要包括以下四类业务。

(1) 利用计算机和互联网开展的网上银行业务。

(2) 利用电话等声讯设备和电信网络开展的电话银行业务。

(3) 利用移动电话和无线网络开展的手机银行业务。

(4) 其他利用电子服务设备和网络,由客户通过自助服务方式完成金融交易的业务,如自助终端、ATM、POS等。

2. 网上银行业务

网上银行业务是指银行借助个人电脑或其他智能设备,通过互联网技术或其他公用信息网为客户提供的多种金融服务。网上银行业务不仅涵盖传统银行业务,而且突破了银行经营的行业界限,深入到证券、保险甚至是商业流通等领域,是电子银行业务的主流。网上银行主要分为个人网上银行和企业网上银行。

个人网上银行主要包括账户服务、投资服务、信用卡资讯服务和其他服务。其中,账户服务是个人网上银行的主要业务。

账户服务是指为客户提供从信息查询到个人账户转账等全面的账户服务,让客户时刻掌握最新的财务状况,主要包括以下四种服务。

(1) 账户信息查询。查询个人名下的存款账户、信用卡账户的余额、交易明细等信息。

(2) 个人账户转账。在个人同名账户之间进行即时资金划转。

(3) 代缴费。可以缴纳手机话费、固定话费、电费等多项费用。

(4) 个人账户管理。轻松完成账户关联、账户挂失以及转账限额设置等功能。

企业网上银行主要是为广大中小企业客户提供实时的账户信息和便捷的理财服务。

以中国工商银行为例,中国工商银行的企业网上银行业务主要包括账户管理、收款业务、付款业务、集团理财、信用证业务、贷款业务、投资理财和其他服务。

1995年10月,美国成立了第一家网上银行——安全第一网络银行。网上银行业务在世界各国获得迅猛发展。到目前,全球能提供网上银行服务的银行、储货机构已达5 000家以上。与传统银行业务相比,网上银行业务有许多优势。

(1) 大大降低银行经营成本,有效提高银行营利能力。开办网上银行业务,主要利用公共网络资源,无需设置物理的分支机构或营业网点,减少了人员费用,提高了银行后台系统的效率。

(2) 无时空限制,有利于扩大客户群体。网上银行业务打破了传统业务的地域、时间限制,具有 3A 特点,即能在任何时候(anytime)、任何地方(anywhere)以任何方式(anyhow)为客户提供金融服务,这既有利于吸引和保留优质客户,又能主动扩大客户群,开辟新的利润来源。

(3) 有利于服务创新,向客户提供多种类、个性化服务。通过银行营业网点销售保险、证券和基金等金融产品,往往受到很大限制,主要是由于一般的营业网点难以为客户提供详细的、低成本的信息咨询服务。利用互联网和银行支付系统,容易满足客户咨询、购买和交易多种金融产品的需求,客户除办理银行业务外,还可以很方便地进行网上买卖股票和债券等,网上银行能够为客户提供更加合适的个性化金融服务。

3. 电话银行业务

电话银行是指客户直接通过拨打电话银行的电话号码,就能够得到电话银行提供的相关银行服务,包括客户账户余额查询、账户往来明细及历史账目档案、大额现金提现预告、银行存贷款利率查询、银行留言、银行通知和其他各类指定的查询服务。

电子银行业务的服务主要有以下七个特点。

(1) 操作简单,自动化管理,不需要人工干预。
(2) 安全性高,系统内配有多级用户验证,保证客户银行信息安全。
(3) 可实时查询,实现银行 24 小时服务。
(4) 银行内线与外线任意配置。
(5) 可配置传真接口。
(6) 可实现强行拨号,而无需等待提示语音结束。
(7) 线路的接口应该符合信息产业部的入网标准。

4. 手机银行业务

手机银行也叫移动银行(Mobile Banking Service),是指利用移动通信网络及终端办理相关银行业务。其业务大致可分为三类:①查缴费业务,包括账户查询、余额查询、账户的明细、转账、银行代收的水电费、电话费等;②购物业务,指客户将手机信息与银行系统绑定后,通过手机银行平台进行购买商品;③理财业务,包括炒股、炒汇等。

手机银行是基于短信的银行服务,由手机、GSM 短信中心和银行系统构成。在手机银行的操作过程中,用户通过 SIM 卡上的菜单对银行发出指令后,SIM 卡根据用户指令生成规定格式的短信并加密,然后指示手机向 GSM 网络发出短信,GSM 短信系统收到短信后,按相应的应用或地址传给相应的银行系统,银行对短信进行预处理,再把指令转换成主机系统格式,银行主机处理用户的请求,并把结果返回给银行接口系统,接口系统将处理的结果转换成短信格式,短信中心将短信发给用户。

手机银行是网上银行的延伸,也是继网上银行、电话银行之后又一种方便银行用户的金融业务服务方式,有贴身"电子钱包"之称。它一方面延长了银行的服务时间,扩大了银行服务范围,另一方面无形地增加了许多银行经营业务网点,真正实现 24 小时全天候服务,大力拓展了银行的中间业务。与传统银行和网上银行相比,手机银行支付有以下三个特点。

(1) 更方便。手机银行功能强大,是网络银行的一个精简版,但是远比网络银行更为方便,因为容易随时携带,而且方便用于小额支付。

(2) 更广泛。提供 WAP 网站的支付服务,实现一点接入、多家支付。

(3) 更有潜力。网络银行的成功在于它不仅是银行业电子化变革的手段,更是因为它迎合了电子商务的发展要求,而手机银行在这方面还有很大的潜力可以发掘。

5.3.2 我国各大银行的电子银行业务

随着电子银行业务的迅猛发展,客户已逐渐习惯使用网上银行、手机银行、电话银行来办理银行业务,这不仅令银行的电子银行收入呈现爆发式增长,也使电子银行交易的替代率越来越高,各大银行都将发展电子银行列为战略重点。

艾瑞咨询发布的《2011 年中国网上银行年度监测报告》显示,2011 年,中国网上银行交易规模达到 701.1 万亿元,同比增长 35.9%。其中,企业网银贡献八成以上份额。个人网银交易规模为 137.9 亿元,同比增长 43%;企业网银为 563.2 亿元,同比增长 34.3%。行业预测,未来客户办理银行业务的主要途径将会是:客户通过手机银行查看账户余额—登录网银进行投资研究—通过电话银行询问房贷事宜—到分行网点在客户经理的帮助下填写房贷申请表。

我国各大银行的电子银行业务发展迅速,以最早开通网上银行的招商银行为首,做得最好,其次分别是中国工商银行、中国建设银行、中国银行和中国农业银行。

1. 招商银行电子银行业务

1997 年 4 月,招商银行正式建立了自己的网站,成为国内第一家上网的银行。1998 年 2 月,推出网上银行"一网通"。1999 年 9 月 6 日,招行与中国邮电电信总局、中国南方航空公司和新浪网在北京签订了电子商务全面合作协议。

2010年10月,招商银行推出具有世界较先进水平的网上企业银行U-BANK7。据招商银行2012年半年报数据显示,招商银行零售电子渠道综合柜面替代率已达到88.91%,位居前列。

目前,招商银行电子银行业务主要分为四大块,分别是i理财、个人网上银行、手机银行、自助银行。i理财是招商银行于2010年4月6日正式推出的零售银行新服务品牌,是继"一卡通""一网通""'金葵花'理财"之后又一具有强大核心竞争力的独创品牌,其主要面向互联网时代不断壮大的"宅男""宅女"群体,是国内首家网络互动银行。i理财包括两个核心项目,即i理财账户和i理财社区。截至2011年底,i理财账户在线开通近10万户,空中理财经理在线管理客户超过30万户,管理客户总资产600亿元,产品销售额达到260亿元。

2. 中国工商银行电子银行业务

中国工商银行于2000年2月1日开通了北京、上海、天津、广州等部分地区网上银行的对公业务,于2002年5月在国内率先推出了电子银行品牌——金融e通道,并陆续推出了"理财e站通"企业网上银行、"金融@家"个人网上银行、"95588"电话银行、手机银行"随机而动的银行"、自助终端等金融e通道的系列子品牌。目前,电子银行已成为工行为客户提供金融服务的重要渠道,占全部业务量的比重高达25%以上,而且仍在快速增长之中。工行2000年电子银行交易额为2万亿元人民币,2007年达到102.9万亿元,较2000年增长了50倍,成为国内首家电子银行交易额突破100万亿元大关的银行。

3. 中国建设银行

1999年8月4日,中国建设银行正式推出网上银行服务。建设银行的网上银行服务采用了国际标准的身份认证系统和最先进的安全加密技术,保证了网上交易的安全。2007年,建设银行电子银行产品在国内各大知名媒体的用户评选中评价颇高,表现突出。网上银行摘取了"2007年度中国网上银行测评:最佳用户感受奖",手机银行位列"2007年度中国银行业杰出创新奖"榜首。2010年,建设银行个人网银客户数已突破5 600万户,手机银行用户数达2 100万户,企业网银客户数已达到93万户,网上银行日均交易量超过750多万笔,手机银行日均交易量超过40万笔,电子银行业务量已经超过传统柜面交易。2011年,建设银行个人网银客户数为8 454万户,增幅48.19%;企业网银客户数为139万户,增幅49.46%。个人网银交易量为40.4亿笔,较上年增长40.78%;企业网银交易量为9.7亿笔,增长46.97%。

4. 中国银行

1999年6月,中国银行正式推出网上银行系列产品。2000年5月15日,中行率先开通通过有线电视提供网上银行服务的业务——家居银行,它是在有线电视视讯宽带网的基础上,以电视机与机顶盒为客户终端实现联网、办理银行业务。2011年,中国银行企业网银客户数突破108万户,比上年末增长158.86%,企业网银交易额超60万亿元,海关税费网上支付业务市场份额继续保持第一。个人网银客户突破5 500万户,比上年末增长121.67%;个人网银交易额突破6万亿元,比上年增长47.32%。2012年,中国银行被《投资者报》评为2012"最佳网上银行业务国有银行"。

5. 中国农业银行

中国农业银行在网上银行建设方面起步较晚,但发展势头很快。自2002年农行网上银行业务正式开办以来,经过十年发展,农行电子银行把握客户需求,不断创新,网上银行已累积了广泛、稳定、忠实的客户群体。截至2012年9月末,农行企业网银注册客户总数达到175.73万户,企业网银累计交易金额达到38.35万亿元。农行电子银行部提供的资料显示,近3年来农行金融产品交易总量翻了一番,其中,95%的新增交易来自电子银行渠道,相当于再造了一家农行。

案例5-2　电子银行业务竞争多样化:24小时智能银行推出风潮起

为了改变银行物理网点少、租金贵、人工成本高等种种有碍行业继续大发展的问题,包括广发银行、光大银行、中国农业银行、交通银行等商业银行纷纷推出智能柜员机,以期打造"24小时智能银行"。这种新式设备具有操作简便、功能多样等优势。

2012年11月26日,农业银行在深圳举办了10周年网银庆典,其电子银行部展示了最新的电子银行设备,其中,一台体积稍大于ATM机的VTM机最令人称奇。只见一位身着银行制服的客服人员笑容可掬的影像出现在VTM显示屏上,彬彬有礼地问道:"晚上好,我在北京客服中心为您服务,请问您需要办理什么业务?"

这台名为VTM(Virtual Teller Machine,远程虚拟柜员机)的智能柜员机集成了高清显示屏、高清摄像头、手写签名、二代身份证读取、证件扫描等相关设备模块,可为银行客户提供7×24小时的远程虚拟柜台服务。

除了农业银行外,广发银行、交通银行和光大银行这3家银行已各自完成智能柜员机的开发,并已陆续布放使用。不知不觉间,一场电子银行的"军备竞赛"已吹响号角。

今年7月5日,广发银行在北京金融街支行推出了全国首家"24小时智能银行",声称能提供全天候的远程人工服务。"24小时智能银行"不但可实现ATM的存取款、转账功能,还能实现自助开户、自助申领储蓄卡和信用卡,未来将覆盖大部分传统柜台业务,此外还包括银行产品的咨询、销售。

无独有偶,今年7月18日,交行在上海宣布推出远程智能柜员机"iTM",通过实时通讯技术实现远程客服人员、理财专家与客户的互动,协助客户办理业务,不但能提供一般银行服务,今后将可提供专家团队式的理财、金融规划等多元化金融服务。交行首批iTM将在上海、南京、广州等城市先行布放。

各银行纷纷推出自家研发生产的智能柜员机,这一业务因何一时间得到各大银行的如此关注?业内人士表示,这场竞争的背后,是银行在提高客户体验、延长营业时间、扩展网点数目以及提高柜台效率这四方面的改变需求。

业内人士表示,近年来,随着城商行、外资行等竞争对手的崛起,大型国有银行和股份制银行正经历着前所未有的危机感,提高银行的服务质量、发挥服务特色成为制胜关键。

"24小时智能银行"突破了传统营业时间的限制,客户可以在下班后、晚饭后的闲暇时间,在家门口的智能银行自助办理业务。更重要的是,智能柜员机对于部分网点较少的国有银行、股份制银行和外资银行来说具有战略性意义,能够弥补网点数量这一短板——每多投放一台设备,便意味着多出一个小型网点。智能柜员机可布放在商业区、居民区、企事业单位和学校等客户更为集中的地方,如同随处可见的ATM一样,甚至还能在相关监管允许的前提下,在海外布放智能柜员机,发挥交行的国际化优势,实现全球一体化服务。

广发银行电子银行部副总经理关铁军表示,从整个发展周期来看,电子银行在初期需要大量投入,包括软硬件、人员培训、营销推广和品牌宣传等,从产业链长期发展的角度分析,电子银行将为银行创造相当的价值。

此外,智能柜员机在未来还可能帮银行节约开支。有银行业人士预计,随着国内一线城市黄金地段租金的上涨以及员工工资的上涨,未来商业银行将更加依赖自助设备。

资料来源:《证券时报》,2012年12月。

5.4 网上证券交易

网上证券交易是指投资者通过互联网进行证券买卖的一种方式。网上证券交易系统一般都有提供实时行情、金融资讯、下单、查询成交回报、资金划转等一体化服务。

网上交易与传统交易的最大区别就是：投资者发出的交易指令在到达证券营业部之前，是通过公共网络(即互联网)传输的。

5.4.1 网上证券系统

网上证券系统为客户提供网上股票交易的实际环境，使股民通过 Internet 进行方便快捷的在线交易、管理及其行情查询。业务涵盖股票买卖、行情查询、银证转账、账户余额、开户、销户、密码修改等方面。交易系统由几个不同的模块组成，主要任务是完成证券金融信息的收集、整理、发布以及交易等工作。

网上证券系统的主要交易功能有登录、委托买入、委托卖出、委托撤单、委托查询、成交查询、资金明细查询、历史委托查询和当日委托查询。

网上证券系统由各大证券公司研发，其对应的软件下载、安装、技术培训等均由开户证券所属营业部免费提供。目前，国内具有代表性的网上证券系统有中信证券至信版网上交易系统、光大证券新版网上交易系统、广发证券至强版、华泰证券网上交易系统、国盛证券通达信版、世纪证券通达信版等。

5.4.2 网上证券交易的优势

网上证券交易有替代传统证券交易的势头。一方面是由于近年来国际互联网的复苏发展以及其与证券经纪业务的有机结合；另一方面是因为网上证券交易相对于传统的交易方式具有众多优势。

(1) 网上证券交易以无所不在的国际互联网为载体，通过高速、有效的信息流动，从根本上突破了地域的限制，极大地缓解了我国券商地域分布不均的矛盾，将身处各地的投资者有机地聚集在无形的交易市场中，使投资者能在全国甚至全球任何能上网的地方进行证券交易，并使那些有投资欲望但却无暇或不便前往证券营业部进行交易的人士进行投资成为可能。

（2）网上证券交易通过国际互联网，克服了传统市场上信息不充分的缺点，有助于提高证券市场的资源配置效率。

（3）网上证券交易可以降低证券交易的交易成本。网上证券交易使客户彻底突破传统远程交易的制约，无需投入附加的远程信息接收硬件设备，在普通的计算机上就可以全面把握市场行情和交易的最新动态。另外，网上证券交易使投资者足不出户就可以办理信息传递、交易、清算、交割等事务，节约了大量的时间和金钱。对券商而言，网上交易的大规模开展，可以大幅度地降低营业部的设备投入和日常的运营费用。

5.4.3 网上证券交易的安全风险

网上证券交易通常采用对称加密和不对称加密相结合的双重数据加密方式，再加上证券公司本身的数据加密系统，使网上证券交易的安全性比较高。但随着现在钓鱼网站和网上诈骗泛滥，网上证券交易出现了新的安全风险，具体表现为以下三种。

（1）网上委托的技术系统被攻击、入侵、破坏，导致网上委托无法正常进行。

（2）委托指令、客户资料以及资金数据等被盗取或篡改，甚至造成资金损失。

（3）发布虚假信息，误导投资者，操纵市场。

2009年，中国证券业协会、中国期货业协会分别发布了《证券公司网上证券信息系统技术指引》和《期货公司网上期货信息系统技术指引》，对证券、期货公司网上信息系统的安全建设和运行提出了详细的要求。其具体内容包括规范化管理、防网络攻击、防网络仿冒、防盗买盗卖、加强对交易委托的监控、加强对投资者提示等。

投资者个人也要加强安全意识，加强自我保护，可以从以下五方面做好安全防护。

（1）保护好账号和密码，输入时防止别人偷看，定期修改密码，不使用简单口令。

（2）积极采取证券、期货公司提供的双因素身份认证方式，提高登录和交易安全性。

（3）使用安全交易终端。安装正版防病毒、防木马软件，定期升级，确保计算机终端安全；在正规机构的网站下载网上交易软件；不要在网吧等不安全地方的计算机上交易。

(4) 辨识合法证券经营机构网站。非法仿冒网站的共性是以高额回报作为诱饵,进行欺诈性宣传或用煽动性语言。如投资者登录,会导致账号密码被窃取。

(5) 如遇盗买盗卖,立刻与开户证券、期货公司联系,锁定账户,减少损失;保留好证据,并及时报案。

5.4.4 网上炒股

1. 实时股市行情接收

股票行情按照其显示方式又可分为图形和文字两种,顾名思义,文字就是采用文字刷新来显示股票价格变动的,而图形行情则将价格变动图显示出来。两种方式又与数据形式不同,导致对网络数据传输速率高低的要求,但两种方式都是由客户端先发出请求,由主机提取最新数据后单独返回客户端显示。

2. 实时网上交易

通过Internet比较容易实现实时交易。网上交易通过个人的资金账号、股票账户以及交易密码录入,确保股票买卖的准确性;可以方便、及时地查询自己的股票成交情况;另外,投资者的资金和股票变动可直接通过电子邮件进行通知。

3. 盘后(股市全日交易结束)行情数据接收

大部分投资者只是业余投资股票,其操作周期比较长,没有必要跟踪及时行情,一般通过看报纸、听广播、看电视等传媒来了解股票情况。这些方式仅了解价格情况,无法从技术分析的角度对股票投资进行理性化操作。但通过Internet,可方便地了解股票涨跌、查阅各种指标排行、掌握自己资金和股票盈亏情况,可以对各种技术指标进行分析。

4. 网上电子信息和报刊

信息和报刊上网的优势非常明显,可最大限度地降低印刷和发行费用,减少传递环节的"时间差"。

5. 股票自由讨论

网络上各种先进的交流方式同样也可以非常生动地应用到股市沙龙中,让更为广泛的投资者进行多种形式的交流。常用的方式有邮件交流、网上聊天室、新闻讨论组、Internet可视电话等。

5.5 电子政务

电子政务产生于 20 世纪 90 年代,主要指政府机构使用信息技术,转变其与公民、企业、政府部门之间的关系。

电子政务作为电子信息技术与管理的有机结合,成为当代信息化的最重要领域之一。所谓电子政务,就是应用现代信息和通信技术,将管理和服务通过网络技术进行集成,在互联网上实现组织结构和工作流程的优化重组,超越时间和空间及部门之间的分隔限制,向社会提供优质和全方位的、规范而透明的、符合国际水准的管理和服务。

5.5.1 电子政务的类型

政府作为国家管理部门,其本身上网开展电子政务,有助于政府管理的现代化,实现政府办公电子化、自动化、网络化。通过互联网这种快捷、廉价的通信手段,政府可以让公众迅速地了解政府机构的组成、职能和办事章程以及各项政策法规,增加办事执法的透明度,并自觉接受公众的监督。在电子政务中,政府机关的各种数据、文件、档案、社会经济数据都以数字形式存贮于网络服务器中,可通过计算机检索机制快速查询,即用即调。

根据参与主体的不同,电子政务可分为以下四种类型。

1. G2G:政府间电子政务

在现代计算机、网络通信等技术支撑下,政府机构日常办公、信息收集与发布、公共管理等事务在数字化、网络化的环境下进行的国家行政管理形式。它包含多方面的内容,如政府办公自动化、政府部门间的信息共建共享、政府实时信息发布、各级政府间的远程视频会议。

2. G2B:政府-商业机构间电子政务

利用电子政务,可以改进政府与企业、产业界的关系,如文件形成和审批上传系统。

3. G2C:政府-公民间电子政务

借助电子政务系统,可以向公民提供更加有效的政府服务。如公民网上查询政府信息、住房公积金查询、电子化民意调查。

4. G2E:政府-雇员间电子政务

在政府内部,各级领导可以在网上及时了解、指导和监督各部门的工作,并向各部门做出各项指示。各部门之间可以通过网络实现信息资源的共建共享联系,既提高办事效率、质量和标准,又节省政府开支,起到反腐倡廉的作用。

5.5.2 电子政务应用

电子政务建设是我国信息化发展的龙头。电子政务建设的主要内容是要使政府行政办公实现信息网络化,政府对社会服务和对社会的管理要实现信息网络化。

与传统政府的公共服务相比,电子政务除了具有公共物品属性,如广泛性、公开性、非排他性等本质属性外,还具有直接性、便捷性、低成本性以及更好的平等性等特征。

从不同的电子政务类型来看,电子政务的应用主要有以下五个方面。

(1) 政府从网上获取信息,推进网络信息化。

(2) 加强政府的信息服务,在网上设有政府自己的网站和主页,向公众提供可能的信息服务,实现政务公开。让公众迅速了解政府机构的组成、职能和办事章程以及各项政策法规,从而增加办事执法的透明度,自觉接受公众的监督。

(3) 建立网上服务体系,使政务在网上与公众互动处理,即电子政务。

(4) 将电子商业用于政府,即政府采购电子化。

(5) 构建政府资源领域知识库。主要指利用信息管理系统对政府各种信息资源进行处理和管理,构建易于查询和积累的政府知识库。

5.5.3 电子政务安全

电子政务的安全问题随着电子政务的发展凸显出来,成为各国在电子政务发展中最为关注的问题。敏感信息保密和私人隐私保护一直是美国电子政务最为关注的问题,2006年以前,美国政府提供的网上服务主要以低风险类为主,完成一些较为简单的业务处理,近年来随着安全问题的基本解决,2006年美国各级政府网站陆续推出1.4万种网上申请服务项目,从网上接收3.33亿份来自企业和民众的各种申请和报告,才真正意味着美国的电子政府时代降临。

我国从2005年10月份开始进行了电子政务信息安全试点工程,起步相对较晚,电子政务的安全也相对薄弱。我国电子政务主要分三层网络结构,即中央政府、省政府和地方政府。目前无论是部委还是地方建设电子政务,各级电子政务系统出现了各种安全问题,比较有代表性的安全问题有以下八种。

(1) 政府网站被黑。政府网站作为一个网上的政府门户,涉及政府的权威性,如果轻易被黑掉,对政府形象影响很大。2014年8月30日,湖南省龙山县政府网站被黑客利用网站漏洞进行入侵篡改,黑客在网站首页上留下"贵县的宣传部敢不敢要点脸"的大字报。该网站被黑引发媒体的广泛关注,给当地政府带来巨大的舆论压力,同时给其他的政府网站敲响了安全警钟。

(2) 数据被篡改。政府的管理数据包括工商、税务、行政命令等,如果出现了更改,会产生非常严重的后果。2011年国内发生一起重大网络犯罪案件,犯罪分子雇佣黑客入侵惠州市人社局网站。黑客篡改了网站数据库,把真实人员的信息删掉,然后用他们的"假证"资料替换。买了"假证"的客户可以在惠州市人社局网站上查询验证,"假证"堂而皇之地变成了"真证"。

(3) 数据被偷窃。2007年,美国政府设立的求职网站 USAjobs.gov 被攻击,网站2 000万名用户中,约14.6万名用户的联系资料遭盗。

(4) 机密泄露。2010年,"维基泄密"网站披露了美国直升机滥杀伊拉克平民的视频。视频画面显示,2007年,美军阿帕奇武装直升机袭击巴格达一群伊拉克人,造成数名平民死亡,包括两名路透社雇员。"维基泄密"网专门致力于"泄密",平均每天贴出30份敏感文件,但美国政府却拿它无可奈何,因为它"深藏不露"。"维基泄密"网站没有公布自己的办公地址和电话号码,也没列举该网站的主要运营者的姓名,甚至连办公邮箱都没留。外界既不知道它的总部在哪里,更不知雇员是哪些人。

(5) 越权浏览。如限级别阅览的文件被下级查看到。

(6) 非法删除。如网站添加了对某一位公务员或者职工的不良记录,他可能进入网站,把对他不利的一些内容删除掉。

(7) 病毒感染。2011年,黑客把一种名叫"Asprox"的木马病毒放在1 000多个英国网站上,包括国家医疗服务系统(NHS)和地方议会的网站。每天有成千上万人使用的诺福克郡国家医疗服务系统网站也被感染,12个地方议会网站被入侵,这意味着英国任何人上网支付停车费或家庭税都可能被黑客窃取个人金融信息。

(8) 系统故障。2010年3月3日7时20分—8时30分左右,人民网突发异常故障,页面无法正常访问,导致众多网民无法正常浏览网页。由于故障发生在两会期间,造成较大影响。

电子政务(特别是政府网站)的安全事关政府形象和公信力维护,因此,做好电子政务安全是至关重要的。2012年3月,国家互联网应急中心发布数据,2011年,我国基础网络防护水平明显提升,政府网站安全事件显著减少。2011年,我国大陆被篡改的政府网站为2 807个,比2010年大幅下降39.4%。

随着互联网新技术和新应用的快速发展，我国的网络安全形势将更加复杂严峻。特别是针对移动互联网智能终端的恶意程序也将增加，智能终端将成为黑客攻击的重点目标。国家互联网应急中心建议政府部门尽快制定出台国家网络安全战略，不断完善网络安全立法，建立健全网络安全法律法规体系，要加大网络安全监管力度，明确互联网服务商在网络安全方面的职责和义务，有效地打击网络犯罪，维护网络安全和公众利益。

本 章 小 结

随着互联网和信息技术的发展，电子商务的概念发生了重大变化。电子商务涵盖了十分广泛的商业行为，在社会方方面面都得到了应用，包括企业运用互联网开展经营取得营业收入的基本方式，如网上商城、企业网上采购；金融行业利用网站开展银行业务；证券行业借助网上交易系统开展证券交易；政府通过信息网络实施电子政务。

企业内部电子商务是指利用电子商务技术实现企业内部交易的数字化，解决企业内部的物流、资金流和信息流的信息化。企业外部电子商务是指企业通过市场提供产品服务，实现企业的价值，主要是指针对市场交易而进行的商务活动。网上商城是类似于现实世界当中的商店，差别是网上商城是虚拟商店，利用电子商务的各种手段，减少中间环节，消除运输成本和代理中间的差价，完成买卖交易。网上证券交易是指投资者通过互联网来进行证券买卖的一种方式。商业银行等银行业金融机构利用面向社会公众开放的通讯通道或开放型公众网络以及银行为特定自助服务设施或客户建立的专用网络，向客户提供的银行服务。网上证券交易系统一般都提供实时行情、金融资讯、下单、查询成交回报、资金划转等一体化服务。网上交易与传统交易的最大区别就是：投资者发出的交易指令在到达证券营业部之前，是通过公共网络（即互联网）传输的。电子政务就是应用现代信息和通信技术，将管理和服务通过网络技术进行集成，在互联网上实现组织结构和工作流程的优化重组，超越时间和空间及部门之间的分隔限制，向社会提供优质和全方位的、规范而透明的、符合国际水准的管理和服务。作为基于 Internet 应用的一种重要模式，电子商务在降低运营成本、提高灵活性与效率、扩大业务范围、拓展新的商业机会等方面具有传统贸易方式所无法比拟的优势。Internet 为企业开辟更广泛的市场空间，电子商务将带来更多新机遇。

复习与思考

1. 企业电子商务有哪些应用模式？
2. 网上商城有哪些类型？
3. 网上银行业务包含哪些？
4. 网上证券系统有哪些功能？
5. 电子政务有哪些类型？
6. 电子政务存在哪些安全问题？

案例分析

海尔公司的电子商务应用

一、海尔企业的背景

海尔集团是世界最大白色家电制造商、中国最具价值品牌,世界品牌500强企业前50名。海尔在全球建立了25个制造基地,10个综合研发中心,19个海外贸易公司,全球员工总数超7万人,海尔集团2011年实现全球营业额1509亿元人民币,其中,海尔品牌出口和海外销售额55亿美元。据世界权威调研机构欧睿国际公布,2011年全球家电市场中,海尔在大型家电市场的品牌占有率提升为7.8%,第三次蝉联全球第一,同时获得"全球大型家电第一品牌,全球冰箱、酒柜、冷柜第一品牌和制造商,全球洗衣机第一品牌"共8项殊荣。

创新驱动型的海尔集团致力于向全球消费者提供满足需求的解决方案,实现企业与用户之间的双赢。截至2009年上半年,海尔累计申请专利9258项,其中,发明专利2532项。在自主知识产权的基础上,海尔已参与19项国际标准的制定,其中,5项国际标准已经发布实施,这表明海尔自主创新技术在国际标准领域得到了认可;海尔主持或参与了215项国家标准的编制、修订,其中,172项已经发布,并有8项获得了国家标准创新贡献奖;参与制定行业及其他标准441项。海尔是参与国际标准、国家标准、行业标准最多的家电企业。

二、海尔企业应用电子商务的情况

(1)海尔集团 www.haier.com。

子公司网站:网上采购、B2B商城、新供应商注册、电脑、手机、彩电、家居、集成电路北京、集成电路上海、整体厨房、家居智能、机器人、智能电子、海尔数码智能、新材料、海尔彩板、丰彩印刷、塑料粉末、生物医疗设备、科技馆、海高设计、北航海尔、海尔 U-home、e 家佳联盟、三菱重工海尔、海尔纽约人寿、海尔房地产、海尔山庄、海尔模具、海尔招投标网。

(2) B2B 业务 www.ihaier.com。

(3) B2C 业务 www.ehaier.com。

海尔企业的网上采购主要是通过采购计划、网上招标、双赢合作等实现的。

三、生产类企业电子商务的应用

(一) 应用的内容

1. 市场调查

3. 企业信息发布

4. 产品的销售及服务

5. 进行生产经营管理

6. 进行各种信息的采集

7. 实现行业内外及客户的沟通

8. 新技术、新工艺、新产品开发

(二) 网上采购的功能与模式

目前的网上采购一般都采用基于目录服务的电子采购系统。目录是指网络系统中网络资源的清单，它以一定的格式记录了现实世界中大量的信息，供用户做各种查询和修改。目录服务是指网络系统将网络中的各种资源信息集中管理起来，为用户提供一个统一的清单。最近 IDG 一篇报告显示，《财富》杂志公布的 1000 家大公司中，有 80% 的公司正在使用目录服务技术。

1. 网上采购系统的基本功能

(1) 方便快捷的产品搜索。

(2) 在线采购。

(3) 与供应商双赢。

(4) 快捷采购。

(5) 易于管理和维护。

2. 网上采购的基本方式

基于目录服务的电子采购系统主要通过以下七种方式来实现。

(1) 客户定制目录。

(2) 建立与供应商站点的链接。这种方式需要耗费大量在线时间，而且不能与企业内部办公系统有效集成。另外，这种技术也不支持基于事件的采购，并且在产品来自多个供应商时，处理时间会显著增加。

(3) 开放式采购 OBI。OBI(Open Buying Over the Internet)是一种基于

Internet 的开放式产品采购技术。用户在供应商网站使用购物篮选择产品,再将购物篮传递给购物处理系统形成采购订单,这种方式是实现诸如电脑之类的可根据用户需求定制产品的采购的最佳途径。

但它不能满足所有交易需求,尤其不适于非动态定制产品的采购,故有一定的局限性。这种方法也不能实现基于事件的采购。截至目前,真正采用 OBI 作为标准订单交换系统的供应商还为数不多。

(4) 内容集成。内容集成是把多个供应商提供的数据集在一起,并加以标准化的后台处理技术。

(5) 应急采购。除常规采购项目外,一般企业会有 5%—15% 需采购的物品不在目录内。对这些不在目录内的产品需要有应急程序进行处理。

(6) 主动收集。这种方法采用 Web 技术,可在取得授权的基础上访问供应商网站及其数据库。为减少供应商负担,这项技术可通过嵌入数据、事件、假设及 XML 等方式隐式地收集信息。

(7) 捆绑式采购。这是一种纯粹的外部采购模式。采购方的管理者需要依赖于第三方交易供应商。这种系统的优点是能够将没有建立电子商务网站的小企业捆绑在一起。缺点是不能实现一对一的商业接触机会,因此不被大企业看好。

为了最大限度地发挥网上采购系统的作用,满足生产类企业各部门的需求,企业采购系统需要一个能够同时支持多种目录服务方法的采购界面。电子目录能把数据从不同地方归纳出来,个性化地提供给用户,从而方便用户选择和比较。另外,电子目录提供的信息可以无缝连接地整合到订货过程中。

因此,采用多种目录服务方法,通过适当的组合,将上述几种目录服务技术糅合在一起,可以形成较理想的企业采购系统平台,由此可创建出适用于企业各部门的全面的网上采购环境。

(三) 网上产品销售的市场模式

1. 卖方控制型市场

这是企业为寻求众多的客户,单独设立自己的网站进行产品销售的市场模式。其目的是建立或维持企业在交易中的市场优势。

海尔网站为卖方控制型市场。

2. 买方控制型市场

买方控制型市场是由一个或多个购买者建立,旨在把市场优势和价值转移到买方的市场模式。这类消费者通常都在某个消费领域占据一定的优势。例如,日本航空公司作为一个飞机上消费品的大客户,经常在其网站上发布诸如塑料垃圾袋、一次性杯子等产品的需求信息,以便发现最有吸引力的供应商。

买方控制型市场除了由一个购买者直接建立的电子市场之外,还包括买方代理型和买方合作型两种买方控制型市场。

美国"在线自由市场"(Free Markets Online)公司建立了一个典型的买方代理型电子市场,其功能是帮助传统的生产企业寻找零部件和半成品供应商。它针对每一个买主的要求,寻找一批潜在的供应商。一旦这批可行的供应商确定后,公司将为这些供应商进行一次网上竞价,这种供应商之间的网上竞价使买方购买的零部件或半成品的价格下降 10%—25%。

买方合作型电子市场则采取把若干公司的采购联合起来的方式,缩短了订货的处理时间,减少了订货处理成本,而且增加了其讨价还价的能力,使采购物品的价格下降了 10%—15%。

3. 中介控制型市场

这是由买卖双方之外的第三者建立,以便匹配买卖双方的需求与价格的市场模式。美国"快速配对"(Fast Parts)公司是一个专门交易积压电子元件的网上市场。它拥有大量的供应商和购买者的信息。该公司通过网上市场对不愿透露公司名称的企业的积压电子元件进行拍卖。这种方式使卖方获得了比传统经销商出价更高的销售价,买方则以市场价迅速获得了它需要的电子元件。更重要的是,"快速配对"公司检验这些产品,并给予这些产品以可靠的质量保证,"快速配对"公司则提取 8% 的佣金,这是一个三方皆赢的市场。

(四)网上提供服务的方法

分析海尔集团网站服务专区。

(1) 提供 FAQ,即常见问题解答。Microsoft 公司的网站中有非常详尽的"Knowledge Base",对于用户提出的一般性问题,在网站中几乎都有解答。同时,该网站还提供一套有效的检索系统,让用户在众多的文档中快捷地查找到所需要的东西,这不仅大大方便了用户,也可以用网页来"抵挡"庞大的客户群中产生的大致相同的问题。

(2) 提供技术咨询,为用户答疑解惑。

(3) 营造一个与企业的产品或服务相关的网上社区。

(4) 建立自己的电子邮件组。

(5) 提供动态的处理进程信息。对一些特殊服务,将处理的进程随时展示给客户,是让客户放心的有效服务方式。在这方面最典型的例子是美国联合包裹服务公司的 UPS(www.ups.com)。客户委托 UPS 往美国投递包裹后,即可进入 UPS 网站的"途中查询"栏目查看其包裹的投递情况。

(6) 增加信息的价值。企业应当为客户提供一系列可增值的信息,如供应商的生产能力,产品前景预测,材料的安全性数据,产品设计、保修和送货条款等,这些信息对客户来说都是很关键的。

(7) 充分利用网络中现有的信息资源。

(8) 建立一对一的服务方案。

企业为每一位客户制定一种提供相应服务的方案,包括送货(例如,提供24小时送货服务,1小时以内送到)、安装、培训、维修、整修、租赁及回收等服务。

资料来源:www.hdyu.com/jp/dzsw。

讨论题

1. 评价分析海尔公司电子商务应用的现状和前景,写一份分析报告。
2. 分析生产型电子商务的特征与其他类型电子商务有什么不同?
3. 结合我国中小企业的实际情况,谈谈中小企业应该如何发展电子商务?

6 网络营销

学完本章,你应该能够:
1. 了解网络营销的含义;
2. 理解网络营销策略的运用;
3. 理解网络营销的职能;
4. 掌握网络营销的方法与工具;
5. 熟悉网络营销的效果综合评价体系。

网络营销   网络营销策略   网络营销评价

6.1 网络营销的含义

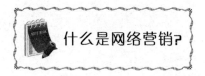

6.1.1 网络营销的基本概念

网络营销是以互联网为主要手段开展的营销活动,从 20 世纪 90 年代中期诞生的网络营销,现在已经成为企业不可或缺甚至是不可替代的营销手段。网络营销的主要目的是利用网络及传统渠道与客户(无论网上还是网下)建立积极的、长期的关系,为企业创造竞争优势。网络营销已经成为互联网时代每个企业以及每个个人应该掌握的一项基本技能。因此,网络营销是借助联机网络、计算机通信和数字交互式媒体来满足客户需要,实现一定市场营销目标的一系列市场行为,具有跨时空性、互动性、高效性和经济性的特点。

6.1.2 网络营销的内涵

1. 网络营销不是孤立存在的

网络营销是企业整体营销战略的一个组成部分,网络营销活动不可能脱离一般营销环境而独立存在,在很多情况下,网络营销理论是传统营销理论在互联网环境中的应用和发展。

2. 网络营销不等于网上销售

网上销售是网络营销发展到一定阶段产生的结果,网络营销是为实现网上销售目的而进行的一项基本活动,但网络营销本身并不等于网上销售。这可以从两个方面来说明。

(1) 网络营销的效果可能表现在多个方面,如企业品牌价值的提升、加强与客户之间的沟通等,作为一种对外发布信息的工具,网络营销活动并不一定能实现网上直接销售的目的,但是,很可能有利于增加总的销售。

(2) 网上销售的推广手段也不仅仅靠网络营销,往往还要采取许多传统的方式,如传统媒体广告、新闻发布、印发宣传册等。

3. 网络营销不等于电子商务

网络营销只是电子商务的基础。电子商务是利用 Internet 进行的各种商务活动的总和,必须解决与之相关的法律、安全、技术、认证、支付和配送等问题。国际上实施网络营销有许多成功的范例,一些知名的企业都建有自己的网站,这些网站以自己各具特色的站点结构和功能设置、鲜明的主体立意和网页创意开展网络营销活动,给这些企业带来了巨大的收益。

4. 网络营销不应被称为"虚拟营销"

所有的网络营销手段都是实实在在的,而且比传统网络营销方法更容易跟踪和了解消费者的行为。

5. 网络营销是对网上经营环境的营造

开展网络营销需要一定的网络环境,如网络服务环境、上网用户数量、合作伙伴、供应商、销售商、相关行业的网络环境等。网络营销环境为企业开展网络营销活动提供了潜在用户以及向用户传递营销信息、建立顾客关系、进行网上调研等各种营销活动的手段和渠道。

6.2 网络营销策略

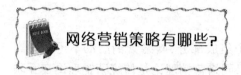
网络营销策略有哪些?

6.2.1 网络营销策略的定义

网络营销就是利用国际互联网开展营销活动。它不仅仅是一种技术手段的革命,而且包含了更深层的观念革命。它是目标营销、直接营销、分散营销、顾客导向营销、双向互动营销、远程或全球营销、虚拟营销、无纸化交易、顾客参与式营销的综合。互联网络作为跨时空传输的"超导体"媒体,可以为顾客所在地提供及时的服务,同时,互联网的交互性可以了解顾客需求并提供针对性的响应,因此,互联网可以说是消费者时代中最具魅力的营销工具。网络营销赋予了营销组合以新的内涵。

网络营销策略是指企业对其内部与实现营销目标有关的各种可控因素的组合和运用。

6.2.2 网络营销策略的分类

1. 网络营销产品策略

在网络营销中,产品的整体概念可分为五个层次。

(1) 核心利益层次。是指产品能够满足消费者购买的基本效用或益处。

(2) 有形产品层次。是指产品在市场上出现时的具体物质形态,是为传递产品核心利益而设计的一系列与众不同的特征。通过这些特征,可将企业的产品与其他制造商所提供的产品区别开来。

(3) 期望产品层次。在网络营销中,客户处于主导地位,消费呈现出个性化的特征,不同的消费者可能对产品的要求不一样,因此,产品的设计和开发必须满足这种个性化的消费需求。这种客户在购买产品前对所购产品的质量、使用方便程度、特点等方面的期望值就是期望产品。为满足这种需求,要求企业的设计生产和供应等环节能根据客户的需要实行柔性化的生产和管理。

(4) 延伸产品层次。是指由产品的生产者或经营者提供的、能更好地提升企业核心利益的服务,如售后服务、送货、质量保证等。

(5) 潜在产品层次。是指在延伸产品层次之外,由企业提供的、能满足客户潜在需求的产品或服务。它主要是产品的一种增值服务,例如,净水机提供健康、安全服务业务。

产品策略又可分为产品选择策略和产品组合策略。其中,产品组合策略包括扩充产品组合策略、产品延伸策略和缩减产品组合策略。

2. 销售服务策略

网络营销中要进行完善的销售服务,必须包含以下三方面的内容。

(1) 建立完善的数据库系统。

(2) 建立网上消费者论坛。

(3) 提供网上自动服务系统。

3. 信息服务策略

在网络营销中,信息服务尤为重要。

(1) 建立自动的信息传递系统。

(2) 设立虚拟的产品展示厅。

(3) 设立虚拟的组装厅。

4. 网络营销定价策略

适当的价格策略是企业赢利和竞争的重要手段。网络固有的全球性、信息公开和低交易成本等特点使消费者对产品和价格充分了解,它的最终结果是使价格变化不定、存在差异的产品最终的价格水平趋于一致,这对执行差别化订价策略的公司会产生重要的影响。因此,制定网上价格营销策略时,必须考虑到季节变动、市场供需状况、竞争产品价格、Internet 对企业定价影响和 Internet 本身独特的免费思想,甚至消费者直接参与的直接议价、拍卖、集体议价等各种方式的因素。

(1) 商品阶段定价策略。是指在商品经济生命周期分析的基础上,依据商品生命周期不同阶段的特点而制定和调整价格,就是根据产品所处的经济生命周期的阶段而制定不同的价格和策略。

(2) 个性化定价策略。作为个性化服务的重要组成部分,按照客户需求进行定制生产是网络时代满足客户个性化需求的基本形式。由于消费者的个性化需求差异性大,加上消费者的需求量又少,因此,网络营销产品的设计和开发要能体现产品的个性,适合进行柔性化的大规模生产,否则,再好概念的产品也很难在市场上让消费者满意。

(3) 新产品定价策略。网络市场作为新兴市场,消费群体一般具有很强的好奇性和消费领导性,比较愿意尝试新的产品。因此,通过网络营销来推动新产品试销与上市,是比较好的策略和方式。

(4) 常用的心理定价策略有整数定价策略、尾数定价策略、特价品定价策略和期望与习惯定价策略四种。

① 整数定价策略。例如,将价格定为 100 元,而非 99 元或 99.9 元。对于一些礼品、工艺品及其他高档商品制定整数价,可使商品愈显高贵,满足部分顾客的高消费心理;对方便食品、快餐以及人口流量多的地方的商品制定整数价格,能便利交易,满足顾客的惜时心理;同时,整数价格便于记忆,有利于加深顾客对商品的印象。

② 尾数定价策略。针对消费者对一般商品的求便宜、怕上当的心理,当商品价格为整数或略高于整数时,宁可减少一些,使其价格的尾数为零头。如 99.98 元。

③ 特价品定价策略。特价品定价策略也叫做招徕定价。企业将商品的价格定得低于市价,并广泛宣传,引起消费者的兴趣,此策略常在经营多类的超级市场和百货商店使用。这种策略往往分为两种类型:一种是创意独特的新产品,它是利用网络沟通的广泛性、便利性,满足那些品味独特、需求特殊的顾客的"先睹为快"的心理;另一种是纪念物等有特殊收藏价值的商品,如古董、纪念物或其他有收藏价值的商品,在网络上,世界各地的人都能有幸在网上一睹其"芳容",这无形中增加了许多商机。

④ 期望与习惯定价策略。期望与习惯定价策略是根据消费者的愿望与购买习惯、接受水平制定价格。

(5) 折扣定价策略。折扣定价策略是企业为调动各方面积极性或鼓励顾客作出有利于企业的购买行业的常用策略。

(6) 免费定价策略。免费价格策略是市场营销中常用的营销策略,主要用于促销和推广产品。这种策略一般是短期和临时性的。但在网络营销中,免费价格不仅仅是一种促销策略,还是一种非常有效的产品和服务定价策略。其目的是迅速占领市场,以期获取或发掘后续的商业价值。

5. 网络营销渠道策略

(1) 网络直接销售。网上直接销售就是利用互联网而不借助任何传统中介作用将产品或服务直接从生产商销售给最终用户。完全去除中介迫使传统中介改变其职能,由过去的中间力量变为直销渠道提供服务的中介机构,如提供货物运输配送服务的专业配送公司,提供货款网上结算服务的网上银行以及提供产品信息发布和网站建设的 ISP 和电子商务服务商。

目前,常见的做法有两种:①企业在因特网上建立自己独立的站点,申请域名,制作主页和销售网页,由网络管理员专门处理有关产品的销售事务;②企业委托信息服务商在其网点上发布信息,企业利用有关信息与客户联系,直接销售产品。

网络直销具有三个优点:①网络直销促成产需直接见面,对买卖双方都有直接的经济利益;②营销人员可以利用网络工具,开展各种形式的促销活动,迅速扩大产品的市场占有率;③企业能够通过网络及时了解到用户对产品的意见和建议,并针对这些意见和建议改善经营管理。

网络直销也有三个缺点:①面对大量分散的企业域名,网络访问者很难有耐心一个个地去访问制作平庸的企业主页;②对一些不知名的中小企业网站,大部分网络漫游者不愿意在此浪费时间,或只是在路过时看一眼;③我国目前建立的企业网站,除个别行业和部分特殊企业外,大部分访问者寥寥,营销收效不大。

网络直销问题的解决:①尽快组建具有高水平的专门服务于商务活动的网络信息服务站点;②从网络间接分销渠道中寻找出路。

原外经贸部的 MOFTEC 网站的经验:①免费链接国内所有已经上网发布信息的公司网页;②开设"贸易机会"栏目,为国内外商家提供免费买卖、合作等商业信息的公告板;③建立检索方便的中国网上出口产品数据库。

(2) 网络间接销售。间接营销是通过融入互联网技术后的中间商业机构提供网络间接营销渠道。

(3) 双道法。双道法是指企业同时使用网络直接分销渠道和网络间接分销渠道,以达到销售量最大的目的。双道法是企业网络营销的最佳选择。

6. 网络营销促销策略

网络促销是指利用互联网等电子手段来组织促销活动,以辅助和促进消费者对商品或服务的购买和使用。它的出发点是利用网络特征实现与顾客沟通。

网络促销形式主要有以下五种。

(1) 网络广告。网络广告是目前较为普遍的网络促销方式,网络广告不像其他传统广告那样大面积的播送"推",而是由消费者自己本身去选择"拉"。网络广告的时间、空间限制的消失,使广告由"印象型"向"信息型"转变,主要是基于产品信息的理性说服,而传统广告一般是基于印象的联想型劝诱。企业在做广告策划时,应充分发挥网络的多媒体声光功能、三维动画等特征,诱导消费者做出购买决策,并达到尽可能地开发潜在市场的目标。

(2) 销售促进。销售促进就是企业利用可以直接销售的网络营销站点,采用价格折扣,有奖销售等方式,宣传推广产品。

(3) 站点推广。常用的站点推广方法除搜索引擎注册、发布网络广告、联署营销、病毒营销、邮件列表等方法外,还可以通过提供特色服务和传统渠道推广站点。

(4) 网络公关。网络公关是通过借助互联网的交互功能吸引用户与企业保持密切关系,培养顾客忠诚度。网络营销对象的不确定性和广泛性使企业公众形象的建立与毁坏都很容易,企业对此要小心翼翼,耐心谨慎地处理每一个顾客的要求,并善于利用网络论坛、邮件、清单、新闻组等网络社区聚集的场所树立形象、提供信息,发展企业和其潜在顾客的公关关系。把本企业站点加入知名的网络搜索引擎可以大大提高本站点被发现的机会。

(5) 网络文化与产品广告相融合。

7. 品牌策略

企业在互联网上进行商业活动,同样存在被识别和选择的问题,由于域名是企业站点的访问地址,是企业被识别和选择的对象,也是企业在互联网上的形象化身和虚拟商标,因此,提高域名的知名度就是提高企业站点的知名度,也就是提高企业被识别和选择的概率。所以,必须将域名作为一种商业资源来管理和使用。

在互联网日益深化的商业化过程中,域名作为企业组织的标识作用日显突出,但互联网域名管理机构没有赋予域名法律上的意义。域名与任何公司名、商标名没有直接关系,由于域名的唯一性,任何一家企业注册在先,其他企业就无法再注册同样的域名,因此,域名已具有与商标、名称类似的意义。世界上著名公司大部分直接以其商标命名域名,如海尔(hair.com)、福特(ford.com)、奇瑞(chery.cn)、万科(vanke.com)等,因此,域名在网络营销中同样具有商标特性,加之大多数使用者对专业知识知之甚少,很容易被一些有名的域名所吸引,一些显眼的域名很容易博得用户的青睐。

6.3 网络营销的职能

网络营销是企业整体营销战略的一个组成部分,是为实现企业总体经营目标所进行的以互联网为基本手段营造网上经营环境的各种活动。网络营销的核心思想就是营造网上经营环境。所谓网上经营环境,是指企业内部和外部与开展网上经营活动相关的环境,包括网站本身、客户、网络营销服务商、合作伙伴、供应商、销售商相关行业的网络环境等。网络营销的开展就是与这些环境建立关系,以达到提升企业竞争力的过程。因此,网络营销应该具有以下八大职能。

1. 网络品牌

美国广告专家莱利·莱特预言,未来的营销是品牌的战争。拥有市场比拥有工厂更重要。拥有市场的唯一方法,就是拥有占市场主导地位的品牌。互联网的出现,不仅给品牌带来了新的生机和活力,而且推动和促进了品牌的拓展和扩散。网络营销的重要任务之一就是通过一系列的措施,在互联网上建立并推广企业的品牌。知名企业的网下品牌可以在网上得以延伸;一般企业则可以通过互联网快速树立品牌形象,达到客户和公众对企业的认知和认可,并提升企业整体形象。在一定程度上说,网络品牌的价值甚至高于通过网络获得的直接收益。实践证明,互联网不仅拥有品牌、承认品牌,而且在重塑品牌形象、提升品牌核心竞争力、打造品牌资产等方面具有其他媒体不可替代的效果和作用。

对于电子商务企业,其网络品牌建设是以企业网站建设为基础的。网络所有功能的发挥都要以一定的访问量为基础,所以,网址推广是电子商务企业网络营销的核心工作。

2. 网站推广

获得必要的访问量是网络营销取得成效的基础,尤其对于中小型企业来说,由于经营资源的限制,发布新闻、投放广告、开展大规模的促销活动等宣传机会比较少,因此,通过互联网手段进行网站推广的意义就显得更为重要。即使对于大型企业来说,网站推广也是非常必要的。

3. 信息搜索与发布

信息搜索是网络营销进击能力的一种反映。在网络营销中,可利用多种搜索方法,主动积极地获取有用信息和商机,如价格比较信息、对手的竞争态势、商业情报,以帮助企业经营决策。随着信息搜索功能向集群化、智能化方向的发展以及向定向邮件搜索技术的延伸,网络搜索的商业价值得到了进一步的扩展和发挥。寻找网上营销目标将成为一件易事。

发布信息是网络营销的主要方法之一,也是网络营销的又一种基本职能。无论采取哪种营销方式,都是将一定的信息传递给目标人群,包括客户/潜在客户、媒体、合作伙伴、竞争者等。网络营销以其特有的信息发布环境可以在任何时间将信息以最佳的表现形式发布到全球的任何一个地点,同时满足覆盖性和丰富性。更重要的是,在网络营销中的信息发布可以是双向互动的。

4. 网上销售

一个具备网上交易功能的企业网站本身就是一个网上交易场所。网上销售是企业销售渠道在网上的延伸。网上销售渠道建设也不限于网站本身，还包括建立在综合电子商务平台上的网上商店以及与其他电子商务网站不同形式的合作等。同时，网络所具有的传播、扩散能力打破了传统经济时代的经济壁垒、地区封锁、人为屏障、交通阻隔、信息封闭等，对销售渠道的开拓有重要的促进作用。

5. 销售促进

市场营销的基本目的是为了最终增加销售提供支持，网络营销也不例外。各种网络营销方法大都直接或间接地具有促进销售的效果，同时还有许多针对性的网上促销手段。

6. 客户关系管理

客户关系管理源于以客户为中心的管理思想，是一种旨在改善企业与客户之间的新型管理模式，是网络营销取得成效的必要条件，是企业重要的战略资源。在传统的经济模式下，由于认识不足或自身条件的局限，企业在管理客户资源方面存在着较为严重的缺陷。针对上述情况，在网络营销中，通过客户关系管理，将客户资源管理、销售管理、市场管理、服务管理、决策管理集于一体，将原本疏于管理、各自为战的销售、市场、售前和售后服务与业务统筹协调起来，既可以跟踪订单，帮助企业有序地监控订单的执行过程，规范销售行为，了解新、老客户的需求，提高客户资源的整体价值；又可以避免销售隔阂，帮助企业调整营销策略。利用互联网提供的方便快捷的在线客户服务，如从形式最简单的 FAQ（常见问题解答）到邮件列表以及 BBS、聊天室、信息跟踪与定制等各种即时信息服务，提高服务质量，增加客户的满意度，提高客户的忠诚度，并通过收集、整理、分析客户反馈信息，全面提升企业的核心竞争能力。总之，开展网络营销的意义就在于充分发挥各种功能，促进销售，提升企业的竞争力，使企业经营的整体效益最大化。

7. 顾客服务

互联网提供了更加方便的在线顾客服务手段，从形式最简单的 FAQ（常见问题简答）到电子邮件以及各种在线论坛和即时信息服务。

8. 网上调研

在激烈的市场竞争条件下，主动地了解商情、研究趋势、分析客户心理、窥探竞争对手动态是确定竞争战略的基础和前提。通过在线调查表或者电子邮件等方式，可以完成网上市场调研，获得充分的市场信息。相对传统的市场调研,网上调研具有高效率、低成本的特点,因此,网上调研成为网络营销的主要职能之一。

6.4 网络营销的方法与工具

网络营销的方法与工具分别有哪些?

6.4.1 网络营销的方法

网络营销的职能是通过各种网络营销方法来实现的,网络营销的各个职能之间并非相互独立的。同一个职能可能需要多种网络营销方法的共同作用,而同一种网络营销方法也可能适用于多个网络营销职能。常用的网络营销方法主要有搜索引擎营销、交换链接、病毒性营销、网络广告、企业博客、信息发布、企业微博、个性化定制、联属网络营销、网络社区等。

1. 搜索引擎营销

搜索引擎营销是英文 search engine marketing 的翻译,简称为 SEM。就是根据用户使用搜索引擎的方式,利用用户检索信息的机会,尽可能地将营销信息传递给目标用户。简单来说,搜索引擎营销就是基于搜索引擎平台的网络营销,利用人们对搜索引擎的依赖和使用习惯,在人们检索信息的时候尽可能地将营销信息传递给目标客户。

(1) 搜索引擎注册与排名。在主要的搜索引擎上注册并获得最理想的排名,是网站设计过程中就要考虑的问题之一。网站正式发布后,尽快提交到主要的搜索引擎,是网络营销的基本任务。搜索引擎结果注册包括普通型注册、推广型注册以及竞价型注册。普通型注册费用较低,但仅保证收录,不保证排名;推广型注册保证排在搜索结果的第一页,但若推广型注册用户过多,一般搜索引擎服务商会采用"滚动排名"策略;竞价型注册是一种按照为客户网站带去的实际访问量收费的模式。

(2) 搜索引擎推广的不足:①搜索结果太多,排不到前面可能没有任何意义;②不同时间查询结果不同;③不同的搜索引擎查询结果不同;④要求准确的关键词选择,太冷僻没人查,太通俗结果太多;⑤对语义的理解有限,因而会产生歧义,例如,查"光学数据库"却出现了"光学数据库是不行的"等。

2. 交换链接

交换链接也称为友情链接、互惠链接、互换链接等，是具有一定优势的网站之间的简单合作形式，即分别在自己的网站上放置对方网站的 logo 或网站名称或网站名称设置对方网站的超级链接，使用户可以从合作网站中发现自己的网站，达到互相推广的目的。

(1) 交换方式有三种。①双线链接。对方 A 站链接你的 A 站，而你的 A 站也同样链接对方的 A 站(这是链接中最常见的形式)。②交叉链接。对方的"A 站"链接你的"B 站"，而你的"B 站"连接对方的"A 站"("A 站"不仅仅限于某一个站)。

③单线链接。即单方面链接某个站点 URL，而对方却并无你的链接。

(2) 交换类型有两种。①文字链接。以某关键字作为标题附带 URL 地址。文字链接格式如<a href='链接地址'>百度</a>。②图片链接。以某图片(一般为网站 Logo-88＊32 像素)作为连接目标附带 URL 地址。图片链接格式如<a href='链接地址'><img src='图片地址'></a>。

(3) 交换链接的主要目的。①提升 pr。这是交换友情链接最根本的目的。②提高关键字排名。③提高网站权重。这点很重要，只有你的权重高了，搜索引擎才会重视你。④提高知名度。这条还是比较有针对性的，对于一些特定的网站和特定的情况，才会达到此效果。例如，一个不知名的新站，如果能与新浪、Sohu、Yahoo、网易、腾讯等大的网站全都做上链接的话，那肯定对其知名度及品牌形象是一个极大的提升。⑤提高流量。

3. 病毒式营销

(1) 概念。所谓病毒式营销，并非真的以传播病毒的方式开展营销，而是通过利用公众的积极性和人际网络，使营销信息像病毒一样被快速复制传向数以万计、数以百万计的受众。这是一种口碑营销。在网络环境下可以使用电子邮件、新闻组、聊天室、社区、论坛、电子书、电子贺卡、电子优惠券等传递信息。

病毒式营销的特点是快速传播，用户是传播链中的中继者，因此，病毒式营销的效果取决于"病毒"是否容易传播和用户是否乐于传播该"病毒"。

(2) 病毒式营销的基本原理。由于这种营销信息的传播是用户之间自发进行的，因此，几乎是不需要费用的网络营销手段。病毒式营销已经成为网络营销最为独特的手段，被越来越多的网站成功利用。病毒式营销不仅是一种实用的网络推广方法，也反映了一种充分利用各种资源传播信息的网络营销思想。

下面通过案例来说明病毒式营销的基本原理。

案例 6-1　　　　　Hotmail.com 的病毒式营销

1996 年,Sabeer Bhatia 和 Jack Smith 创建了一个基于 Web 的免费邮件服务器,就是现在为微软公司所拥有的 hotmail.com。许多伟大的构思或产品并不一定能产生征服性效果,有时在快速发展阶段就夭折了,而 Hotmail 之所以获得爆炸式的发展,就是由于被称为"病毒式营销"的催化作用。在创建之后的 1 年半时间里,就吸引了 1 200 万注册用户,而且以每天超过 15 万新用户的速度发展。令人不可思议的是,在网站创建的 12 个月内,Hotmail 在营销上的花费不到 50 万美元,而直接竞争者 Juno 的广告和品牌推广费用是 2 000 万美元。免费邮件的推广也有一定的障碍,那么,hotmail 是如何克服这些障碍的呢?答案就在于病毒式营销。当时,hotmail 采用的方法是颇具有争议性的。为了给自己的免费邮件做推广,hotmail 在邮件的结尾处附上:P.S. Get your private, free email at http://www.hotmail.com。接收邮件的人看到邮件底部的信息,人们会继续利用免费 Email 向朋友或同事发送信息,就会有更多的人使用 hotmail 的免费邮件服务,于是,hotmail 提供的免费邮件的信息不断地在更大的范围扩散。每一个用户都成为 hotmail 的推广者,信息可以在网络用户中迅速扩散。现在,几乎所有免费的电子邮件提供商都采取类似的推广方法。这就是病毒式营销的经典案例。

资料来源:http://www.360iis.com/。

4. 社会化网络营销

社会化网络营销是利用社会化网络进行营销信息传递和交互的一种网络营销方法,其核心是通过人的社会关系网络资源的扩展,实现信息分享和传播。实际上是一种网络口碑营销与传统信息发布方式相结合的综合网络营销模式。

案例 6-2　　　　　戴尔的"围脖"

戴尔曾经在全球借助社会媒体工具 Twitter 成功创造百万美元营业额的故事,经过一段时间的试运行,戴尔在中国的官方微博(俗称围脖)"戴尔中国"在新浪正式上线,大家只要到新浪围脖上搜索一下"戴尔中国"就能够找到。

随着使用互联网人数的增加,社会性媒体相应地蓬勃发展。上网看视频、发照片、上开心和人人网、玩休闲游戏、写博客以及最近热火朝天的新浪围脖,已经成为网民日常生活不可分割的一部分。作为全球电子商务领军人之一的

> 戴尔很自然地做出通过微博这一社会性媒体和用户进行沟通的战略决定。
>
> 戴尔使用"围脖"这样的社会性媒体,目的是追随客户到他们所在的任何地方,与他们保持直接的沟通。戴尔通过"围脖"密切关注用户的一言一举,聆听、转发、分享、学习、回答大家的各种问题。在戴尔"围脖"的背后,是一个个鲜活的面孔,是来自戴尔员工真实的声音。戴尔中国"围脖"账户幕后的工作人员来自戴尔本地的技术工程师、客户关怀人员、负责产品的市场营销人员以及销售代表,他们非常了解戴尔的产品、品牌和客户需求,他们是戴尔在员工内部征集的志愿"围脖"大使,经过了一系列的培训。通过"围脖",戴尔和客户一起无拘无束地分享信息,用轻松、活泼的方式和大家唠家常,分享最新的促销打折信息,时不时地搞一些互动活动。与用户更直接顺畅地交流、为大家提供更好的服务,是戴尔选择"围脖"的根本目标,而营业收入只是此过程中一个令人惊喜的副产品。
>
> 资料来源:http://zh.community.dell.com/。

5. 网络广告

网络广告相关术语有以下四种。

(1) 网络广告。简单地说,网络广告就是在网络上做的广告。利用网站上的广告横幅、文本链接、多媒体的方法,在互联网刊登或发布广告,通过网络传递到互联网用户的一种高科技广告的运作方式。与传统的四大传播媒体(报纸、杂志、电视、广播)广告及近来备受垂青的户外广告相比,网络广告具有得天独厚的优势,是实施现代营销媒体战略的重要一部分。

(2) 联合推广。联合推广是指两个或两个以上的企业,在互惠互利的基础上,通过各种促销活动,如联合广告、联合展销、联办订货会、经销商的分购联销等方式,互通有无,取长补短,加强竞争实力,分享市场空间,从而达到共生共荣的双赢目的。

(3) 广告主。广告主是广告活动的发布者,是在网上销售或宣传自己产品和服务的商家,是联盟营销广告的提供者。任何推广、销售其产品或服务的商家都可以作为广告主。广告主发布广告活动,并按照网站主完成的广告活动中规定的营销效果的总数量及单位效果价格向网站主支付费用。

(4) Banner。即网幅广告、旗帜广告、横幅广告。网络广告的主要形式一般使用 GIF 格式的图像文件,可以使用静态图形,也可用多帧图像拼接为动画图像。

网络广告具有四个本质特征。

(1) 网络广告需要依附于有价值的信息和服务载体,网络广告的效果并不是仅仅取决于网络广告自身,还与其所存在的环境和依附的载体有密切关系。

(2) 网络广告的核心思想在于引起用户关注和点击,即网络广告本身所传递的信息不是营销信息的全部,而是为吸引用户关注而专门创造并放置于容易被发现之处的信息导引。

(3) 网络广告具有强制性和用户主导性的双重属性。网络广告的表现手段很丰富,是否对用户具有强制性关键取决于广告经营者而不是网络广告本身。

(4) 网络广告应体现出用户、广告客户和网络媒体三者之间的互动关系。就是说,网络媒体提供高效的网络广告环境和资源,广告客户则可以自主地进行广告投放、更换、效果监测和管理,而用户可以根据自己的需要选择自己感兴趣的广告信息及其表现形式。

从网络广告对网络营销职能所产生的效果来看,网络广告的价值表现在六个方面。

(1) 品牌推广。在所有的网络营销方法中,网络广告的品牌推广价值最为显著。

(2) 网站推广。用户对网络广告的每次点击,都意味着为网站带来了访问量的增加。

(3) 销售促进。这种促进作用不仅表现在直接的在线销售,也表现在通过互联网获取产品信息后对网下销售的促进。

(4) 在线调研。如对消费者行为的研究、对在线调查问卷的推广、对各种网络广告形式和广告效果的测试、用户对新产品的看法等。

(5) 顾客关系。网络广告所具有的对用户行为的跟踪分析功能为深入了解用户的需求和购买特点提供必要的信息。

(6) 信息发布。网络广告是信息发布的一种方式,通过网络广告投放,大大增强了网络营销的信息发布功能。

网络广告有以下四种形式。

(1) 固定位置广告。固定位置广告是最早采用的一种网络广告形式,也是最常见的广告形式。它的特点是,在某一个或者某一类页面的相对固定位置放置广告。这种广告一般是定期更换,手工或者自动地通过统一的系统进行投放。广告由广告主与网站主协商确定,与内容无关。

(2) 上下文相关广告。上下文相关广告是在固定位置广告的基础上,增加广告与上下文的相关性,由广告投放平台通过分析投放广告的页面内容,然后从广告库中提取出相关的广告进行投放。上下文相关广告最早由 Google 推出,后来,百度、Sogou 等都相继推出。

(3) 弹出广告。弹出广告的历史只比固定位置广告晚一些。弹出广告早期是在页面打开的时候,使用 JS 代码打开新窗口的方式显示广告。后来,逐步地有所变化:①JS 打开的窗口,不再是一个广告窗口,而直接是内容页面;②部分弹出广告采取后弹模式,也就是说,当页面载入完成后弹在当前页面后;③部分弹出广告采取关闭触发的模式,也就是说,当用户关闭窗口或者离开当前页面的时候弹出。弹出广告严重影响用户的访问体验,但因其有助于 Alexa 排名的提升,且宣传效果突出,使很多广告主对此很是喜爱,价格也比较高。所以,弹出广告一直没有被杜绝。

(4) 插件/工具条安装广告。随着网络的发展,很多插件、工具条为了获得大量的用户基础,开始有了推广的需求,插件/工具条安装广告应运而生。早期的插件/工具条的安装都会有明确的提示,因为部分用户对网络知识了解的匮乏以及对网站的信任,安装率非常高;随着插件的泛滥以及插件给电脑本身带来的危害,用户开始拒绝插件安装。后期的插件开始使用病毒手段,在不提示的情况下,强制安装。随着舆论的声讨以及插件服务商之间的争斗,垃圾插件被广泛地质疑。广告形式还有全屏广告、BANNER 广告、固定按钮广告、滚动按钮广告、文字链接、画中画广告、网上游戏广告、有奖问答互动广告等。

6. 联属网络营销

联属网络营销(affiliate marketing)又称会员制营销,已经被证实为电子商务网站的有效营销手段。国外许多零售型网站都实施了联属计划,几乎已经覆盖了所有行业。联属网络销售就是一个网站的所有人在自己的网站(称为联属网站,affiliate)上推广另一个商务网站(称为主力网站,merchant)的服务和商品,并依据实现的销售额取得一定比例佣金的网络销售方式。

联属网络销售理论发端于亚马逊书店在 1996 年夏季推出的一种联属方案(associates program)。根据这一方案,任何网站都可以申请成为亚马逊书店的联属网站,在自己的网站上推荐亚马逊书店经营的图书,并依据实际售出书籍的种类和以享折扣的高低获得 5%—15% 的佣金。该方案一经推出,就在业界引起了轰动。当年加入联属营销计划的网站超过了 4 000 家,次年夏天突破了 1 万家,1998 年夏天达到了 10 万家。正是这些联属网站使亚马逊书店声名大振,成为网上零售的第一品牌。在亚马逊书店的带动下,网上零售业纷纷仿效。如今,联属网络营销的观念已经在网络上发展的各个行业和各种规模的公司中间普及。

联属网络营销有其自身的优势,主要表现在以下三点。

(1) 网站可以通过发展联属网络以较小的花费在较短的时间内树立自己的

网上品牌,实现网上销售额的快速增长。

(2) 网站可以通过加入联属营销计划从起点较低的内容网站迅速转变为电子商务网站,实现营业收入。

(3) 消费者也能从联属网络营销中获得实惠。

6.4.2 网络营销工具

网络营销是对互联网工具和资源的合理利用,在一定程度上可以说网络营销能力就是对互联网工具和资源的统筹运用能力。

(1) 直接信息传递工具:电子邮件、即时信息工具、手机短信/彩信。

(2) 第三方互联网工具:B2B电子商务平台、网站联盟平台,搜索引擎。

(3) 常用的顾客交互工具:电子邮件、邮件列表、在线客服工具、博客、微博、即时通讯工具。

(4) 网络营销的综合工具:企业网站、企业博客、关联网站、在线百科平台。

(5) 网络营销管理分析工具:网站专业性在线诊断、网站内容诊断、网站优化诊断、网站链接分析、网站访问统计分析、搜索引擎收录分析、搜索引擎关键词分析、网络广告点击率及转化率分析等。

(6) 搜索引擎提供的网站管理员工具:①Alexa排名查询(http://alexa.chinaz.com/);②Google PR查询(http://pr.chinaz.com/);③PR输出值查询(http://tool.chinaz.com/ExportPR/);④收录/反向链接查询(http://tool.chinaz.com/Seos/Sites.aspx);⑤死链接检测/全站PR查询(http://tool.chinaz.com/Links/);⑥百度指数分析(http://tool.chinaz.com/baidu/words.aspx);⑦友情链接检测(http://link.chinaz.com/);⑧关键词排名查询(http://tool.chinaz.com/KeyWords/);⑨关键词密度查询(http://tool.chinaz.com/Tools/Density.aspx);⑩网页网页Meta信息(http://tool.chinaz.com/Tools/MetaCheck.aspx)。

1. 微博

微博也叫微博客(micro blog / micro blogging),是微型博客的简称,是基于Web2.0技术的即时信息发布系统。与传统博客要求较高的文章质量和版面设计相比,微博具有灵活、便捷、及时等特点。微博允许用户及时更新简短文本(通常为140字),同时可以发布多媒体信息,如图片、影音等。最早的微博形态被称为tumble logs,这个单词是一个昵称为 why the lucky stiff 的人在2005年4月12日发布的一篇描述 Anarchaia 网站的博文中创造的。2005年10月19日,Jason Kottke(2003年Bloggies终身成就奖的获得者)发布的一篇名为"Tumble logs"的博文中对其进行了更为详细的描述。

随着国外微博如火如荼地发展,国内的微博客网站也开始风生水起。在中国,王兴于2007年5月推出大陆首个微博类应用——饭否;2009年8月14日,新浪微博开始内测,之后,腾讯、搜狐、网易等网站陆续推出了各自的微博平台。"微博打拐"掀起微公益热潮;"免费午餐"赢得政府回应;"小悦悦事件"唤起社会人性关爱;"郭美美事件"加快公益透明化进程。这些通过微博平台并引起重大反响的事件让所有人都清楚地看到140字+图片的威力,2010年甚至被人们称为中国的"微博元年"。

2. 微博营销

微博营销是指在微博平台上,通过利用和发挥微博自媒体、互动性强的特性,在企业、品牌和微博用户"自然人"化的基础上,进行持续性沟通的行为及活动,激活微博平台上的人际关系链,将信息有效地传达给目标观众,促使他们产生有利于企业产品品牌的态度和行为。

企业可以通过在微博上发布文字和图片等内容,变成一个幽默的企业,或者变成一个亲切的企业。

由于微博营销的重点在PR和内容上,因此,微博营销具有以下特点。

(1) 适合媒体自身营销,自己营销定位更加明确和清晰。

(2) 类似杜蕾斯等在传统大众媒体放不开、点不破的产品营销,在微博平台上形成的半熟关系中能够发挥得如鱼得水。

(3) 微博多维度、去中心化的网状传播路径对B2C类产品的营销更为有利,如凡客、海底捞等,但也要结合整合营销,才能更好地赚得美誉度、好评度和知名度。

案例6-3   微博营销,Web2.0时代银行营销新策略

2010年2月,光大银行在新浪开设微博,成为首家开设微博的银行,目前,光大银行共发表博文两百余篇,拥有粉丝1.4万人。其后,招商银行也开通微博,至今已发表博文三百余篇,拥有粉丝2.4万人。微博开始成为银行新的营销方式。

银行在通过微博营销时,需注意以下四点。

(1) 微博内容切忌全部都是产品推荐的广告,可以增加一些体现公益形象或娱乐元素的内容,以降低用户对微博营销的反感度。

(2) 在进行银行产品或促销活动推荐时,尤其是一些相对重要的产品,可多尝试通过发起话题或回答用户疑问的形式,而不仅是直接发布产品的内容。

(3) 对用户的疑难或建议,银行需积极参与回复讨论,以形成良好的互动交流平台,避免形成一种单向交流。

(4) 对银行微博的维护,不应仅是一个微博管理员的职责,可引导银行内部员工多关注银行微博并参与互动,以提升银行与客户之间的交流氛围。

资料来源:http://www.iresearch.com.cn/。

3. 微信

微信是腾讯公司于 2011 年 1 月 21 日推出的一款通过网络快速发送语音短信、视频、图片和文字,支持多人群聊的手机聊天软件。用户可以通过微信与好友进行形式上更加丰富的类似于短信、彩信等方式的联系。微信软件本身完全免费,使用任何功能都不会收取费用,使用时产生的上网流量费由网络运营商收取。2012 年 9 月 17 日,微信注册用户超过 2 亿。

随着微信的发展,现在有一些企业和个人逐渐看到微信的魅力,他们开始使用微信推广自己的产品和品牌。微信的用户群体比较明确,一般都是手机用户,用户的活跃度可以有保证。

(1) 微信公众平台,让移动互联网的推广多一个低价的渠道。

低价近乎免费的推广方式有什么方法?微信公众平台的出现,可能会改变这个局面,让很多企业都有很大的推广资源。2012 年 8 月 18 日,微信公众平台正式向公众开放注册后,很多推广人员立即嗅出它的价值性,很多人气微博都转战微信公众平台,靠自己微博、论坛、博客资源的推荐,快速拥有几百、几千甚至几万的微信粉丝。微信粉丝的属性有个天然的优势,就是 100% 是手机用户,因为微信只能用手机登录。微信公众平台似乎就是为广大企业在移动互联网推广专门打造的,虽然现在很多功能还不齐全,但相信不用多久,它的威力就会发挥出来。所以,企业应该掌握这个时机,在短时间内快速积累微信用户,等待机会的到来。微信公众平台的影响力不会低于微博。

(2) 微信将成为企业或网站用户的最快捷的沟通桥梁。

微博的出现让企业和用户有了很好的互动,但随着微信的发展和各种广告的出现,微博已经慢慢地在褪减它的影响力。如果你的微信用户越多,和用户的沟通更直接,微信公众平台每天都能发一条图文信息,频率不高,但很专,用户不但不会觉得扰人,反而会觉得亲切。

(3) 微信会员卡是 O2O 商业化新探索。

在2012"金网奖"暨第四届网络营销高峰论坛上,腾讯电商控股公司生活服务电商部总经理戴志康分享了腾讯生活类电商领域的新动态——微信会员卡,并称此举是O2O服务与营销领域的新探索。进军O2O移动支付市场的并不仅仅只有财付通。来自艾瑞的报告显示,2011年第三方支付市场交易额约为22 000亿元,增幅118%,其中,2011年中国O2O市场规模为562.3亿元,未来几年将持续增长,预计2015年将达到2 211.6亿元。

案例6-4　　　　微信美女图片助力网站营销

微信出道时间虽不长,但却成为成千上万人士的爱好,大家不要小看了微信推广,推广方法如果高级,你的网站人气也是非常高的,下面具体来讲一讲如何利用微信做好网站的推广。

第一步:微信头像要美女化。

微信头像与QQ头像有很大的区别,因为在使用手机的时候,我们只能够通过几寸的屏幕观测到头像图片,特别是在摇一摇的过程中,我们第一眼看到的不是资料,而是微信头像,如果你要在微信上做网站推广,微信头像就一定要是美女图片,建议各位站长可以在网上找一些看起来像现实中的美女,这样你才能够开展下一步的推广工作。

第二步:高效设置个性签名。

微信中除了通过头像观察一个人之外,还有就是个性签名,不管是在微信的好友通信录中还是在微信的聊天过程中,个性签名都会时不时地出现在眼睛前,而个性签名也是网站推广的一个基础,网站推广靠的就是个性签名。第一步美女植入法能够为我们带来更高的回头率,而第二步网站推广法能够为我们带来的就是网站流量与人气,那么,微信的个性签名如何设置才能够做好推广呢?

1. 签名广告要优惠

打个比方,假如同样是办理宽带的工作人员,你打的广告是免费上门安装宽带＋联系方式,而另外的工作人员打的广告是免费提供网线安装测试宽带＋联系方式,试问,用户会选择哪一个工作人员呢?打微信广告也是一样,我们在做网站推广的时候一定要有优惠,比如说你是地方网站,就可以提供一些当地商城的优惠券,这就是优惠。

2. 推广域名要好记

我们在利用推广的时候，用户是无法通过你的个性签名直接进入你的网站的，网站域名最好是容易记忆的一些域名，假如用户对你的网站已经产生了浓厚的兴趣，而你的域名太难记，用户也会选择放弃，所以，域名最好是容易记忆的。

3. 联系方式要可靠

既然是做推广，你的联系方式就一定要可靠，利用微信做网站推广的时候一般都会留下一个QQ号码，这个QQ也可以是网站的接待QQ，建议各位站长也采取这种操作手法，不要拿假的联系方式去糊弄用户，你糊弄用户最终就是糊弄你自己。

第三步：合理使用摇一摇。

今天你摇了吗？这句话好像已经成为流行语，从中可以看出摇一摇在微信中占据的重要地位。摇一摇也是微信最独特的方式，用户使用摇一摇能感觉到有成功的滋味，特别是一些男同胞们摇到美女后更是心情激动。要想让自己的网站得到有效推广，就必须合理地使用摇一摇。晚上8点到9点摇一摇，发现摇一摇的范围特别广，先是摇附近正在摇的人，按照范围进行传递，如果没有就一层层地传递出去，这种摇的方法也非常符合网站的就近推广。摇一摇的时间最好就在晚上，因为这个时候很多用户都是放松的时候，往往他们都会上游览器输入自己感兴趣的网站，所以，摇一摇要合理进行使用。

资料来源：http://www.2cto.com/。

6.5 网络营销效果综合评价

网络营销效果综合评价体系的组成？

6.5.1 网络营销评价的概念

网络营销是一个长期的过程，其中，既有连续的、长期的推广活动，如网站上的信息发布、在线服务、搜索引擎、邮件列表等，也有临时的、短期的手段，如网络广告、网上调查、在线优惠券等。每一种网络营销方法有具体的评价方法，如网络广告的效果评价方法、Email 营销的效果评价方法等,网络营销整体效果是通过各种方法综合作用所产生的,整体效果如何,是否实现了网络营销计划的目标,除了对各种具体方法所进行的评估之外,还需要通过对网络营销效果进行综合评价来检验。网络营销效果综合评价是对一个时期网络营销活动的总结,也是制定下一阶段网络营销策略的依据,同时,通过对网站访问统计数据的分析,也可以提供很多有助于增强网络营销效果的信息。

所谓网络营销评价,是指运用从定性到定量的综合集成方法和技术,对开展网络营销企业网站的各个方面(包括网站访问量、个人信息政策、顾客服务、产品广告和在线服务等)的数据进行加权处理和分析,以期评价网络营销的综合效果。

6.5.2 网络营销评价的作用

通过对网络营销系统执行过程的评价,了解网络营销实施的效果以及网络营销战略与公司目标战略是否匹配,形成对系统的各个执行部分的监督和检查,激励系统正常、持续地发展。

通过对网络营销系统运行状况的评价,检查网络营销系统运行状况与系统标准之间的差异,网络营销的目标是否达到,并且及时修正,以确保网络营销系统的正常运转,网络营销计划中制定的营销沟通目标的实现和网络营销企业的可持续发展。

通过专门机构的评价,检查用于吸引访问者来网站的各种推广技术的运用效果,收集、分析、发布和得到网络营销实施结果,检查网站的普及程度和网站满足顾客需求的能力。

6.5.3 网络营销效果评价的步骤

网络营销效果评价有以下四个步骤。
(1) 确立网络营销目标。
(2) 确立网络营销的评价标准。
(3) 选择评价网络营销工作的基准点。
(4) 比较网络营销效果与目标。

6.5.4 网络营销效果评价体系的内容

网络营销效果的评价体系主要包含四个方面的内容,即网站建设评价、网站推广评价、网站访问量评价和网络营销反应效果评价。

1. 网站建设评价

网站建设是企业网站策略的重要内容,也是网络营销信息传递的主要渠道之一,在本书前面章节中已经介绍了企业网站建设的一般原则和主要问题,对网站优化的含义也做了系统阐述。因此,在网络营销综合效果评价中,应该对企业网站的建设水平给予科学客观地评价。对企业网站的建设水平评价包括网站优化设计合理性、网站内容和功能完整、网站服务有效性与网站可信性三个方面的内容。

由于国内目前尚未出现成熟的网站定量评价方法,因此,对上述评价内容只能进行定性评估。

2. 网站推广评价

网站推广效果可以从下列方面进行定量评价。

(1) 搜索引擎的收录和排名状况。根据搜索引擎优化策略,企业网站登录的搜索引擎越多、在搜索引擎排名越靠前,对增加网站访问量越有效。在进行这项评价时,企业应对网站在主要搜索引擎的表现逐一进行评估,并与主要竞争者进行对比分析。

(2) 获得其他网站链接的数量。其他网站链接的数量越多,对搜索结果排名越有利,而且访问者还可以直接从合作伙伴网站获得访问量,因此,网站链接数量也反映了对网站推广所做的努力。不过,网站链接数量并不一定与获得的访问量成正比。

(3) 网站注册用户数量。网站访问量是网络营销取得效果的基础,也在一定程度上反映了获得顾客的潜在能力,其最重要的指标之一是注册用户数量,因为注册用户资料是重要的网络营销资源,是开展许可 E-mail 自营策略的基础,拥有尽可能多的注册用户数量并合理应用这些资源已经成为企业重要的竞争手段。

3. 网站访问量评价

在网络营销整体评价中,网站访问量评价是其中的重要内容。网站访问量统计除了作为网络营销效果的评价之外,还有一个重要的作用,即为网络营销诊断和策略研究提供有价值的信息,既可以发现网站设计方面存在的问题,为及时改善网站设计提供参考,也可以了解访问者的浏览习惯,有助于对网络营销活动进行控制和改进,从而达到增强网络营销效果的目的。网站访问量指标可根据网站流量统计报告获得,其中,最有价值的指标包括独立访问者数量、页面浏览数、用户访问量的变化情况和访问网站的时间分布、访问者来自哪些网站/URL、访问者来自哪些搜索引擎、用户使用哪些关键词检索等。

4. 网络营销反应效果评价

在网络营销活动中,有些活动的效果并不表现为访问量的增加而直接达到销售促进的效果,因此,无法用网站访问量指标来进行评价。例如,在企业进行促销活动时,采用电子邮件方式发送优惠券,用户下载之后可以直接在传统商场消费时使用,用户就无需登录网站,这时网络促销活动的效果对网站流量就不会产生明显的增加,因此,只能用该次活动的反应效果指标来评价。网络营销反应效果分为直接反应效果与间接反应效果,目前,国内对网络营销间接反应效果的评价研究仍处于探索阶段,尚未形成公认有效的评价方法。

本 章 小 结

网络营销是借助联机网络、计算机通信和数字交互式媒体来满足客户需要,实现一定市场营销目标的一系列市场行为,具有跨时空性、互动性、高效性和经济性的特点。网络营销策略是企业对其内部与实现营销目标有关的各种可控因素的组合和运用。网络营销策略包含产品策略、定价策略、渠道策略和促销策略,网络营销的特点决定了其营销策略与传统市场营销策略的明显差别。网络营销的职能是通过各种网络营销方法来实现的,网络营销的各个职能之间并非相互独立的。同一个职能可能需要多种网络营销方法的共同作用,而同一种网络营销方法也可能适用于多个网络营销职能。常用的网络营销方法主要有搜索引擎注册与排名、交换链接、病毒式营销、网络广告、信息发布、许可 E-mail 营销与邮件列表、个性化定制、联属网络营销、网上开店等。网络营销是对互联网工具和资源的合理利用,在一定程度上可以说网络营销能力就是对互联网工具和资源的统筹运用能力。网络营销评价是指运用从定性到定量的综合集成方法和技术,对开展网络营销企业网站的各个方面(包括网站访问量、个人信息政策、顾客服务、产品广告和在线服务等)的数据进行加权处理和分析,以期评价网络营销的综合效果。网络营销效果综合评价是对一个时期网络营销活动的总结,也是制定下一阶段网络营销策略的依据,同时,通过对网站访问统计数据的分析,也可以提供很多有助于增强网络营销效果的信息。

复习与思考

1. 简述网络营销的概念。
2. 网络营销的内涵是什么？
3. 根据促销形式的不同，网络营销中促销策略分可为哪几种？
4. 简述双道法的概念。
5. 网络营销的职能是什么？
6. 网络营销的常用工具有哪些？
7. 对微博与微信应用模式进行分析比较。
8. 通过学生使用阿里妈妈平台（alimama.com），完成网络广告的策划、投放及效果监测。让学生体验网络广告投放的整个过程，掌握网络广告自策划至投放、效果监测的全部内容与技巧。
9. 访问中国营销网 http://www.tinlu.com/，查看网络营销成功案例，并与大家共同分享。
10. 比较分析华联超市（http://www.962828.com/portal/index.jsp）和联华超市（http://www.lhok.com.cn/index.jsp）的网络营销策略。

案例分析

耐克网络营销推广活动

1972年，耐克公司正式成立，其前身是由现任耐克总裁菲尔·耐特和比尔·鲍尔曼教练投资的蓝带体育公司。1973年，全美2 000米到10 000米跑纪录创造者佩里·方庭成为第一个穿耐克运动鞋的田径运动员。1978年，耐克公司正式成立，之后开始进入加拿大、澳大利亚、欧洲和南美等海外市场，通过利用网络、赞助体育等营销手段在海外市场不断发展。另外，在世界各地还有不少分公司。一直以来，耐克公司的产品始终在用户心目中享有盛誉。

耐克的名字和商标已经享誉全世界，现在他们想向网络用户宣传开设在加拿大的"运动员世界"中的耐克迷你店。为了达到这个目的，这位运动服装界的巨人利用互联网的运动性和图形功能制作了旗帜广告和一个网站。网站的目标受众是十几岁的青少年和年长一些的青年顾客。设立网站的目的是建立知名度并传达产品信息。网站由设置在 active. com、cbc. ca、ctvsportsnet. ca、 montrealplus.com、rcf.ca、rollingstone.com、sympatico.ca、toronto.com、tribute.ca 和 tsn.ca 上的广告来推广。有 10 个不同版本的广告在夏天轮流投放各五周。其中的一个版本以赢取 500 元耐克购物券为号召，并直接链接到网站上；其他几个版本截取运动员训练的一个片段并配上一句广告语"永远没有太早/太强/太多"，这句话和网站的网址交替出现在广告上。同时，为了吸引年轻的访问者，网站使用了各种设计元素，如挖苦式的导语、嬉皮音乐、游戏式的表现方法和多彩的形象等。耐克公司在安大略 Vaughan 分部的广告经理 Josie Seguin 说："我们试图使我们的网站充满互动性和乐趣，并以刺激的方式传达我们的讯息。"耐克针对青年群体突出嬉皮而积极的态度。

进入网站的访问者会受到鼓励，通过把运动员的"泡泡"照片进行拼接来得到产品的详细信息。访问者还可以通过操纵鼠标在"虚拟现实部分"从各种角度来选出一些衣服，然后直接到离家最近的一家店去买。从网上消费者购买决策过程看，耐克公司网上推广专卖店旨在采用传统渠道与网上渠道整合的方式，充分发挥各自渠道的优越性，最大限度地满足消费者的购物需求，提高零售商吸引新消费者和维持老客户的能力，增强企业的获利能力。

资料来源：http://www.wlyxe.cn/。

讨论题

1. 你如何看待该案例中耐克公司网上定做服务、网上专卖店之类的网络营销尝试？
2. 对耐克的网络营销你有什么可操作的建议？
3. 为什么"在网站上选衣服，到实体店去买"？

7 电子商务物流管理

学习目标

学完本章,你应该能够:
1. 理解物流对电子商务的重要意义;
2. 掌握电子商务物流信息技术;
3. 了解电子商务物流的发展趋势。

基本概念

电子商务物流信息　物流联盟　第三方物流

7.1 物流与电子商务

物流对电子商务有何意义？

物流通过不断地输送各种物质产品,使生产者不断地获得原材料、燃料,以保证生产过程的正常进行,然后将产品进行包装、储存及加工,伴随着装卸搬运,最终配送到消费者手中,部分商品最后还要进行废旧物品的回收等。这整个过程就是企业物流管理的具体工作内容。

物流系统的功能指的是物流系统所具有的基本能力,这些基本能力有效地组合、联结在一起,便成了物流的总功能,能够合理、有效地实现物流系统的总目的。物流系统的功能要素一般认为有运输、储存、装卸搬运、包装、流通加工、配送、物流信息等。如果从物流活动的实际工作环节来考查,物流由上述七项具体工作构成,即物流的七大功能要素。

实施物流管理的目的就是要在尽可能最低的总成本条件下实现既定的客户服务水平,即寻求服务优势和成本优势的一种动态平衡,并由此创造企业在竞争中的战略优势。企业物流管理并不简单地追求在各个环节上各自的最低成本,因为物流各环节的效益之间存在相互影响、相互制约的倾向,存在着交替易损的关系。例如,过分强调包装材料的节约,就可能因其易于破损造成运输和装卸费用的上升。因此,系统方法强调要进行总成本分析以及避免次佳效应和成本权衡应用的分析,以达到总成本最低,同时满足既定的客户服务水平的目的。

案例7-1 成品烟丝箱式存储自动化物流系统

上海卷烟厂是上海烟草公司的核心企业,是国内较早重视物流的企业之一,早在1994年就开始考虑物流改进。1997年,上海卷烟厂第一自动化立体库——原料高架库建成并投入使用。此后,随着生产能力的不断提高,上海卷烟厂从满足生产需要入手,以高效、适用、经济为原则,更加精细周密地进行物流系统建设,将所采用的每一技术、每一设备的功能都发挥到极致。荣获2006年中国物流与采购联合会科学技术一等奖的"成品烟丝箱式存储自动化物流系统"就是由上海烟草公司与昆明船舶设备集团有限公司共同开发建设的,在上海卷烟厂实际应用中取得了显著的经济效益和社会效益。

资料来源:http://www.topoint.com.cn/。

电子商务中的任何一笔交易都包含四种基本的"流",即信息流、商流、资金流和物流。信息流、商流、资金流和物流是电子商务商品流通过程中的四大组成部分,由这"四流"构成了一个完整的流通过程。"四流"互为存在,密不可分,相互作用,既是独立存在的单一系列,又是一个组合体。将商流、物流、资金流和信息流作为一个整体来考虑和对待,会产生更大的能量,创造更大的经济效益。

1. 信息流

信息流的广义定义是指人们采用各种方式来实现信息交流,从面对面的直接交谈直到采用各种现代化的传递媒介,包括信息的收集、传递、处理、储存、检索、分析等渠道和过程。信息流的狭义定义是从现代信息技术研究、发展、应用的角度看,指的是信息处理过程中信息在计算机系统和通信网络中的流动。

信息流既包括商品信息的提供、促销、技术支持、售后服务等内容,也包括诸如询价单、报价单、付款通知单、转账通知单等商业贸易单证,还包括交易方的支付能力、支付信誉等。

信息流是电子商务得以发展的前提。企业有再好的商品信息,没有信息的及时和有效传播,就不可能完成交易,更无法想象会出现千里之外都能完成交易的电子商务。随着互联网技术的发展以及移动互联网的普及,信息流这一问题已经基本得以解决。这为电子商务的发展提供了前提条件。

2. 商流

商流是指商品在购、销之间进行交易和商品所有权转移的运动过程,具体是指商品交易的一系列活动。

商流的概念界定离不开对商品流通概念的分析。所谓商品流通,是指以货币为媒介的商品交换,也就是商品从生产领域向消费领域的社会经济移动。依据商品价值二重性可以将商品流通中的不同形式划分为物流与商流,即商物分离。商流的概念是从这个基础上开始发展的。随着社会经济的发展,商品交易的深度和广度进一步扩展,商品流通信息的重要性日益凸现,因而将商品流通划分为物流、商流和信息流。伴随着网络经济的到来和商务电子化进程,传统商流的资金支付方式和渠道越来越不同于商流的特征。因而在电子商务条件下将商品流通划分为物流、商流、资金流和信息流。

3. 资金流

资金流是指资金的转移过程,包括付款、转账等过程。资金流作为电子商务的四个构成要素之一,是实现电子商务交易活动不可或缺的手段。

最初在我国的电子商务交易过程中,资金流的解决主要有邮政汇款和银行转账。买家和卖家对这种交易方式都存在严重的心理忧虑。买家担心付款后能否收到货,对货到再付款的卖家则担心买家能否及时付款。买卖双方的这种担忧严重制约了电子商务的发展。

在我国,支付宝担保交易方式的推出,便捷地解决了网上支付中的信任问题。这种信任文化给网购市场夯实了规范化的基础,并给网商们带来了无穷的信心和动力。到目前,各种支付方式已经有效地解决了电子商务资金流的问题。可以说,资金流的解决突破了电子商务的一大难题,给电子商务带来了一次飞跃。

4. 物流

一名准备攀登珠穆朗玛峰的登山爱好者在登山大本营通过手机互联网淘到一双质优价廉的登山鞋,立即通过移动支付给卖家付了款,可卖家却告知,物流公司送不了货。于是,他只能无奈地选择退款。

这个案例突出地展现了目前中国广大偏远山区的电子商务现状。随着移动信号的普及,在我国绝大部分地区已经基本可以解决信息流的问题,同时,通过互联网就可以解决资金的支付问题。目前存在的主要问题就是广大山区、农村地区物流不能到达或不能快速到达以及物流费用过高两大问题。因此,物流成为制约我国电子商务发展的"瓶颈"。在目前基本已经解决了信息流和资金流的情况下,如果能突破物流这个"瓶颈",我国的电子商务将迎来又一次飞跃。

物流是电子商务中实现以顾客为中心理念的最终保证,缺少了现代化的物流技术,电子商务给消费者带来的购物便捷等于零,消费者必然会转向他们认为更为安全的传统购物方式,网上购物将没有存在的必要。物流是电子商务重要的组成部分。在目前信息流和资金流已基本解决的情况下,必须大力发展现代化物流,以进一步推广电子商务。

7.2 电子商务物流信息技术

现代物流会采用哪些技术?

7.2.1 电子商务物流信息

1. 电子商务物流信息的含义

电子商务物流信息(logistics information)是反映物流中运输、仓储、包装、装卸、搬运、流通加工等活动中相关知识、资料、图像、文件的总称。电子商务物流信息是伴随着物流活动的发生而产生的,现代信息技术的发展使人们能够更及时、更准确地掌握物流信息,并通过其对物流活动进行有效的控制,随着计算机技术和互联网的广泛应用,基于计算机技术和互联网的物流信息技术将成为现代物流技术发展的一个主要趋势。

2. 电子商务物流信息系统

(1) 电子商务物流信息系统的含义。

电子商务下的物流信息系统是一个以人为主导,利用计算机软硬件、网络通信设备(尤其是 Internet)等 IT 技术,结合各类机械化、自动化物流工具设备,进行物流信息的收集、存储、传输、加工整理、维护和输出,实现对实体物流综合管理的数字化、智能化、标准化和一体化以及物流业务处理指挥的信息化与网络化,为物流管理者及其他组织管理人员提供战略、战术及运作决策的支持,提高整体物流活动的效率和效益,降低整体物流成本,从而支持企业的现代管理并取得竞争优势的集成化人机系统。

（2）电子商务物流信息系统的构成。

电子商务物流信息系统包括接受订货信息系统、订货信息系统、收货信息系统、库存管理信息系统、发货信息系统、配送信息系统、运输信息系统、包装信息系统、流通加工信息系统、成本管理信息系统、EDI 处理信息系统、物流综合管理信息系统等模块。

① 接受订货信息系统。办理接受订货手续是交易活动的始发点，所有电子商务物流活动均从接受订货开始。为了迅速、准确地将商品送到指定的地方，必须准确、迅速地办理接受订货的各种手续。接受订货信息系统是办理从零售商处接受订单、准备货物、明确交货时间和交货期限、管理剩余货物等的信息系统。

② 订货信息系统。订货信息系统是与接受订货信息系统、库存管理信息系统互动的。库存不足时应防止缺货，库存过多时应减少订货。

③ 收货信息系统。收货信息系统是指根据收货预订信息对收到的货物进行检验，并与订货要求进行核对无误之后录入库存并指定货位等的信息系统。

④ 库存管理信息系统。正确把握商品库存，对于制订恰当的采购计划、接受订货计划、收货计划和发货计划是必不可缺的，所以，库存管理信息系统是物流管理信息的中心。对保存在物流中心内的商品进行管理、指定货位和调整库存的信息系统叫做库存管理信息系统。

⑤ 发货信息系统。如何通过合理的发货安排将商品送到顾客手中，是物流信息系统需要解决的主要问题。发货信息系统是一种与接受订货信息系统、库存管理信息系统互动，并向保管场所发出拣选指令或根据不同的配送方向进行分类的信息系统。

⑥ 配送信息系统。配送信息系统是将商品按配送方向进行分类，制定车辆调配计划和配送路线计划的信息系统。降低成本对于高效率的配送计划来说是非常重要的。

3. 条码技术

条码技术是实现 POS 系统、EDI、电子商务、供应链管理的技术基础，是物流管理现代化的重要技术手段。条码技术包括条码的编码技术、条码标识符号的设计、快速识别技术和计算机管理技术，它是实现计算机管理和电子数据交换不可少的前端采集技术。

（1）商品条码。

商品条形码是指由一组规则排列的条、空及其对应字符组成的标识，用以表示一定的商品信息的符号。其中，条为深色，空为浅色，用于条形码识读设备的扫描识读。其对应字符由一组阿拉伯数字组成,供人们直接识读或通过键盘向计算机输入数据使用。这一组条、空和相应的字符所表示的信息是相同的。

目前,世界上常用的码制有 EAN 条形码、UPC 条形码、二五条形码、交叉二五条形码、库德巴条形码、三九条形码和 128 条形码等,而商品上最常使用的就是 EAN 商品条形码(见图 7-1)。

图 7-1 EAN-13 码和 EAN-8 码

商品条码有标准码和缩短码两种形式。

由 13 位数字构成的条码称为标准码,一般称为 EAN-13 码。其标准码尺寸为 37.29mm×26.26mm,放大系数取值范围是 0.80—2.00,间隔为 0.05。

标准码的 13 位数字构成,分两种情况。

第一种是以 690、691 打头的条码,由 3 位国别代码、4 位厂商代码、5 位商品代码及 1 位校验码构成。

第二种是以 692 打头的条码,由 3 位国别代码、5 位厂商代码、4 位商品代码及 1 位校验码构成。

由 8 位数字构成的条码称为缩短码,只有当标准码尺寸超过总印刷面积的 25%时,才允许申报使用缩短码。

缩短码的尺寸为 26.73mm×21.64mm,放大系数取值范围是 0.80—2.00,间隔为 0.05。

缩短码的 8 位数字由 7 位商品代码和 1 位校验码构成。

EAN-13 通用商品条形码一般由前缀部分、制造厂商代码、商品代码和校验码组成。商品条形码中的前缀码是用来标识国家或地区的代码,赋码权在国际物品编码协会。例如,00-13 代表美国、加拿大,30-37 代表法国,45-49 代表日本,400-440 代表德国,690、691、692、693、694、695 代表中国大陆,471 代表我国台湾地区,489 代表香港特区,958 代表中国澳门。厂商代码的赋权在各个国家或地区的物品编码组织,我国由国家物品编码中心赋予厂商代码。商品代码是用来标识商品的代码,赋码权由产品生产企业自己行使,生产企业按照规定条件自己决定在自己的何种商品上使用哪些阿拉伯数字为商品条形码。商品条形码最后1位校验码是用于计算机自动校验整个代码录入是否正确,是通过计算得出的。

（2）二维条码。

二维条码是用某种特定的几何图形按一定规律在平面分布的黑白相间的图形记录数据符号信息；在代码编制上,巧妙地利用构成计算机内部逻辑基础的"0"、"1"比特流的概念,使用若干个与二进制相对应的几何形体来表示文字数值信息,通过图像输入设备或光电扫描设备自动识读,以实现信息自动处理（见图7-2）。

图7-2　二维码

二维条码自出现以来,得到了人们的普遍关注,发展速度十分迅速。它的使用极大地提高了数据采集和信息处理的速度,提高了工作效率,并为管理的科学化和现代化作出了很大贡献。

由于受信息容量的限制,一维条码仅仅是对"物品"的标识,而不是对"物品"的描述。故一维条码的使用不得不依赖数据库的存在。在没有数据库和不便联网的地方,一维条码的使用受到了较大的限制,有时甚至变得毫无意义。另外,要用一维条码表示汉字的场合,显得十分不方便,且效率很低。现代高新技术的发展,迫切要求用条码在有限的几何空间内表示更多的信息,从而满足千变万化的信息表示的需要。

二维条码正是为了一维条码无法解决的问题而产生的。因为它具有高密度、高可靠性等特点,可以用它表示数据文件（包括汉字文件）、图像等。二维条码是大容量、高可靠性信息实现存储、携带并自动识读的最理想的方法。

二维条码具有以下特点和优势。

① 输入速度快。与键盘输入相比,条码输入的速度是键盘输入的 5 倍,并且能实现即时数据输入。

② 可靠性高。键盘输入数据出错率为三百分之一,利用光学字符识别技术出错率为万分之一,而采用条码技术误码率低于百万分之一。

③ 采集信息量大。利用传统的一维条码,一次可采集几十位字符的信息,二维条码可以携带数千个字符的信息,并有一定的自动纠错能力。

④ 灵活实用。条码标识既可以作为一种识别手段单独使用,也可以和有关识别设备组成一个系统实现自动化识别,还可以和其他控制设备连接起来实现自动化管理。

⑤ 条码标签易于制作,对设备和材料没有特殊要求,识别设备操作容易,不需要特殊培训,而且设备也相对便宜。

(3) 物流条码。

物流条码是供应链中用以标识物流领域中具体实物的一种特殊代码,是整个供应链过程(包括生产厂家、配销业、运输业、消费者等环节)的共享数据。它贯穿于整个贸易过程,并通过物流条码数据的采集和反馈提高整个物流系统的经济效益。

与商品条码相比较,物流条码有如下特点。

① 储运单元的唯一标识。

商品条码是最终消费品,通常是单个商品的唯一标识,用于零售业现代化的管理;物流条码是储运单元的唯一标识,通常标识多个或多种类商品的集合,用于物流的现代化管理。

② 服务于供应链全过程。

商品条码服务于消费环节:商品一经出售到最终用户手里,商品条码就完成了其存在的价值,商品条码在零售业的 POS 系统中起到了单个商品的自动识别、自动寻址、自动结帐等作用,是零售业现代化、信息化管理的基础;物流条码服务于供应链全过程:生产厂家生产出产品,经过包装、运输、仓储、分拣、配送,直到零售商店,中间经过若干环节,物流条码是这些环节中的唯一标识,因此,它涉及更广,是多种行业共享的通用数据。

③ 信息多。

通常,商品条码是一个无含义的 13 位数字条码;物流条码则是一个可变的、可表示多种含义和多种信息的条码,是无含义的货运包装的唯一标识,可表示货物的体积、重量、生产日期、批号等信息,是贸易伙伴根据在贸易过程中共同的需求经过协商统一制定的。

④ 可变性。

商品条码是一个国际化、通用化、标准化的商品的唯一标识,是零售业的国际化语言;物流条码是随着国际贸易的不断发展,贸易伙伴对各种信息需求的不断增加应运而生的,其应用在不断扩大,内容也在不断丰富。

⑤ 维护性。

物流条码的相关标准是一个需要经常维护的标准。及时沟通用户需求,传达标准化机构有关条码应用的变更内容,是确保国际贸易中物流现代化、信息化管理的重要保障之一。

现存的条码码制多种多样,但国际上通用的和公认的物流条码码制只有ITF-14条码、UCC/EAN-128条码和EAN-13条码三种。选用条码时,要根据货物的不同和商品包装的不同,采用不同的条码码制。单个大件商品,如电视机、电冰箱、洗衣机等商品的包装箱往往采用EAN-13条码。储运包装箱常常采用ITF-14条码或UCC/EAN-128应用标识条码,包装箱内可以是单一商品,也可以是不同的商品或多件头商品小包装。

ITF条码是一种连续型、定长、具有自校验功能并且条、空都表示信息的双向条码。ITF-14条码的条码字符集、条码字符的组成与交插二五码相同。它由矩形保护框、左侧空白区、条码字符、右侧空白区组成。

UCC/EAN-128应用标识条码一种连续型、非定长条码,能更多地标识贸易单元中需表示的信息,如产品批号、数量、规格、生产日期、有效期、交货地等(见图7-3)。

图7-3 UCC/EAN-128码

UCC/EAN-128应用标识条码由应用标识符和数据两部分组成,每个应用标识符由2位到4位数字组成。条码应用标识的数据长度取决于应用标识符。条码应用标识采用UCC/EAN-128码表示,并且多个条码应用标识可由一个条码符号表示。

UCC/EAN-128条码由双字符起始符号、数据符、校验符、终止符及左、右侧空白区组成。

4. 射频技术

RFID 是 Radio Frequency Identification 的缩写,即射频识别。射频技术相对于传统的磁卡及 IC 卡技术,具有非接触、阅读速度快、无磨损等特点。无线射频技术在阅读器和射频卡之间进行非接触双向数据传输,以达到目标识别和数据交换的目的。与传统的条形码、磁卡及 IC 卡相比,射频卡具有非接触、阅读速度快、无磨损、不受环境影响、寿命长、便于使用的特点和具有防冲突功能,能同时处理多张卡片。

RFID 的工作原理很简单。标签进入磁场后,接收解读器发出的射频信号,凭借感应电流所获得的能量发送出存储在芯片中的产品信息(passive tag,无源标签或被动标签),或者主动发送某一频率的信号(active tag,有源标签或主动标签),解读器读取信息并解码后,送至中央信息系统进行有关数据处理。

RFID 的应用非常广泛,目前典型应用有动物晶片、汽车晶片防盗器、门禁管制、停车场管制、生产线自动化、物料管理。RFID 标签有有源标签和无源标签两种。

最基本的 RFID 系统由三部分组成。

标签(tag):由耦合元件及芯片组成,每个标签具有唯一的电子编码,附着在物体上标识目标对象。

阅读器(reader):读取(有时还可以写入)标签信息的设备,可设计为手持式或固定式。

天线(antenna):在标签和读取器间传递射频信号。

和传统条形码识别技术相比,RFID 有以下优势。

(1) 快速扫描。

条形码一次只能有一个条形码受到扫描;RFID 辨识器可同时辨识读取数个 RFID 标签。

(2) 体积小型化、形状多样化。

RFID 在读取上并不受尺寸大小与形状限制,不需要为了读取精确度而配合纸张的固定尺寸和印刷品质。此外,RFID 标签更可往小型化与多样形态发展,以应用于不同产品。

(3) 抗污染能力和耐久性。

传统条形码的载体是纸张,容易受到污染,但 RFID 对水、油和化学药品等物质具有很强的抵抗性。此外,由于条形码是附于塑料袋或外包装纸箱上,特别容易受到折损;RFID 卷标是将数据存在芯片中,因此可以免受污损。

(4) 可重复使用。

现今的条形码印刷上去之后就无法更改，RFID 标签则可以重复地新增、修改、删除 RFID 卷标内储存的数据，方便信息的更新。

(5) 穿透性和无屏障阅读。

在被覆盖的情况下，RFID 能够穿透纸张、木材和塑料等非金属或非透明的材质，并能够进行穿透性通信。条形码扫描机则必须在近距离而且没有物体阻挡的情况下，才可以辨读条形码。

(6) 数据的记忆容量大。

一维条形码的容量是 50bytes，二维条形码最大的容量可储存 2 至 3 000 字符，RFID 最大的容量则有数 MegaBytes。随着记忆载体的发展，数据容量也有不断扩大的趋势。未来物品所需携带的资料量会越来越大，对卷标所能扩充容量的需求也相应增加。

(7) 安全性。

由于 RFID 承载的是电子式信息，其数据内容可经由密码保护，使其内容不易被伪造及变造。

近年来，RFID 因其所具备的远距离读取、高储存量等特性而备受瞩目。它不仅可以帮助一个企业大幅提高货物、信息管理的效率，还可以让销售企业和制造企业互联，从而更加准确地接收反馈信息，控制需求信息，优化整个供应链。

案例 7-2 麦德龙打造购物乌托邦

麦德龙"未来商店"坐落在德国杜伊斯堡市的郊区，是一家面积 7 000 平方米、经营近 7 万种商品、可停放 300 辆汽车、有 120 多名员工的大型超级市场。与麦德龙合作进行试验的有 70 多家欧美知名公司，其中包括美国的英特尔、NCR、惠普和德国软件公司 SAP 等 IT 企业以及 P&G 等工业企业。

在麦德龙"未来商店"中应用的射频和其他高技术设备的种类很多。这里还有一种智能秤，它不仅可以像一般电子秤那样称量计价，尤为令人称奇的是，这种秤竟能根据果蔬的表皮特征、外观形状、颜色、大小等，识别和确定它是西红柿还是苹果，并按该商品来计量、计价和打印小票。除了零售商店外，麦德龙也在大力将射频技术及其产品应用到供货和物流等方面。从 2007 年 1 月底到 11 月底，麦德龙要求其 100 家供货商在向麦德龙的 10 个商品配送中心和 281 个零售商店送货时，要在商品托盘上和货柜上使用射频标签。

资料来源：21 世纪商业评论，2005 年 1 月。

5. POS(销售时点信息系统)

POS(Point of Sale,简称 POS)系统即销售时点信息系统,最早应用于零售业,以后逐渐扩展至金融、旅馆等服务性行业,利用 POS 系统的范围也从企业内部扩展到整个供应链。现代 POS 系统已不仅仅局限于电子收款技术,它要考虑将计算机网络、电子数据交换技术、条形码技术、电子监控技术、电子收款技术、电子信息处理技术、远程通信、电子广告、自动仓储配送技术、自动售货、备货技术等一系列科技手段融为一体,从而形成一个综合性的信息资源管理系统。

POS 系统的组成包括前台 POS 系统和后台 MIS 系统(见图 7-4)。

图 7-4 POS 收款机

(1) POS 系统具有以下特点和优势。
① 完善的各种前台销售功能。
② 便捷的各部门间货物的调拨。
③ 强大的自动订货系统。
④ 先进的出租柜台管理理念。
⑤ 严格的系统权限管理。
⑥ 脱销、畅销、滞销商品的分析。
⑦ 超出安全库存商品的报警、订货提示。
⑧ 各种类型的销售报表(供货商、部门、单个商品)。
⑨ 销售信息反馈,商场内贵重、维护型、保修型商品(如手机、手提电脑、金银首饰等)。
⑩ 商品的销售记录,完善售后服务、跟踪服务。

⑪ 系统各用户之间的电子邮件传递。

⑫ 每晚结算方式:自动按整个商场、部门、类别对销售、进货、调拨进行结算,使您在数据查询、分析时简捷、高效、准确。

⑬ 完善的库存管理:盘点、部门库存、商品类库存、供货商现存等的查询分析审查。

⑭ 人事、工资管理系统。

(2) POS 系统的运行步骤有以下五步。

① 店铺销售商品都贴有表示该商品信息的条形码或自动识别标签。

② 在顾客购买商品结账时,收银员使用扫描读数仪自动读取商品条形码标签或自动识别标签上的信息,通过店铺内的微型计算机确认商品的单价,计算顾客购买总金额等,同时返回给收银机,打印出顾客购买清单和付款总金额。

③ 各个店铺的销售时点信息通过 VAN 以在线联结的方式即时传送给总部或物流中心。

④ 在总部,物流中心和店铺利用销售时点信息来进行库存调整、配送管理、商品订货等作业。

⑤ 在零售商与供应链的上游企业结成协作伙伴关系的条件下,零售商利用 VAN 在线联结的方式把销售时点信息即时传送给上游企业。

6. GPS(全球定位系统)

GPS 是英文 Global Positioning System 的简称,意思为全球定位系统。GPS 起始于 1958 年美国军方的一个项目,1964 年投入使用。20 世纪 70 年代,美国陆海空三军联合研制了新一代卫星定位系统 GPS。主要目的是为陆海空三大领域提供实时、全天候和全球性的导航服务,并用于情报收集、核爆监测和应急通讯等一些军事目的,经过 20 余年的研究实验,耗资 300 亿美元,到 1994 年,全球覆盖率高达 98% 的 24 颗 GPS 卫星星座已布设完成(见图 7-5)。

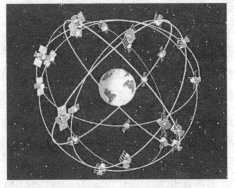

图 7-5 GPS 卫星分布模型

(1) GPS 的特点。

① 全球、全天候定位。

GPS 卫星的数目较多，且分布均匀，保证了地球上任何地方、任何时间至少可以同时观测到 4 颗 GPS 卫星，确保实现全球、全天候连续的导航定位服务(除打雷闪电不宜观测外)。

② 定位精度高。

在实际应用中，民用 GPS 的精度约 15—100 米，军用 GPS 的精度可达到小于 10 米的范围。随着技术的不断更新，其精度甚至可达到 1 米。

③ 观测时间短。

随着 GPS 系统的不断完善和软件的不断更新，目前，20km 以内的相对静态定位仅需 15—20 分钟；快速静态相对定位测量时，当每个流动站与基准站相距在 15KM 以内时，流动站观测时间只需 1—2 分钟；采取实时动态定位模式时，每站观测仅需几秒钟。因而使用 GPS 技术建立控制网，可以大大提高作业效率。

④ 测站间无需通视。

GPS 测量只要求测站上空开阔，不要求测站之间互相通视，因而不再需要建造觇标。这一优点既可以大大减少测量工作的经费和时间，也使选点工作变得非常灵活，也可以省去经典测量中的传算点、过渡点的测量工作。

⑤ 仪器操作简便。

随着 GPS 接收机的不断改进，GPS 测量的自动化程度越来越高，有的已趋于"傻瓜化"。在观测中，测量员只需安置仪器、连接电缆线、量取天线高、监视仪器的工作状态，而其他观测工作(如卫星的捕获，跟踪观测和记录等)均由仪器自动完成。结束测量时，仅需关闭电源和收好接收机，便完成了野外数据采集的任务。

⑥ 可提供全球统一的三维地心坐标。

GPS 测量可同时精确地测定测站平面位置和大地高程。目前，GPS 水准可满足四等水准测量的精度。另外，GPS 定位是在全球统一的 WGS-84 坐标系统中计算的，因此，全球不同地点的测量成果是相互关联的。

⑦ 应用广泛。

GPS 可以提供车辆定位、防盗、反劫、行驶路线监控及呼叫指挥等功能。

(2) GPS 的主要用途。

GPS 性能优异，应用范围极广。可以说，凡是需要导航和定位的部门，都可以采用 GPS。GPS 的建成和应用是导航技术的一场革命,影响深远。其主要有以下五个用途。

① 导航定位应用。

GPS 是空中、海洋和陆地导航定位最先进、最理想的技术。它可以为飞机、舰船、车辆、坦克、炮兵、陆军部队和空降兵提供全天候连续导航定位。它是航天飞机和载人飞船最理想的制导、导航系统。为其起飞、在轨运行和再入过程连续服务。

② 精密定位应用。

应用 GPS 载波相位测量技术,可以精确地测定两点间的相对位置,为大地测量、海洋测量、航空摄影测量和地球动力学测量提供高精度、现代化的测量手段。GPS 已广泛地应用于建立准确的大地基准、大地控制网和地壳运动监测网等。

③ 精密授时、大气研究。

GPS 用户接收机通过对 GPS 卫星的观测,可获得准确 GPS 时。GPS 时与 UTC 时是同步的,因此,GPS 也是当今精度最高的全球授时系统。一般接收机测时精度为 100 ns,专用定时接收机可获得更高的精度,用于远距离时间同步可达 ns 级。由于 UTC 时有跳秒,故 GPS 时与 UTC 时有已知的整数秒差。利用 GPS 测定的电离层延迟和多普勒频移延迟,可用来研究电离层的电子积分浓度、折射系数、电子浓度随高度的分布以及上述电离层参量在时间和空间上的相关性等。

④ 为武器精确制导。

应用 GPS/INS 组合制导系统时,GPS 不断修正导弹飞行中惯性导航误差,提高制导精度,增强武器的精确打击能力。在海湾战争中,GPS 为提高武器的命中精度,发挥了巨大作用,故被称为"效益倍增器"。

⑤ 在航天与武器试验中的应用。

GPS 在各类航天器定轨和导弹、常规武器试验中有着广泛的应用。GPS 可为各类卫星测定精密轨道。用差分 GPS 完成飞船的交会和对接。在武器试验中,应用 GPS 可精确测定弹道。它具有不受天气条件、发射场区、射向、射程和发射窗口的限制;可实现连续、全程跟踪测量,可跟踪低飞和多个目标,且精度高、费用低。

GPS 还可用于飞行器姿态测量。姿态测量采用 GPS 载波相检测量技术。

在卫星或其他航天器的适当位置上安装多副天线,用 GPS 测定各天线的精确位置,从而确定航天器的姿态。

(3) 伽利略计划。

伽利略计划是欧洲计划建设的新一代民用全球卫星导航系统。伽利略计划的总投资预计为 36 亿欧元,由分布在 3 个轨道上的 30 颗卫星组成,其中,27 颗卫星为工作卫星,3 颗为候补卫星,卫星高度为 24 126 公里,位于 3 个倾角为 56 度的轨道平面内,该系统除了 30 颗中高度圆轨道卫星外,还有两个地面控制中心。该系统与 GPS 类似,可以向全球任何地点提供精确定位信号。由于伽利略系统主要针对民用市场,在设计之初,设计人员就把为民用领域的客户提供高精度的定位放在了首要位置。与美国的 GPS 相比,伽利略系统可以为民用客户提供更为精确的定位,其定位精度可以达到 1 米。

中国是第一个参与伽利略计划的非欧盟国家,承诺提供两亿欧元的研发经费。中方已投入 7 000 万欧元用于技术开发,其余 1.3 亿欧元用于空间和地面设备的部署。但近年来随着欧债危机的影响,伽利略计划遇到种种困难,进展非常缓慢。

(4) 北斗卫星导航系统。

北斗卫星导航系统是中国正在实施的自主研发、独立运行的全球卫星导航系统。与美国 GPS、俄罗斯格洛纳斯、欧盟伽利略系统并称全球四大卫星导航系统。

中国已成功地发射 4 颗北斗导航试验卫星和 13 颗北斗导航卫星,将在系统组网和试验基础上,逐步扩展为全球卫星导航系统。

北斗卫星导航系统的建设目标是建成独立自主、开放兼容、技术先进、稳定可靠、覆盖全球的导航系统。该系统可在全球范围内全天候、全天时地为各类用户提供高精度、高可靠的定位、导航、授时服务并兼具短报文通信能力。以后,中国生产定位服务设备的产商都将会提供对 GPS 和北斗系统的支持,会提高定位的精确度。北斗系统特有的短报文服务功能将收费,这个功能的实用性还有待观察。

自 2011 年 12 月 27 日起,北斗卫星导航系统开始向中国及周边地区提供连续的导航定位和授时服务,其正式运行时的精确度在 10 米左右。

7.3 电子商务物流的发展

 第三方物流与第四方物流的含义?

7.3.1 电子商务物流模式

1. 企业自营物流

企业自营物流产生于电子商务刚刚萌芽的时期,那时的电子商务企业规模不大,从事电子商务的企业多选用自营物流的方式。企业自营物流模式意味着电子商务企业自行组建物流配送系统,经营管理企业的整个物流运作过程。

在这种方式下,企业也会向仓储企业购买仓储服务,向运输企业购买运输服务,但这些服务都只限于一次或一系列分散的物流功能,而且是临时性的纯市场交易的服务,物流公司并不按照企业独特的业务流程提供独特的服务,即物流服务与企业价值链的松散的联系。如果企业有很高的顾客服务需求标准,物流成本占总成本的比重较大,而企业自身的物流管理能力较强时,企业一般不应采用外购物流,而应采用自营方式。由于中国物流公司大多是由传统的储运公司转变而来的,还不能满足电子商务的物流需求,因此,很多企业借助于他们开展电子商务的经验也开展物流业务,即电子商务企业自身经营物流。

目前,在我国采取自营模式的电子商务企业主要有两类:一类是资金实力雄厚且业务规模较大的电子商务公司,电子商务在中国兴起的时候,国内第三方物流的服务水平远不能满足电子商务公司的要求;第二类是传统的大型制造企业或批发企业经营的电子商务网站,由于其自身在长期的传统商务中已经建立起初具规模的营销网络和物流配送体系,在开展电子商务时只需将其加以改进和完善,就可满足电子商务条件下对物流配送的要求。

选用自营物流,可以使企业对物流环节有较强的控制能力,易于与其他环节密切配合,全力专门地服务于该企业的运营管理,使企业的供应链更好地保持协调、简洁与稳定。此外,自营物流能够保证供货的准确和及时,保证顾客服务的质量,维护企业和顾客间的长期关系。但自营物流所需的投入非常大,建成后对规模的要求很高,只有大规模才能降低成本,否则,将会长期处于不营利的境地。而且投资成本较大、时间较长,对企业柔性有不利影响。另外,自建庞大的物流体系,需要占用大量的流动资金。更重要的是,自营物流需要较强的物流管理能力,建成之后需要工作人员具有专业化的物流管理能力。

2. 物流联盟

为了达到比单独从事物流活动取得更好的效果,物流联盟在企业间形成了相互信任、共担风险、共享收益的物流伙伴关系。企业间不完全采取导致自身利益最大化的行为,也不完全采取导致共同利益最大化的行为,只是在物流方面通过契约形成优势互补、要素双向或多向流动的中间组织。

物流联盟是制造业、销售企业、物流企业基于正式的相互协议而建立的一种物流合作关系,参加联盟的企业汇集、交换或统一物流资源以谋取共同利益;同时,合作企业仍保持各自的独立性。联盟是动态的,只要合同结束,双方又变成追求自身利益最大化的单独个体。选择物流联盟伙伴时,要注意物流服务提供商的种类及其经营策略。

一般来说,组成物流联盟的企业之间具有很强的依赖性,物流联盟的各个组成企业明确自身在整个物流联盟中的优势及担当的角色,内部的对抗和冲突减少,分工明晰,使供应商把注意力集中在提供客户指定的服务上,最终提高了企业的竞争能力和竞争效率,满足企业跨地区、全方位物流服务的要求。

3. 第三方物流

(1) 第三方物流的含义。

第三方物流是指由物流劳务的供方、需方之外的第三方去完成物流服务的物流运作方式。第三方就是指提供物流交易双方的部分或全部物流功能的外部服务提供者。在某种意义上,可以说它是物流专业化的一种形式。第三方物流随着物流业发展而发展,是物流专业化的重要形式。物流业发展到一定阶段必然会出现第三方物流,而且第三方物流的占有率与物流产业的水平之间有着非常紧密的相关性。西方国家的物流业实证分析证明,独立的第三方物流至少占社会的50%时,物流产业才能形成。所以,第三方物流的发展程度反映和体现着一个国家物流业发展的整体水平。

(2) 第三方物流的优势。

① 第三方物流可以帮助企业集中力量发展核心业务,提高企业竞争力。

随着外部市场环境的变化,企业的生产经营活动已变得越来越复杂。企业不仅要把大量的精力投入到生产经营活动中,还要处理纷繁复杂的人际关系。如果企业使用第三方物流,企业就可以避免直接与众多顾客打交道,能够实现资源优化配置,将有限的人力、物力集中于核心业务,进行重点研究,发展基本技术,努力开发出新产品参与行业竞争。

② 第三方物流可以帮助企业降低成本。

第三方物流公司可以使企业不再保有仓库、车辆等物流设施,对物流信息系统的投资也可转嫁给第三方物流企业,从而减少了运营物流的成本;还可以减少直接从事物流的人员,从而削减工资支出;可以降低存货水平,削减存储成本;通过第三方物流企业配送渠道,可大大提高运输效率,减少运输费用等。因此,使用第三方物流可以帮助企业降低成本。

③ 第三方物流可以减少企业的库存,帮助企业降低风险。

如果企业自营物流,就要面临投资的风险和存货的风险。如果企业使用第三方物流,企业就将投资风险转嫁给了物流公司,从而可以规避投资风险。同时,为了及时对顾客订货作出反应,防止缺货和快速交货,企业必须提高库存量。存货不仅占用了企业大量资金,还有贬值的风险。第三方物流企业的专业化配送加快了存货的流动速度,减少了企业的库存量,从而减少企业的库存风险。

④ 第三方物流可以提高企业的服务水平和质量,提升企业形象。

服务水平和质量是企业能否成功的关键。第三方物流企业的信息网络能加快对顾客订货的反应能力,加快订单处理,缩短从订货到交货的时间,提高顾客的满意度;产品的售后服务、送货上门、退货处理、废品回收等也可以由第三方物流企业完成,保证企业为顾客提供稳定、可靠的高水平服务,帮助企业改进服务,树立自己的品牌形象。

(3) 第四方物流。

① 第四方物流的含义。

第四方物流(fourth party logistics,4PL)是一个供应链的集成商,它对公司内部和具有互补性的服务供应商所拥有的不同资源、能力和技术能进行整合和管理,并提供一整套供应链解决方案。第四方物流不是物流的利益方,而是通过拥有的信息技术、整合能力以及其他资源提供一套完整的供应链解决方案,以此获取一定的利润。它是帮助企业实现降低成本和有效整合资源,并且依靠优秀的第三方物流供应商、技术供应商、管理咨询以及其他增值服务商,为客户提供独特的和广泛的供应链解决方案。

② 第四方物流与第三方物流的区别。

第四方物流是在第三方物流的基础上发展起来的,第四方物流提供的方案必须依靠第三方物流的实际运作来实现;第四方物流与第三方物流相比,其服务的内容更多,覆盖的地区更广,对从事货运物流服务的公司要求更高,要求它们必须开拓新的服务领域,提供更多的增值服务。第四方物流的优越性使它能保证产品得以"更快、更好、更廉"地送到需求者手中。

第三方物流和第四方物流的显著区别在于：第四方物流偏重于通过对整个供应链的优化和集成来降低企业的运行成本，而第三方物流则偏重于通过对物流运作和物流资产的外部化来降低企业的投资和成本。也就是说，第三方物流提供的是实质性的具体的物流运作服务，但其本身的技术并不高，而第四方物流提供的是最新的信息技术，为客户提供的是技术增值服务。

需要说明的是，第四方物流的概念和功能还在逐步地探索中，目前，在国内还没有一家真正意义上的第四方物流企业。淘宝的"大物流计划"正在进行该领域的探索与实践，能否成功，让我们拭目以待。

案例7-3　　　　　淘宝大物流计划

2010年6月11日，淘宝网正式对外宣布，酝酿已久的淘宝大物流计划正式推出，其核心包含了淘宝物流宝平台（http://e56.taobao.com）、物流合作伙伴体系以及物流服务标准体系三大块内容。

其中，物流宝平台是通过API接口的全面开放，使物流服务商、淘宝卖家和外部商家以及各类电子商务网站均能借助物流宝平台实现订单交易信息、物流信息和商家自身ERP系统的全面信息打通，不再需要人工把数据信息导入导出，这一切都将实现电子化操作，后端物流管理系统的强大功能和线下物流配送体系的无缝对接将得以完全体现。

淘宝物流合作体系包括了七类合作伙伴，即提供物流园区建设、管理的基础设置投资者，提供流程、作业标准的服务提供商，提供运输、配送服务的运输、配送服务商，提供技术支持和数据接口的ISV管理软件服务商，提供各种包材、包装设计方案的包装材料供应商，提供加工、售后服务的流通加工服务提供商，以及提供流通融资服务的流通融资服务提供商。物流服务标准体系包括统一服务标准、统一合作伙伴流程、统一买家购买体验等。

淘宝希望实现线上平台与线下物流配送体系、前端平台展示与后端物流管理能力的全面对接，通过大物流计划全面打通淘宝内外部商家的数据信息通道和物流仓储配送渠道，提供整体物流解决方案，全面降低商家在物流方面投入的社会成本。

资料来源：http://news.163.com/。

7.3.2 电子商务物流的发展趋势

物流已经成为当代电子商务竞争的重要砝码。在电子商务时代,买家与卖家之间的销售方式发生了重大的转变,使物流配送成为一项极其重要的服务性的业务,促进了物流行业的兴起与发展,而在这个乱世的电子商务环境中,物流更是这个商务链中一个不可欠缺的重要环节。

通过分析当今的物流体系和电子商务环境,可以得出电子商务物流将会呈现如下发展趋势。

1. 多功能化

多功能化是现代物流的发展方向。在电子商务里,物流现在是向着集约化阶段发展、突破,而在这里体现的就是一体化的概念,一体化提供的是仓储和运输服务,还开展配货、配送和各种提高附加值的流通加工服务项目,还可以根据客户的要求提供特殊服务,中心就是客户,以服务客户为标准。

2. 服务柔性化

服务柔性化是现代物流的追求。在电子商务环境下,物流是介于供货方和购货方之间的第三方,以服务作为第一宗旨,随着消费者需求的多样化、个性化,物流需求呈现出小批量、多品种、高频次的特点,订货的周期变短,时间性强,物流需求的不确定性提高。物流柔性化就是要以顾客的物流需求为中心,对顾客的需求做出快速反应,及时调整物流作业,可以有效地控制物流成本。现代物流通过提供顾客所期望的服务,在积极追求自身交易扩大的同时,强调实现与竞争企业服务的差别化,努力提高顾客满意度。总之,无时无刻不在追求客户体验。

3. 信息化

信息化是现代物流的必由之路。在如今的电子商务时代,要提供最佳的服务,物流系统必须要有良好的信息处理和传输系统。物流信息化表现为物流信息的商品化、物流信息收集的数据库化和代码化、物流信息处理的电子化和计算机化、物流信息传递的标准化和适应化、物流信息存储的数字化等。

4. 国际化

国际化是现代物流竞争的趋势。现在,好多东西都在走国际化路线,物流也是这样,在这个经济全球化的世界里面,因为生产的国际化,加上出口,造成在这个世界里面根本没有时间与空间的限制。淘宝在全球化上做得比较成功。

5. 手段现代化

手段现代化是现代物流的物质保证。在现代物流活动中,广泛使用先进的运输、仓储、装卸、搬运、包装以及流通加工等手段。运输手段的大型化、高速化、专用化；装卸搬运机械的自动化、智能化；包装的单位化；仓库的立体化、自动化以及信息处理和传输的计算机化、电子化、网络化等。

6. 绿色化

绿色化是现代物流的形象。物流还需要考虑的一点就是对环境的保护问题，需要从环境的角度对物流体系进行改进，即需要形成一个环境共生型的物流管理系统，这个也是从可持续发展的角度来考虑的，改变原来发展与物流、消费生活与物流的单向作用关系，在抑制物流对环境造成危害的同时，能够形成一个促进经济与消费健康发展的物流系统，即向绿色物流的转变。这个角度是从长远和谐的角度，虽然在这个利益化的环境中不是那么的理想，但还是需要我们去遵循，绿色化是未来的一个趋势，而且是必经之路。

本 章 小 结

电子商务中的任何一笔交易，都包含着四种基本的"流"，即信息流、商流、资金流和物流。信息流、商流、资金流和物流是电子商务商品流通过程中的四大组成部分，由这"四流"构成了一个完整的流通过程。物流是物品从供应地到接收地的实体流动过程，根据实际需要，将运输、储存、装卸、搬运、包装、流通加工、配送、信息处理等基本功能实施有机地结合。电子商务物流是以计算机网络技术进行物流运作与管理，实现企业间物流资源共享和优化配置的物流方式。电子商务物流信息是反映物流中运输、仓储、包装、装卸、搬运、流通加工等活动中相关知识、资料、图像、文件的总称。常用的电子商务物流信息技术主要有条码技术、射频技术、POS、GPS等。物流联盟为了达到比单独从事物流活动取得更好的效果，在企业间形成了相互信任、共担风险、共享收益的物流伙伴关系。

电子商务物流选择最普遍的是第三方物流模式。第三方物流是指由物流劳务的供方、需方之外的第三方去完成物流服务的物流运作方式。第三方物流的发展程度反映和体现着一个国家物流业发展的整体水平。第四方物流是在第三方物流的基础上发展起来的，第四方物流提供的方案必须依靠第三方物流的实际运作来实现；第四方物流与第三方物流相比，其服务的内容更多，覆盖的地区更广，对从事货运物流服务的公司要求更高，要求它们必须开拓新的服务领域，提供更多的增值服务。第四方物流偏重于通过对整个供应链的优化和集成来降低企业的运行成本，而第三方物流则偏重于通过对物流运作和物流资产的外部化来降低企业的投资和成本。也就是说，第三方物流提供的是实质性的具体的物流运作服务，但其本身的技术并不高，而第四方物流提供的是最新的信息技术,为客户提供的是技术增值服务。电子商务物流将会呈现多功能化、服务柔性化、国际化、手段现代化、绿色化的发展趋势。

复习与思考

1. 什么是物流？物流具有哪些功能？
2. 试述物流活动在电子商务中的地位与作用。
3. 在电子商务中,企业可以选择的物流运营方式有哪些？
4. 第三方物流与第四方物流的区别是什么？
5. 现代电子商务主要会使用到哪些物流信息技术？
6. 我国为什么要独立发展自己的卫星导航系统？

案例分析

沃尔玛物流技术的应用

沃尔玛(Wal-Mart Stores)是一家美国的世界性连锁企业,它由美国零售业的传奇人物山姆·沃尔顿先生于1962年在阿肯色州成立。经过四十多年的发展,沃尔玛公司已经成为美国最大的私人雇主和世界上最大的连锁零售企业。目前,沃尔玛在全球15个国家开设了超过8000家商场,下设53个品牌,员工总数有210多万,每周光临沃尔玛的顾客达2亿人次。

沃尔玛在全球的4000多家门店通过它的网络可在1小时之内对每种商品的库存、上架、销售量全部盘点一遍。整个公司的计算机网络配置在1977年完成,可处理工资发放、顾客信息和订货、发货、送货,并达成公司总部与各分店及配送中心之间的快速直接通信。

1979年,位于本顿威尔总部的第一个数据处理和通信中心建成,虽然面积只有1500平方米,但在整个公司实现了计算机网络化和24小时连续通信。先进的电子通信系统也让沃尔玛占尽了先机。在沃尔玛总部的信息中心,1.2万平方米的空间装满了电脑,仅服务器就有200多个。在公司的卫星通信室里看上一两分钟,就可以了解一天的销售情况,可以查到当天信用卡入账的总金额,可以查到任何区域或任何商店、任何商品的销售数量,并为每一商品保存长达65周的库存记录。

1981年,沃尔玛开始试验利用商品条码和电子扫描器实现存货自动控制。

在利用商品条码上,沃尔玛凭借自己的计算机网络通信系统又走在了其他零售商前面。采用商品条码可代替大量手工劳动,不仅缩短了顾客的结账时间,更便于利用计算机跟踪商品从进货到库存、配货、送货、上架、售出的全过程。据沃尔玛方面说,在对商品的整个处置过程中总计节约了60%的人工。

20世纪80年代,沃尔玛还开始利用电子数据交换系统(EDI)与供应商建立自动订货系统。到1990年,沃尔玛已与它的5 000余家供应商中的1 800家实现了电子数据交换,成为EDI技术的全美国最大用户。

到20世纪90年代初,沃尔玛在电脑和卫星通信系统上就已经投资了7亿美元,而它不过是一家纯利润只有2%—3%的折扣百货零售公司。

1983年,沃尔玛与休斯公司合作的花费2 400万美元的人造卫星发射升空。

到20世纪80年代末期,沃尔玛配送中心的运行完全实现了自动化。每个配送中心约10万平方米面积。每种商品都有条码,由十几公里长的传送带传送商品,由激光扫描器和电脑追踪每件商品的储存位置及运送情况。

到90年代,整个公司销售8万种商品,85%由这些配送中心供应,而竞争对手只有大约50%—65%的商品集中配送。

沃尔玛的送货车队也可能是美国最大的,沃尔玛通常为每家分店的送货频率是每天一次,而凯玛特平均5天一次。沃尔玛的5 000辆运输卡车全部装备了卫星定位系统。

1998年,沃尔玛在技术上的投入占到了销售额的0.5%,虽低于业内平均水平,但其规模仍达到6.5亿美元。沃尔玛公司90%以上的软件均由自己的1 000名专职开发人员编制,以使软件更适用于公司业务。

讨论题

1. 沃尔玛采取了哪些物流现代化措施才达到了高效率、低成本的目的?
2. 我们从中得到哪些启示?

8 移动电子商务

学完本章,你应该能够:
1. 理解移动电子商务的定义和特点;
2. 熟悉 WAP、移动 IP、移动定位技术、蓝牙、GPRS、3G;
3. 理解移动商务提供的服务;
4. 掌握移动电子商务的商务模式;
5. 了解移动电子商务的发展。

移动电子商务　无线应用协议　移动门户模型

8.1 移动电子商务的含义

近年来,移动通信技术、计算机技术、互联网技术和其他技术的快速发展为移动电子商务提供了技术基础,功能日益强大、性价比越来越高的移动通信终端的普及以及广泛的商业化为移动电子商务的发展创造了良好的环境,移动电子商务已成为全球发展最快的商务模式之一。

中国手机总用户数已超过 8 亿,中国互联网络信息中心(CNNIC)2012 发布的《第 30 次中国互联网络发展状况统计报告》指出,截至 2012 年 6 月底,中国手机网民用户已达到 3.88 亿,超过台式电脑的网民数。手机网民在总体网民中的比例进一步提高,用户规模增长较快,2012年上半年,手机网上购物用户达3 747万人,相比2011年下半年的2 347万人,半年规模增长59.7%,在网民中所占比例大幅提升。

庞大的数字蕴藏了多少商机?给人们的工作、生活带来了多少便利? 2003年、2004年人们都在讨论今后几年的设备是朝什么方向发展,例如,相机有无线功能,PDA可以上网,可电脑同步,手机有应用管理功能,有记事本等。最终这些功能都逐步汇集到手机的终端平台上来,成为今天我们移动电子商务的行业基础。2008年,淘宝就开通了手机版淘宝网页,随后当当、卓越亚马逊、京东商城、麦考林、凡客诚品等网上商城先后有了手机版网页,企业对消费者注意力的争夺已从传统的大屏幕向小屏幕转移,手机网民较传统互联网网民增幅更大,成为拉动中国总体网民规模攀升的主要动力,移动互联网展现出巨大的发展潜力。

案例8-1　　移动电子商务成"二次突破"重要领地

苹果的iPhone和iPad彻底改变移动应用方式,加上移动支付业务日趋成熟,移动应用令电商垂涎十分。淘宝网日前宣布,2011年为淘宝开放年,将在卖家、买家业务、无线和物流等领域全面深度开放,引入第三方开放者、企业和服务商,共同推进电子商务生态圈高速健康发展。

可以说,无线淘宝开放平台的推出,既是大淘宝移动互联网新蓝海扩容的战略方向彰显,更是当下日益爆发的移动生活趋势的呼应。在此前,凡客诚品正式对外宣布推出手机凡客网和手机客户端产品。凡客诚品相关负责人表示,布局移动电子商务是凡客诚品2011年的一项重大部署,旨在挖掘移动互联网市场,进一步拓展和延伸用户,全面实现其跨平台服务战略。

另外,国内B2C巨头之一京东商城于2月17日正式发布了苹果iPhone手机客户端软件,除了实现下单、查询等常用功能,还能实现线下与线上的比价功能。据了解,老牌电子商务公司当当网、卓越亚马逊网也早已布局无线电子商务。卓越亚马逊网总裁王汉华表示,2011年,电子商务公司主拼移动应用。目前,卓越亚马逊已对移动购物作了充足的技术储备和试点。

由此可见,需求"二次突破",移动应用已经成为电子商务巨头们在2011年的必争之地。

资料来源:《通信信息报》,2011年3月3日。

8.1.1 移动电子商务的定义

移动电子商务(mobile commerce,简写为 M-commerce)就是利用手机、PDA 及掌上电脑等无线通信设备进行的电子商务。移动电子商务由电子商务(E-commerce)的概念衍生而来。传统的电子商务是主要基于台式机的有线的电子商务,而移动电子商务是基于手机、PDA 等无线终端,由于其在近些年的高速发展及其商务模式和技术与传统电子商务的显著不同而被独立出来,可以将移动电子商务理解为 M-commerce＝E-commerce＋mobile,它既是电子商务的发展和外延,也是互联网与移动通信技术和业务融合的产物。移动电子商务突破了传统电子商务的局限,更加便捷、高效地提供随时随地的贴身服务,有着极其广阔的市场前景。

8.1.2 移动电子商务的特点

移动电子商务是对传统电子商务的拓展和延伸,为用户提供了更方便灵活和人性化的服务。传统商务、电子商务、移动商务三者的区别比较可见表 8-1。

表 8-1 传统商务、电子商务、移动电子商务比较

	传统商务	电子商务	移动电子商务
位置	固定	固定	可移动,且提供与位置相关的服务
时间	受限,一般为工作日	无时间限制,7 天 * 24 小时	无时间限制,7 天 * 24 小时,且便于解决紧急情况下随时上网
范围	面向本地	面向全球	本地/远程
个体	身份可鉴别,服务并非针对个人	身份不可识别	身份可鉴别,个性化服务
成本	高	低	低

与传统电子商务相比,移动电子商务具有以下特点。

1. 便捷性

移动电子商务可以提供"随时随地"的服务。传统电子商务的应用与发展已使人们体会到电子商务的便捷与高效,但台式电脑毕竟携带不便,而移动电子商

务恰好弥补了传统电子商务的不足,消除了时间和地域的限制,无论何时、无论何地都可以进行商务活动。

2. 个性化

移动终端设备通常为私人物品,用户可以根据个人的喜好和需要定制服务和进行商务活动,并且根据需要配置和安装自己的移动终端软件,将其内置在个人的移动设备中,如定制股票信息,打开特定格式的文件等。

3. 更广泛的用户基础

无论是发达国家还是发展中国家,移动电话的普及率都远高于电脑,并且还有数量众多的 PDA 等移动终端。2008 年,全球通过手持终端上网的人数就已经超过了通过 PC 机的上网人数,移动终端是个人通信的最方便、高效的工具。从数量上看,中国的移动电话用户已位列全球之最,其潜在用户的规模之大也是传统商务所望尘莫及的。从付费意识上看,普通互联网用户付费意识较弱,而移动互联网用户已经形成了一定的付费意识。

4. 较好的身份认证基础

由于以移动电话为代表的移动终端具备了内置认证特征,手机的 SIM 卡上存储了用户信息,这些信息可以唯一确定用户身份,对移动电子商务而言,也就有了身份认证的基础。

8.1.3 移动电子商务提供的服务

移动电子商务自诞生以来受到业界和普通用户的广泛关注,其主要原因之一就是它提供的各项服务不断地推动市场发展。移动电子商务的应用领域非常广泛,目前,移动电子商务主要提供包括以下内容的服务。

1. 银行业务

移动电子商务使用户能随时随地地在网上安全地进行个人财务管理,进一步完善互联网银行体系。用户可以使用其移动终端核查账户、支付账单、进行转账以及接收付款通知等。

2. 移动股市

移动电子商务具有即时性,非常适用于股票等交易应用。移动设备可用于接收实时财务新闻和信息,也可确认订单并安全地在线管理股票交易。

3. 移动票务

通过互联网预订机票、车票或入场券已非常普遍,例如,通过携程、淘宝、去哪儿等网站在线搜索信息和订购机票已成为时下订机票的主流,并不断地有网站开拓此项业务,票务市场已进入在线票务时代。移动电子商务使用户能在票价优惠或航班取消时立即得到通知，也可用来支付票费或在旅行途中临时更改航班或车次。通过使用无线终端设备，用户可随时浏览电影片花和阅读评论，并根据需要订购附近折扣力度大的影院的电影票。

4．移动购物

由于用户能够通过随身携带的移动通信设备随时随地地进行网上购物，即兴购物会是一大增长点，如订购鲜花、礼物、快餐等。

案例 8-2　　手机淘宝单笔订单最高金额达到 22 万元

随着智能手机的普及，以 iOS 系统领衔的高端智能手机为用户带来全新的移动购物体验。手机淘宝购物随时随地，便捷又安全，成为果粉们首选的移动购物平台，而手机淘宝平台背后的近十亿在线商品，也满足了从高端到低端的所有用户的需求。数据显示，2011 年，通过手机淘宝 iPhone 客户端购买的单笔最高金额出自珠宝/钻石/翡翠/黄金类目，价格达到 22.5 万元。而名牌手表和箱包也不乏高端买主，单笔最高金额分别达到 19.6 万元和 16.8 万元。从排名前三的这组数据可以看出，移动购物已经成为值得用户喜爱和信赖的消费渠道。

2012 年，移动购物成为移动互联网领域的主流应用，更多的移动电子商务应用和更为丰富优异的购物体验会陆续呈现到消费者面前。

资料来源：小熊在线，2012 年 2 月。

5．移动娱乐

I-mode 的统计数据表明，娱乐是目前移动商务所有应用中最成功、利润最丰厚的业务。移动终端设备本身就提供一系列的娱乐，通过移动设备上网，更可以得到丰富多彩的娱乐服务。如听音乐、订购和下载特定曲目、笑话定制、在线游戏等。

6．移动信息服务

信息在全球化、信息化时代的价值凸显，移动电子商务提供各种信息服务。提供信息服务的方式主要有短信（SMS）或者彩信（MMS）的移动信息服务以及通过 WAP 等应用协议的信息服务。

7．基于位置的服务

基于位置的服务（location-based services，LBS）或移动位置服务（mobile location services，MLS）主要指利用与地理位置相关的信息向用户提供增值服务的商务应用。如本地天气预报定制、新闻定制、获得所在地旅馆信息等。LBS在国外已有较好的发展和不少成功先例,在国内也已经度过了发展的初期阶段并表现出良好的发展势头。随着 3G 的应用和推广,定位业务也将是运营商推出的重点增值业务之一,其广阔的市场前景已经引起了移动运营商、服务提供商以及制造商的广泛关注。

8. 企业运作的移动商务支持

移动电子商务可辅助企业进行移动商务。通过无线网络进行广告宣传、处理订单、查询当前库存、回复邮件、安排会议等。

移动电子商务使企业建立移动信息化平台成为可能(见图 8-1)。通过建立在移动信息化平台上的移动电子商务应用,可以在货场、运输过程、商场随时获取产品信息(产品数量、库存、销售情况等)。这些信息通过移动设备传送到管理中心,进行数据存储和分析,并与企业的其他系统(如 ERP、CRM、MIS、SCM 等)进行数据交换。

全球化、信息时代的到来使员工的工作环境发生着巨大的变革,员工的移动性显著增加,移动电子商务对企业运作的商务支持的重要性也将日益增加。

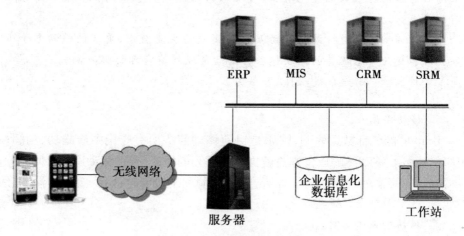

图 8-1 企业移动信息化平台

随着移动电子商务发展环境的不断成熟,各种新的移动电子商务服务内容将不断充实,新的服务形式也将不断涌现。

8.2 移动电子商务的技术实现

 实现移动电子商务的主要技术是什么？

由于移动电子商务需要无线移动设备和无线通信技术的支持,用于支持移动终端进行移动电子商务的技术也与一般的电子商务不同,无线应用协议、通用分组无线业务、移动IP技术、蓝牙技术、移动定位系统、第三代移动通信技术等是实现移动电子商务的关键技术。

1. 无线应用协议(WAP)

无线应用协议(Wireless Application Protocol,WAP)是在数字移动电话、Internet或PDA、计算机应用之间进行通信的全球开放标准,是开展移动电子商务的核心技术之一。1997年6月,Phone.com、诺基亚、爱立信与摩托罗拉合作建立了WAP论坛,目的是在移动通信中使用Internet业务定制统一的应用标准,将Internet的大量信息及各种业务引入到移动电话、Palm等无线终端之中。WAP论坛成立后,受到业界的广泛关注,全球最主要的电信运营公司、电信设备制造商和软件供应商纷纷加入成为其论坛成员。WAP的诞生正是WAP论坛成员多年共同努力的结果。

WAP通信协议是基于在移动中接入Internet的需要而提供的一套开放、统一的技术平台,用户使用无线通信设备很容易访问和获取以统一的内容格式表示的Internet或企业内部网信息和各种服务。它定义了一套软硬件的借口,可以使人们像使用计算机一样使用移动电话收发电子邮件以及浏览Internet。同时,WAP提供了一种应用开发和运行环境,能够支持当前最流行的嵌入式操作系统。WAP可以支持包括移动电话、PDA、FLEX寻呼机、双向无线电通信设备等目前使用的绝大多数无线设备。在传输网络上,WAP也可以支持目前的各种移动网络,如GSM、CDMA、PHS等,也可以支持第三代移动通信系统。目前,许多电信公司已经推出了多种WAP产品,包括WAP网关、应用开发工具和WAP手机,向用户提供网上资讯、机票订购、移动银行、游戏、购物等服务。WAP应用需要较高的无线通信带宽,之前宽带问题一直是WAP发展的主要局限,但随着3G的发展和推广,带宽问题已逐渐解决,WAP的发展也迎来了良好的契机。

WAP实现了移动通信和数据通信系统的完美结合,使移动用户可以不受网络种类、网络结构、运营商的承载业务以及终端设备的限制,充分利用移动终端随时随地接入Internet和企业内部网,为高速发展的移动通信带来无限活力和广阔的发展空间。

2. 移动IP技术

移动IP技术通过在网络层改变IP协议从而实现移动计算机在Internet中的无缝漫游。移动IP技术使节点从一条链路切换到另一条链路上时无需改变它的IP地址,也不必中断正在进行的通信。移动IP技术是移动节点以固定的网络IP地址实现跨越不同网段的漫游功能,并保证基于网络IP的网络权限在漫游过程中不发生任何改变,实现数据的无缝和不间断地传输。简单地讲,就是能让网络节点在移动的同时不断开连接,并且还能正确收发数据包。

移动IP技术为移动节点提供了一个高质量的实现技术,可应用于用户需要经常移动的所有领域。移动主机通过截获归属代理和外地代理广播的代理广播消息来确定自己所处的位置。当它连在归属链路上时,移动主机就可像固定主机一样工作。如果移动主机移动到外地链路上,它可以向归属代理注册它得到的转交地址,然后由归属代理根据移动主机注册的转交地址,通过隧道技术将数据包传送到移动主机。

移动IP是移动通信技术与IP技术的深层融合,在一定程度上能够很好地支持移动电子商务的应用,它将真正实现语音与数据的业务融合。移动通信的IP化进程将分为三个阶段:一是移动业务的IP化;二是移动网络的分组化演进;三是在第三代移动通信系统中实现全IP化。

3. 蓝牙(bluetooth)技术

蓝牙(bluetooth)是由爱立信、IBM、诺基亚、英特尔和东芝共同推出的一项短程无线连接标准,旨在取代有线连接和实现数字设备间的无线互联,以便确保大多数常见的计算机和通信设备之间方便地通信。蓝牙作为一种低成本、低功率、小范围的无线通信技术,可以使移动电话、个人电脑、PDA、便携式电脑、打印机及其他计算机设备在短距离内无须线缆即可进行通信。

蓝牙是无线数据和语音传输的开放式标准,它将各种通信设备、计算机及其终端设备、各种数字数据系统,甚至家用电器通过无线方式连接起来。它的传输距离为0.1—10米,如果增加功率或是加上某些外设便可达到100米的传输距离。整个蓝牙协议结构简单,使用重传机制来保证链路的可靠性,在基带、链路管理和应用层中还可实行分级的多种安全机制,并且通过调频技术可以消除网络环境中来自其他无线设备的干扰。由于蓝牙采用无线接口来代替有线电缆连接,具有很强的移植性,并且适用于多种场合,加上该技术功耗低、对人体危害小、应用简单、容易实现,所以,非常易于推广。

蓝牙技术的应用范围较广,由于蓝牙协议的各种应用都能保证其安装和操作简单易用,并具有高效的安全机制和完全的互操作性,可实现随时随地地通信,所以,蓝牙技术在很多领域都得到迅速发展,如移动办公、汽车工业、信息家电、医疗设备、电子商务、Internet 接入服务。

4. 通用分组无线业务(GPRS)

通用分组无线业务(General Packet Radio Service,GPRS)是一种基于 GSM(Global System for Mobile Communications,全球移动通信系统,俗称全球通)制式下的无线广域网技术,是一项高速数据处理技术,属于 2.5 代移动通信系统,可快速接入数据网络,传输速率可达到 115Kb/s。GPRS 在移动终端和网络之间实现了永远在线的连接,而且充分利用频谱资源,多个用户可同时接入一个业务信道,网络容量只有在实际进行传输时才被占用。GPRS 是第一个实现移动互联网即时接入的标准,在普通 GSM 网络的传统电路交换中增加了分组交换数据功能,数据被分割成数据包而不断地以稳定的数据流进行传输,移动设备用户保持与服务器的虚拟连接,提升了 GSM 的速率,突破了 GSM 网只能提供电路交换的局限。

GPRS 允许用户所有时间都在线,根据实际传送的分组数据付费,通信费用取决于用户的数据流量而不是连接时间。除为用户提供端到端的分组交换外,GPRS 还能够在小型办公室内为用户提供无线局域网的通信能力。由于其呼叫建立时间短,速率相当于 GSM 的 10 倍,可以稳定地传送大容量的、高质量的音频和视频文件,适用于突发性业务、频繁传送小数据量业务或非频繁传送大数据量业务。

5. 移动定位系统

移动电子商务的主要应用领域之一就是基于位置的业务,定位服务一直被认为是移动增值业务的一个亮点。运营商可以利用自己的移动网络资源,结合短信息服务系统、全球定位系统(Global Positioning System,GPS)和地理信息服务系统与内容和业务提供商合作,为个人和集团客户随时随地提供各种基于位置查询的移动定位应用服务,如向旅游者和外出办公的公司员工提供当地新闻、天气及旅馆等信息。这项技术将会为本地旅游业、零售业、娱乐业和餐饮业的发展带来巨大商机。

在移动商务应用环境下,GPS 与 GSM 和 CDMA 的结合已成为全球通信导航界关注的焦点,由此将形成大量的新应用、新产品,成为移动商务多样化应用必不可少的基础实现设施。与此同时,卫星导航技术与通信、遥感和大众消费产品的相互融合将会开发出大量的新产品和新服务,从而不断深化移动电子商务的应用。

6. 第三代(3G)移动通信系统

1985年,国际电信联盟(ITU)提出了第三代(Third Generation,3G)移动通信系统的概念,是指将无线通信与互联网等多媒体通信相结合的新一代移动通信系统。第三代移动通信系统的目标是:让世界范围内的设计保持高度一致性;与固定网络的各种业务相互兼容;提供高质量的服务;使全球范围内更容易使用小终端;具有全球漫游功能,支持多媒体功能和广泛的终端业务。

相对于第一代模拟制式手机(First Generation,1G)和第二代GSM、时分多址(Time Division Multiple Access,TDMA)等数字手机(Second Generation,2G),第三代手机是将无线通信与Internet等多媒体通信结合的新一代移动通信系统。3G区别于1G和2G通信系统的主要特点包括全球普及和全球无缝漫游、支持图像、音乐和视频等多媒体业务(特别是支持Internet业务)、频谱利用率高、覆盖范围广、稳定性好、高服务质量、低成本、高保密性等。3G作为宽带移动通信,将手机变为集语音、图像、数据传输等诸多应用于一体的通信终端,这将进一步促进全方位的移动电子商务得以实现和广泛地开展。

3G之后的4G可称为宽带接入和分布网络,具有非对称的超过2Mb/s的数据传输能力。它包括宽带无线固定接入,宽带无线局域网,移动宽带系统和交互式广播网络。在业务、功能、频带上都与第三代系统不同,将在不同的固定和无线平台及跨越不同频带的网络运行中提供无线服务,可将上网速度提高到3G的50倍以上,可实现三维图像高质量传输。

案例8-3   AT&T拓展3G移动宽带网络

美国电话电报公司(AT&T)今天宣布,其第三代(3G)移动宽带网络已拓展至新罕布什尔州,从而为希尔斯伯勒县以及罗金厄姆县等地区客户打开了移动服务、设备和多功能音频和视频内容的新纪元。

新罕布什尔州资源和经济发展部宽带技术总监Carol Miller表示:"AT&T在我州的3G投资将帮助保证新罕布什尔州居民和企业获得先进的无线服务,帮助他们与工作、家人和朋友保持连接。通过他们在新罕布什尔州的不断投资,AT&T正在增强我们的核心宽带技术,保持我们具有竞争力的商业友好型定位。"

近期这次新罕布什尔州的投资是 AT&T 2010 年在全美促进创新和拓展 3G 无线网络计划的第一阶段。根据独立测试，AT&T 的 3G 无线网络是全美最快的网络。这次网络拓展也是 AT&T 建立宽带网络、促动经济增长和创造就业岗位,并使客户快速获取对他们而言最重要内容、应用和服务的不断投资的一部分。

AT&T 新英格兰地区副总裁兼总经理 Steve Krom 说:"不管是在路上通过电话、上网本还是其他移动设备与好友分享视频和图片、看电影、查看最新得分或听音乐,无线宽带需求都在增长。随着这次拓展,我们的客户能凭借新兴设备和数万种移动应用继续走在移动宽带的最前沿。"

AT&T 近期完成了其全美 3G 基站的软件升级,该计划旨在使美国最快的 3G 网络变得更快。高速分组接入(HSPA)7.2 技术的部署是 AT&T 旨在为客户提供当今和未来先进移动宽带体验的多元网络提升战略计划中的第一项。随着 AT&T 在基站高速回程连接的更多部署中结合新技术(主要为光纤技术),今年与 2011 年预计将获得更快的 3G 速度。

AT&T 的 3G 移动宽带网络基于第三代合作伙伴计划(3GPP)的系列技术,其中包括全球最为开放和广泛使用的无线网络平台 GSM 和 UMTS。AT&T 拥有所有美国无线供应商中最佳的 AT&T 国际覆盖率,在超过 220 个国家和地区提供语音服务,在超过 190 个国家和地区提供数据服务。AT&T 还提供 130 艘大型游轮上的 3G 语音和数据漫游覆盖服务以及 115 个国家和地区的 3G 服务。

资料来源：财讯网,2010 年 3 月 9 日。

8.3 移动电子商务的商务模式

 移动电子商务价值链有哪些参与者?

移动电子商务是电子商务继互联网时代后社会进入移动信息时代的产物,更是适应现实环境与需求的产物。这种新型的沟通和商务模式与传统基于互联网的电子商务有着很大的不同,代表着网络时代商务模式发展的方向。

1. 价值链的概念

价值链的概念最早由迈克尔·波特(Michael Porter)在其所著的《竞争优势》一书中提出,他认为"每一个企业都是在设计、生产、营销、发送和辅助其产品的过程中进行种种活动的集合体。所有这些活动都可以用价值链表示出来。一定水平的价值链是企业在一个特定产业内的各种活动的组合"。并认为一个企业最核心的竞争优势在于对价值链的设计,价值链传递的过程也就是产品不断增值的过程。

事实上,价值链是指一群互相合作以满足市场需求的公司集合。一般而言,价值链包含了一个或几个基本的价值(产品或服务)供应商以及很多其他为产品和服务增值的供应商,使最终呈现给购买者的产品具备所有的价值。这些互不相同但又相互关联的生产经营活动,构成了一个创造价值的动态过程,即价值链。

2. 移动电子商务的价值链

现代社会交易过程的复杂化使贸易的完成不仅需要供需两方的参与,还涉及其他多方企业,从而形成产业价值链。信息技术的发展打破了企业、行业发展的界限,使不同行业融合发展,共同参与到某一商务交易活动中。企业的价值增长不再单纯地取决于企业自身或某一方,而是需要处于价值链不同环节的企业或个人协调努力,实现多方共赢。

在移动电子商务交易活动中,所有的价值链参与者都基于移动商务平台参与交易活动。因此,移动电子商务的价值链可以定义为由移动网络运营商、内容及服务应用提供商、支付服务机构、物流公司、移动终端制造商等共同打造的一个创造价值的动态过程。移动电子商务价值链参与者的功能如表8-2所示。

表8-2 移动电子商务价值链参与者的功能

参与者	功能
移动用户(user)	价值链参与者的利润来源。移动用户位置不固定,随时移动,用户接收商品或服务因为时间、地点,以及使用终端等情况的不同而不同
移动网络运营商(OP, operating provider)	为移动用户提供各种通信业务,实现对运营商网络(包括对其他运营商网络和互联网)的接入,也提供各种网络相关的业务,如位置信息、用户身份认证等,如中国电信、中国移动、中国联通
内容提供商(CP, content provider)	拥有内容的版权,是信息创造的源头。提供相关的数据和信息产品(新闻、音乐、位置信息等)并通过移动网络实现分发,如新浪、网易等

续表

参与者	功能
服务提供商 (SP, service provider)	提供移动应用和相关平台(如中间件、应用服务器等),如上海灵通、TOM、移动IM平台等
支付服务机构 (payment service organization)	为移动用户提供移动支付方法或移动支付平台等,如上海捷银、联动优势等
物流公司 (logistics corporation)	提供有形产品的物流配送,如申通快递、顺丰快递等
终端设备制造商 (terminal device manufacturer)	负责开发、制造、提供移动终端设备。如诺基亚、爱立信等

在一般的电子商务环境中,网络运营商的作用是提供网络接入,是仅仅作为一种接入手段,为客户、服务应用提供商、金融机构、商业机构之间提供了"网络"这个桥梁。电子商务网站提供的业务不受运营商控制,运营商得到的仅仅是用来完成整个业务流程的上网费用,而服务费用全被服务应用提供商获取。因此,在一般的电子商务价值链中占主导地位的是服务应用提供商。

在移动电子商务环境中,移动网络运营商维护着移动用户的个人数据,能方便地得到用户的位置信息,同时也为用户建立了各种计费方式。其拥有的客户资源使它拥有用户的所有权和连接权,其他环节的企业不得不通过移动网络运营商向用户提供服务。因此,移动网络运营商成为在移动电子商务价值链中占主导地位的一方。

在整个移动电子商务价值链上,所有的参与者所获得的利润都来自移动用户。每个参与者都想在整个移动电子商务中起主导作用,从而控制整个价值链。但移动运营商凭借其客户资源、品牌优势和网络实力在价值链上处于主导地位。

需要说明的是,SP是在移动网内运营增值业务的社会合作单位,针对不同的用户需求提供个性化、多样化服务。在我国移动通信市场,CP和SP的分工并不明确,两者之间的界限比较模糊,通常判断的标准是内容加载权、定价权、计费权、广告推广权。如果主控在社会合作单位里,它就是SP,如果主控在运营商手里,那社会合作单位就是CP。此外,政府部门等虽不直接参与交易,事实上也是移动商务价值链的参与者。

3. 基于价值链的移动电子商务模式

移动电子商务商业模型是由移动电子商务价值链的参与者相互联系而形成的。因此,大多数移动电子商务商业模型可以与移动电子商务交易的参与者使用相同的名称,如内容提供商模型、移动商业门户模型等。

(1) 内容提供商模型。这种商业模型的原型是路透社、交通新闻提供者和股票信息提供者等。采用这种商业模型的企业通过向移动用户提供交通信息、股票交易信息等内容达到营利的目的,企业可能通过移动门户或直接向移动用户提供内容服务。此外,较小的公司或个人在开发适合移动终端设备使用的内容时,可以采用这种商业模型。

(2) 移动门户模型。即企业向移动用户提供个性化的基于位置的服务。该模型的显著特征是企业提供个性化和本地化的信息服务。本地化意味着移动门户向移动用户提供的信息服务应该与用户的当前位置直接相关,如宾馆预订、最近的加油站位置查询等;个性化则要求移动门户考虑包括移动用户当前位置在内的所有与用户相关的信息,如用户简介、兴趣爱好、过去的消费行为等。移动门户可以与固定的互联网门户相提并论,如新浪、搜狐等。此外,日本的 NTT DoCoMo 也是移动门户中进行成功商业运作的先驱之一。

(3) WAP 网关提供商模型。该模型可以看作是 Internet 电子商务中应用程序服务提供商(ASP)模型的一个特例。在该模型中,企业向不想在 WAP 网关方面投资的企业提供 WAP 网关服务,其收益取决于双方所签订的服务协议。

(4) 服务提供商模型。企业直接或通过其他渠道向移动用户提供服务,其他渠道可能是移动门户、WAP 网关提供商或移动网络运营商。而企业所能提供的服务取决于其从内容提供商处可以获得的内容。

上述参与者和商业模型加上 Internet 电子商务中的参与者和商业模型(如支付服务提供商、金融机构)结合起来,构成了复杂的移动电子商务商业模型。每个参与者为了采用收益率最高的商业模型,必须考虑商业模型的核心竞争力以及移动电子商务环境的特征等因素。好的商业模型所提供的服务,应该使用户、商家和服务提供商等价值链的参与者均能够通过移动电子商务活动增加自身的价值,实现最佳产出(或价值创造),持续营利。

8.4 移动电子商务的发展

移动电子商务的发展状况怎样?

8.4.1 全球移动电子商务市场的发展

手机用户的迅速扩张为移动商务创造了良好的用户基础;移动通信技术的

发展成熟为移动商务提供了必须的技术支持;全球经济一体化的快速发展为移动电子商务奠定了易于发展的商业基础。全球性的移动电子商务正悄然渗透到人们的工作和生活空间。

  日本一直走在移动电子商务的前端,也是率先启动3G商用的国家之一,移动电子商务已经得到了长足的发展。在日本,手机邮件、手机资讯、手机广告、手机搜索、手机支付、移动互联网性格测试、天气预报等应用十分广泛,这些非语音业务在增值业务收入中所占的比例早就超过了手机通话相关的语音业务,移动电子商务应用已经深入生活、消费和商务的各个流程当中。日本最大的移动服务提供商NTT DoCoMo公司是日本移动通信行业的领导者,拥有覆盖全国的通信网络,提供多种多样的领先移动多媒体服务,拥有超过1 300万用户,用户可以通过它的服务连接到世界上7 000多个网站。早在1999年推出的广受欢迎的I-mode移动互联网络服务已经成为移动商务的佳话。这项无线服务在1999年和2000年迅速席卷了日本市场。用户只要在手机上按几个按钮,就可以参与各种移动商务活动,如订购机票、进行股票交易、预定卡拉OK包厢等。

  韩国的移动电子商务是全球最发达的地区之一。韩国的网络覆盖率高,三家大运营商地位强势,三家运营商目前互相之间更多的是错锋竞争。韩国政府一贯大力支持信息产业的发展,其良好的市场环境、产业链上下游各方的紧密合作使其移动电子商务产业得以蓬勃发展。2001年,SKT就推出了名为MONETA的移动支付业务品牌,该业务用户可以获得具有信用卡功能的手机智能卡,用户可以在商场用手机进行结算,在内置有红外线端口的ATM上提取现金,在自动售货机上买饮料,还可以用手机支付地铁等交通费用。自2002年韩国移动运营商把CDMA网络全面升级到CDMA2000 1x EV-DO以来,移动互联网的发展更是突飞猛进,SKT和KTF分别推出了包括一系列高端移动多媒体应用和下载服务在内的移动互联网业务。

  欧洲的移动电子商务发展迅速,掌握着移动电子商务的最新技术。欧洲移动商务企业在将服务推向市场时,在技术研发和标准制定上花费了巨大的精力。欧洲运营商之间的竞争非常激烈,不像日本和中国,长期被三两家大的运营商占领了绝大多数市场。欧洲运营商之间的激烈竞争一方面在技术使用、标准制定等方面都会有不小的争论,另一方面也积极推动了市场的发展。由于欧洲本身就具有良好的客户基础和技术条件,在移动电子商务领域也一直不断地稳步发展,仅在移动支付领域,就已经有几十种移动支付项目,法国布尔电信等移动运营商已使用近距离无线通讯技术在尼斯试验非接触式移动支付业务。

  各国应用侧重点有所差别。日韩以商务购物娱乐为主;欧美以邮箱资讯为主;中国目前呈现出以手机阅读资讯娱乐为主。在日本、韩国和西方发达国家,移动电子商务应用已经深入人们的生活、消费以及商务的各个流程当中,并且成为必不可少的一部分。

8.4.2 移动电子商务发展中面临的挑战

移动电子商务作为一种新兴的商务模式,虽然发展速度十分迅速,但并不代表它已经拥有非常完美的发展条件,仍有一些问题需要持续改进和不断发展成熟,我国的移动电子商务发展仍面临挑战。

1. 安全问题

与传统的电子商务相比,移动电子商务更容易遭受攻击。无线通信网络不像有线网络那样受地理环境和通信电缆的限制,因而可以实现开放性的通信。无线信道是个开放的信道,在给无线用户带来通信自由和灵活性的同时,也带来了不安全的因素,常见的攻击有无线窃听、假冒攻击、信息篡改、重传攻击等。保障移动电子商务的安全,需要从管理、法律和技术三方面综合考虑,制定相关的管理措施、法律法规和技术标准。

2. 移动通信技术的限制

移动通信技术的快速发展为移动电子商务提供了良好的发展前景,但移动通信网络本身的局限依然影响移动通信业务的开展。主要的局限有无线信道资源短缺、带宽小、成本较高、无线传输干扰导致数据丢失、无线接口更易受攻击、连接可靠性较低。这些问题将随着移动通信技术和市场的发展和运营商、服务商的努力逐渐优化。

3. 移动终端的局限

移动终端通常小巧轻便,易于携带,这使移动设备的物理尺寸较小,终端运算能力和存储容量不足。给用户带来最直观的感觉就是网页访问困难,移动终端本身的小按键与传统电子商务方便的十指击键与操作鼠标相比的弱势也很明显。屏幕尺寸的限制造成用户操作的不便,同时限制了设备的输出能力。

人们对移动终端设备的功能需求(如内存、存储容量、计算能力等)越大,意味着对电源持续工作的能力要求也越高,这也一直是移动设备需要面对的一个主要问题。

4. 用户体验尚待完善

一方面,用户使用习惯有待于加强培养。我国移动电子商务应用的发展环境相对国外还不够成熟,很多国人传统的消费观念也还没有认可和转向手机购物,因此,企业布局移动领域首先要提高用户体验,做好用户服务和用户习惯的培养;其次再考虑移动应用方面的计划。

另一方面,尚缺乏安全灵活的移动支付机制。要构建安全高效的移动支付机制,各电信运营商以及银行之间必须加强联系和合作,消除支付障碍,降低移动支付的手续费,在提供高速网络服务的同时不断增强客户终端的功能。

8.4.3 中国移动电子商务市场的发展

据中国互联网数据中心(DCCI)不久前发布的《2013 中国电子商务蓝皮书》预计,2013 年,中国移动网民将达到 5.2 亿人,比 2012 年的 4.3 亿人增加 20%;同时,移动支付用户数将达 1.36 亿人,比 2012 年的 0.65 亿人增加 109%。由此带来的直接效应是 2013 年电商行业来自移动端的流量预计将超过 30%,订单占比将达 12% 以上。移动互联网终端奠定了用户高速增长的基础,移动应用的多样性持续激发用户需求,未来几年,移动互联网将仍处于快速发展阶段。

2000 年初,中国移动在北京、天津、上海、杭州、深圳、广州六个城市开始全球通 WAP 服务试商用,自此中国移动电子商务发展的脚步从未停歇,2009 年是中国 3G 元年,虽然在 3G 用户发展方面并没有取得很大的突破,但由于运营商的大力推广,"手机上网"概念已经深入人心,移动电子商务也告别了简单的通讯应用,虽然短信应用将继续存在和发展,而更多的移动商务应用和价值出现在了移动互联网领域。2009 年全年,手机网民净增超过 1 亿户,到 2012 年 6 月,通过手机接入互联网的数量超过了使用台式机接入的用户数。

当前,中国移动电子商务的现状可以这样描述:在 3G 的带动下,传统互联网电子商务正朝移动互联网领域全面渗透,传统业务也都期待嫁接到移动电子商务中来,其巨大市场将引来三大运营商的相互竞争,带来更好的生态系统和用户福利,但目前商业模式尚不清晰,此外,云端服务架构等也在酝酿浮出水面。

移动商务是电子商务继互联网时代后社会进入移动信息时代的产物,更是适应现实环境与需求的产物。中国的移动电子商务市场前景十分广阔,未来的移动电子商务市场将提供更专业灵活的移动应用。当前,中国电子商务市场已走出了萌芽期,进入了迅速成长期,一系列高比例增长的数据预示着移动电子商务市场将出现井喷,也将引领一轮新的消费趋势,推动中国经济的快速发展。

本 章 小 结

移动电子商务是利用手机、PDA 及掌上电脑等无线通信设备进行的电子商务。移动电子商务是电子商务时代移动互联网和通信技术高速发展的产物,用户可以通过移动终端随时随地接入互联网享受各种服务。移动电子商务是对传统电子商务的拓展和延伸,与传统电子商务相比,移动电子商务可以不受时空限制,并且提供更具个性化的服务。支持移动电子商务的主要技术包括 WAP、移动 IP、蓝牙、GPRS、移动定位技术及 3G。无线应用协议是在数字移动电话、Internet 或 PDA、计算机应用之间进行通信的全球开放标准,是开展移动电子商务的核心技术之一。3G 不仅是技术的变革,3G 时代也带来了运营商运营模式的变革。移动电子商务的价值链中包含了移动网络运营商、内容及服务应用提供商、支付服务机构、物流公司和终端制造商。价值链参与者和商业模型加上 Internet 电子商务中的参与者和商业模型结合起来,构成了移动电子商务的商业模型。移动门户模型就是企业向移动用户提供个性化的基于位置的服务。

全球性的移动电子商务时代正在降临,手机用户的迅速扩张为移动电子商务创造了良好的用户基础;移动通信技术的发展成熟为移动电子商务提供了必须的技术支持;全球经济一体化的快速发展为移动电子商务奠定了易于发展的商业基础。各国移动电子商务的应用重点各有侧重,随着带宽、终端、安全、业务等各项条件的逐渐成熟和营利模式的逐渐清晰,未来几年必将迎来移动电子商务的大发展。

复习与思考

1. 什么是移动电子商务?它与传统电子商务相比有哪些特点?
2. 实现移动电子商务的主要技术有哪些?
3. 简述移动电子商务的应用范围。
4. 移动电子商务的价值链包含哪些参与者?在价值链中有什么功能?
5. 谈谈我国移动电子商务发展的现状以及未来移动电子商务的应用和发展热点。
6. 谈谈中国移动电子商务发展可能遇到的问题和解决对策。

案例分析

湖北移动商城——e 动商网

湖北移动于 2006 年建设了 e 动商网,以期通过引导用户网上电子商务消费体验,开辟新的增值服务市场,拉近湖北移动用户与网上电子商务时尚生活的距离,增强用户粘性。

e动商网(www.e159.com)以互联网网站为依托,成功地将移动技术和互联网以及电子商务相结合,将短信、彩信、WAP等移动技术融入平台及应用中,同时将电子商务与移动终端进行了有效对接,e动商网用户不仅可以通过互联网购物,还可使用手机短信、WAP方式在商家现场进行移动支付,通过该平台,用户可以使用话费消费积分兑换网上商品和业务,可以在线使用移动积分、小额支付、手机钱包、网上银行等多种支付方式网上购物、订购移动数据业务,并支持多种支付方式混合使用。媒介评论说,e动商网建立了全国第一家具有实用意义的移动电子商务应用平台,打开了移动支付与传统电子商务之间的实际应用瓶颈,开创了电子商务发展与应用的新模式。

e动商网自2006年5月正式上线运营以来,有两大效应最为明显。首先,e动商网丰富了手机钱包和小额支付的线下业务,推动了移动支付的应用。湖北移动从2005年即开通了手机钱包和小额支付业务,但因缺乏线下应用和体验环境,用户使用甚少,e动商网的推广大幅度地带动了这个应用,提升了移动支付品牌知名度。其次,依托e动商网平台,为全省用户提供了24小时跨区域的全球通用户积分和动感地带M值兑换服务,满足了用户不断增长的积分(M值)兑换个性化需求,提高了用户对移动客户积分的感知度。

目前,e动商网可以提供的商品条目涵盖了虚拟商品、实物商品、电子消费券、电子折扣券、报刊订阅、保险、电子票务、移动增值服务产品(如彩信、彩铃等)。e动商网的所有商家均采用协议签订、信用担保方式入场,确保所有商品质量合格、内容合法,首推用户手机号注册,以短信验证码确认本人持有,保证了交易双方诚信,符合目前国家发展互联网实名制的要求。

3G以至4G时代将会是移动终端与互联网无缝结合的时代,手机可自由实现网页浏览乃至网上购物,e动商网从建立之初就以移动特色为概念,在应用的多个流程中将手机终端作为一个重要角色,密码手机验证、订单手机通知、短信与彩信订单接收、电子券手机接收,并提供手机WAP在线浏览、在线支付和购买商品。这种将手机终端引入的模式将为下一步发展3G电子商务应用打下基础。

2007年,湖北移动又尝试将部分自有数据业务(如手机地图等)在e动商网销售,取得了较好的效果,为下一步将动商网打造为商务应用类新业务推广和使用平台积累了一定经验,湖北移动将在继续拓展e动商网的移动电子商务模式的基础上,进一步探索将优质梦网类业务移植到e动商网,依托e动商网畅通的支付通道和高涨的人气,让用户自由选择感兴趣的业务,通过积分、话费或直接使用手机钱包和银行卡在线订购,开辟移动数据业务销售新渠道。

6688公司全面外包该平台的建设、维护、运营和日常管理。e动商网在2006年5月17日正式上线试运营后,已聚集了数千商户的10余万商品与服务,有近千万移动用户通过手机积分、话费小额支付、手机钱包、银行在线支付等多种交易模式在线订购商品,享受服务。

该平台之所以取得如此大的成功,源于在移动商务的发展模式上进行了三项突出的创新应用。

一是采用外包的建设与运营模式。6688参与e动商网的需求分析和规划,承担系统集成和应用系统开发、维护工作,并受托负责电子商务平台的日常运营工作;6688公司派驻专业的运营团队到委托方现场,并设立专门的招商部门、商业合作部门、客户服务部门、技术支持部门,分别负责相关工作。这种模式最大限度地发挥了运营商和电子商务专业服务商各自的优势,加快了应用的推广,保证了系统的不断自我完善。

二是向企业开放。数千企业借助平台提供的"电子商务E点通"工具加盟,自主维护、管理商品与服务,集团采购与庞大的企业群互补,形成"想要你就有"的完整供应链,满足高、中、低各层次用户的需要,有效地粘合了中小企业。

三是进行本地化、多样化服务,粘合了大量消费者。e动商网合作商户遍及每一个地、市、县,包括零售、餐饮、娱乐、教育、健康、生活服务等各个行业。

资料来源:http://www.6688.com。

讨论题

1. e动商网如何实现将移动技术和互联网以及电子商务相结合?
2. 结合本案例,分析移动电子商务如何实现差异化发展?
3. 试述移动电子商务如何提升用户体验?

9 电子商务与法律

学完本章,你应该能够:
1. 了解电子商务法及其特征;
2. 理解电子商务法的基本原则及其任务;
3. 掌握电子签名的含义;
4. 熟悉电子合同与传统合同的区别;
5. 理解电子证据的证据能力;
6. 掌握电子商务中的知识产权法律问题。

电子商务法　电子签名　电子合同　电子证据

9.1 电子商务法

电子商务法的含义是什么?

　　电子商务法是调整以数据电文为交易手段而形成的商事关系的规范体系。包括电子合同、安全认证、网络内容提供商和网络服务提供商的责任以及网上知识产权的保护等。电子商务法调整的对象是一种私法上的关系,从总体上应属于私法范畴,但其规范体系中,也包含一些具有行政管理性质的规范,如认证机构的许可与监督等。因此电子商务法具有公法和私法相结合的性质。

1. 电子商务法的特征

(1) 程式性。

电子商务法作为交易形式法,它是实体法中的程式性规范,主要解决交易的形式问题,一般不直接涉及交易的具体内容。电子交易的形式是指当事人所使用的具体的电子通讯手段;交易的内容则是交易当事人所享有的利益,表现为一定的权利义务。在电子商务中以数据信息作为交易内容(即标的)的法律问题复杂多样,需要由许多不同的、专门的法律规范予以调整,而不是电子商务法所能胜任的。例如,数据信息在电子商务交易中既可能表示货币,又可能是代表享有著作权的作品,还可能是所提供的咨询信息。一条电子信息是否构成要约或承诺,应以合同法的标准去判断;能否构成电子货币,应依照金融法衡量;是否构成对名誉的损害,要以侵权法来界定。电子商务法对交易中的电子信息代表的是何种标的,在所不问。所以说,电子商务法是商事交易上的程式法,它所调整的是当事人之间因交易形式的使用而引起的权利与义务关系,即有关数据电信是否有效、是否归属于某人;电子签名是否有效,是否与交易的性质相适应;认证机构的资格如何,它在证书的颁发与管理中应承担何等责任等问题。这些规范的主要作用都是给电子商务的开展提供一个交易形式上的"平台",将传统纸面环境下形成的法律价值移植于电子商务中。从民商法角度看,这些电子商务法规范所解决的都是商事意思表达程式方面的问题,并没有直接涉及交易的实体权利义务。至于其交易内容如何,狭义电子商务法不可能对其进行全面规范,而应由相应的法律予以调整。以美国的《统一电子交易法》为例,全文只有21条,主要规定了电子记录、电子签名以及电子合同的效力、归属、保存等电子商务交易环境下的特殊性问题。与此同时,美国州法统一委员会还颁布了一部以电子信息交易的实体内容为主的《统一计算机信息交易法》,该法分为九个部分,共有106条,对以计算机信息为标的的交易问题作了较全面的规定,简直是一部"电子版"的合同法。两者相较,《统一电子交易法》的程式性就愈显突出。此外,从联合国贸法会的《示范法》和新加坡的《电子交易法》来看,也都是以规定电子商务条件下的交易形式为主的。

(2) 技术性。

在电子商务法中,许多法律规范都是直接或间接地由技术规范演变而成的。例如,一些国家将运用公开密钥体系生成的数字签名规定为安全的电子签名,这样就将有关公开密钥的技术规范转化成了法律要求,对当事人之间的交易形式和权利与义务的行使都有极其重要的影响。另外,关于网络协议的技术标准,当事人若不遵守,就不可能在开放环境下进行电子商务交易。所以,技术性特点是电子商务法的重要特点之一。倘若从时代背景上看，这正是21世纪知识经济在法律上的反映。技术规范的强制力导源于其客观规律性，它是当代自然法的主要渊源，理想的实证法只能对之接受，而不能违抗。

(3) 开放性。

从民商法原理上讲，电子商务法是关于以数据电信进行意思表示的法律制度，而数据电信在形式上是多样化的，并且还在不断发展之中。因此，必须以开放的态度对待任何技术手段与信息媒介，设立开放型的规范，让所有有利于电子商务发展的设想和技巧都能容纳进来。目前，国际组织及各国在电子商务立法中，大量使用开放型条款和功能等价性条款，其目的就是为了开拓社会各方面的资源，以促进科学技术及其社会应用的广泛发展。它具体表现在电子商务法的基本定义的开放、基本制度的开放以及电子商务法律结构的开放这三个方面。

(4) 复合性。

这一特点是与口头及传统的书面形式相比较而存在的。电子商务交易关系的复合性源于其技术手段上的复杂性和依赖性。它表现在当事人通常必须在第三方的协助下完成交易活动。例如，在合同订立中，需要有网络服务商提供接入服务，需要有认证机构提供数字证书等。即便在非网络化的、点到点的电信商务环境下，交易人也需要通过电话、电报等传输服务来完成交易。或许有企业可撇开第三方的传输服务，自备通信设施进行交易，但这样很可能徒增成本，有悖于商业规律。此外，在线合同可能需要第三方加入协助履行。例如，在线支付往往需要银行的网络化服务，这就使电子交易形式具有复杂化的特点。实际上，每一笔电子商务交易的进行都必须以多重法律关系的存在为前提，这是传统口头或纸面条件下所没有的。它要求多方位的法律调整以及多学科知识的应用。

2. 电子商务法的基本原则

(1) 技术中立原则。

政府或立法机构对于各种有关电子商务的技术、软件、媒体等采取中立的态度，由实际从事电子商务者和信息服务中介商自己根据技术发展选择采取新的或与国际社会接轨的技术，政府应当不偏不倚，鼓励新技术的采用和推广。只有这样才能建立开放的、全球性的电子商务运行的法制环境。电子商务立法必须考虑信息技术的高速发展趋势，为新技术的采纳留有余地，或者不应排斥对新技术的采纳，以适应电子技术和电子商务模式的新发展。

(2) 尊重当事人意思自治及市场导向原则。

电子商务法应当尊重当事人意思自治原则以及市场导向原则，消费者应可在政府介入程度最低的情况下，在网络上自由买卖商品或服务。

(3) 体系化和必要性原则。

电子商务法要得到实施,必须要和其他法律互相兼容、互相协调。反过来,如果现行法律对电子商务的发展造成障碍的时候,就应当对现行法律作出修正。因此,电子商务立法不仅意味着制定新的法律,还意味着改或者废。对于经由网络发生的商业活动,政府应避免制定不必要的法律规则,只有在现行法律影响电子商务发展而属必要时,始作修正;仅有在原先的法律不能规范电子商务活动时,始有必要另行制定新的法规。

(4) 功能等同原则。

根据针对纸质文件的不同法律要求的作用,使数据通信与相应的具有同等作用的纸质文件一样,享受同等的法律地位和待遇。这一原则的出现为电子商务适用现行法律扫清了障碍,为电子商务的发展提供了坚强的法律支持。例如,各国电子商务法规定电子证据与传统书面证据享有同样的法律地位。

(5) 国际协调原则。

各国在立法过程中,尽量采纳一套国际上可接受的规则,以便排除传统法律中的障碍,为电子商务创造更加安全的法律环境。电子商务是无地域界线或超国界的商业方式,因此,它比传统商业活动更需要采取统一规则。在这方面,联合国贸易法委员会《电子商务示范法》率先确立了一些基本原则,为电子商务立法基本原则统一奠定了基础。

(6) 保护消费者权益原则。

网络上对于消费者的保护不能小于其他环境下对于消费者的保护。国家应提供清楚、一致且可预测的法律架构,以促进对网络交易当事人的保护。在电子商务立法时,不仅要解决电子商务的技术问题,也应当对消费者权益的保护加以规定。

(7) 安全原则。

确立保障电子商务交易的安全规范,使电子商务在安全和公平的法律环境下运行。商法的基本目标是保障商事交易安全,电子商务法更是如此。电子商务法是在虚拟的环境中运行,在线交易给人们带来效率的同时,也带来不安全因素。因为在线交易是全球性的、非面对面的交易,是以电子信息或数据电文为手段的,这里不仅有传统法律环境下的不安全因素,如对方丧失履约能力,而且存在特有的风险,如交易当事人是否真实存在、资信如何等。因此,电子商务法具有特有保障其交易安全的规范,如数字签字、身份认证制度等。

安全原则是电子商务立法中强制性规范立法的基础。在民商事交易领域,法律之所以对主体资格、契约形式、契约效力等存在强制性规范,其目的就是为保障交易安全。例如,对认证程序和认证机构的强制性规定,对网上交易格式条款、网上广告的监督,对缔结过程的提示义务的规定等强制性规定,均是为了保护交易的安全和公平。

3. 电子商务法的任务

保障交易迅捷与交易安全是商法的基本价值目标。电子商务法作为商法的一部分,当然必须以保障电子商务的安全与迅捷为己任。从技术上看,电子商务与各种传统的交易方式相比,已经达到了前所未有的高效与迅捷的地步,其交易迅捷的目标已经由现代化的技术手段实现。因此,针对电子商务环境这种现实,作为商法新生领域的电子商务法,其基本任务就变得更加单一、集中,因为在电子商务的特定条件下,交易安全这一基本价值目标的实现同时就包含了交易迅捷这一基本要求的完成。然而,这一认识只抓住了问题的一个方面。电子商务的有效运行需以适应电子商务关系特征的法律保障体系为条件,现实的情况是,既有的书面形式制度已经成为电子商务发展的羁绊,清除这些法律障碍,使电子商务活动更加顺畅快捷地进行,其本身就是交易迅捷目标的体现。这就是说,电子商务法既要以保障电子交易活动的安全为其首要任务,同时也要充分反映其效率价值。

4. 电子商务立法状况

电子商务立法已成为目前国际关注的重点。尽快在全球范围内营造良好的电子商务法律环境已成为国际社会的共识。电子商务的立法问题得到了有关国际性和地区性组织和许多国家政府的高度重视。1996年,联合国贸法会通过了《联合国国际贸易法委员会电子商务示范法》,2001年,联合国贸法会通过了《数字签名统一规则》,并正式命名为《电子签名示范法》。世界知识产权组织(WIPO)也制定了一系列涉及工业产权和域名的公约,包括《因特网域名和数字地址分配公司统一域名争议解决政策》(1999年)、《世界知识产权组织统一域名争议解决办法补充规则》(1999年)、《世界知识产权组织国家代码顶级域名计划》(2000年)、《世界知识产权组织用于预防和解决知识产权争端的国家代码顶级域名最佳做法》(2001年)和《关于在因特网上保护商标权以及各种标志的其他工业产权的规则的联合建议》(2001年)。

我国电子商务法体系也在快速形成。全国人大常委会在1999年实施的《中华人民共和国合同法》中,承认了数据电文的书面效力。2004年8月,第十届全国人大常委会第十一次会议表决通过《中华人民共和国电子签名法》,首次赋予可靠的电子签名与手写签名或盖章具有同等的法律效力,并明确了电子认证服务的市场准入制度。国务院颁布了一系列行政法规,包括《中华人民共和国计算机信息系统安全保护条例》(1994年)、《中华人民共和国计算机信息网络国际联网管理暂行规定实施办法》(1998年)、《中华人民共和国网络域名注册暂行规定》(2002年)、《信息网络传播权保护条例》(2006年)。国务院各部委也随之出台了一系列配套法规,如公安部制定并颁布的《计算机信息网络国际联网安全保护管理办法》(1997年)和信息产业部制定并颁布的《电子认证服务管理办法》(2005年)。为了正确适用法律,指导审判实践,最高人民法院也发布了一系列司法解释,如《关于审理涉及计算机网络域名民事纠纷案件适用法律若干问题的解释》(2001年)。

案例9-1　　中华人民共和国电子签名法

在经过数年的酝酿和准备之后,我国从2003年4月开始了电子签名法的起草工作。在起草《电子签名法》的过程中,我国充分借鉴了联合国《电子商务示范法》及美国、欧盟、日本、韩国、新加坡等国家的有关立法,并广泛听取了国内电子商务和法律方面专家的意见。2004年4月2日,第十届全国人大常委会第八次会议首次对电子签名法草案进行了审议,中间又经过两次修改和审议,最终在8月28日通过了《电子签名法》,并决定于2005年4月1日起实施。

《电子签名法》从根本上解决我国电子商务发展所面临的一些关键性的法律问题,实现我国电子签名合法化、电子交易规范化和电子商务法制化,并为我国今后的电子商务立法奠定了坚实的基础。该法以确立电子签名的法律效力、明确电子签名规则、消除电子商务发展的法律障碍、维护电子交易各方的合法权益、保障电子交易安全、为电子商务和电子政务发展创造有利的法律环境为总体目标,很好地借鉴了国际电子商务立法的经验,充分考虑了我国电子商务及认证机构的实际情况,针对我国电子商务发展中最为重要的一些法律问题,从确定电子签名的法律效力、规范电子签名的行为、明确认证机构的法律地位及电子签名的安全保障措施等多个方面作了具体规定。这些条款较好地运用了电子商务立法中"功能等同"、"技术中立"等立法技巧,将不特定技术解决方案的功效很好地与其法律效力相衔接,使法律的出台既促进了技术的应用,又不至于对技术和产业的发展造成限制。该法定位准确,立法宗旨明确,结构简洁、紧凑。可以预见,该法的出台及实施,必将为我国电子商务的发展奠定良好的法律基础,能极大地促进我国电子商务乃至电子政务的发展。

当然,一部篇幅有限的电子签名法不可能解决所有的电子商务法律问题,它还需要实施细则和配套法规、部门规章、地方法规乃至行业性规范的支撑,必要的时候,还需要其他电子商务法律的配合,以形成我国系统的电子商务法制环境。从这个意义上看,电子签名法的出台只是我国电子商务法制建设的一个开始。

资料来源:http://www.xinhuanet.com/。

9.2 电子签名

什么是电子签名?

《中华人民共和国电子签名法》确立了电子签名的法律效力,明确规定"可靠的电子签名与手写签名或者盖章具有同等的法律效力",为我国信息化建设提供了重要的法律制度保障(参见本书第四章)。

1. 电子签名的含义

从广义上讲,在不使用纸张的电子交易环境中,所有通过技术手段生成的,可以代替传统纸面签字或盖章的符号、代码、标识等都可以称为电子签名。根据《电子签名法》的规定,电子签名是指数据电文中以电子形式所含、所附用于识别签名人身份并表明签名人认可其中内容的数据。与手写签名或者盖章一样,电子签名有两个基本功能:一是用于识别签名人的身份,二是表明签名人对文件内容的认可。电子签名制作数据和电子签名验证数据是与电子签名有着密切联系的两个概念。电子签名制作数据就是用于生成电子签名并将电子签名与电子签名人可靠地联系起来的字符、编码等数据。电子签名验证数据就是用于验证电子签名的数据,包括代码、口令、算法或者公钥等。

2. 可靠的电子签名

根据《电子签名法》的规定,同时符合下列四个条件的电子签名视为可靠的电子签名。

(1) 电子签名制作数据用于电子签名时,属于电子签名人专有。

(2) 签署时电子签名制作数据仅由电子签名人控制。

(3) 签署后对电子签名的任何改动能够被发现。

(4) 签署后对数据电文内容和形式的任何改动能够被发现。

此外,根据《电子签名法》的规定,当事人也可以选择使用符合其约定的可靠条件的电子签名。

3. 电子签名认证服务提供者

我国对电子认证服务实行许可制。从事电子认证服务,应首先向国务院信息产业主管部门申领电子认证许可证书,并依法向工商行政管理部门办理企业登记手续。根据《电子签名法》的规定,提供电子认证服务,应当具备下列条件。

(1) 具有与提供电子认证服务相适应的专业技术人员和管理人员。

(2) 具有与提供电子认证服务相适应的资金和经营场所。

(3) 具有符合国家安全标准的技术和设备。

(4) 具有国家密码管理机构同意使用密码的证明文件。

(5) 法律、行政法规规定的其他条件。

电子认证服务业的具体管理办法将由国务院信息产业主管部门依照《电子签名法》的授权另行制定。《电子签名法》明确规定,开展电子认证服务必须事先取得国家密码管理机构同意使用密码的证明文件,实际上是为电子认证服务市场准入设置了一项前置性行政许可。

案例 9-2　　电子签名签订房屋买卖合同无效

刘先生和张女士夫妻二人在房屋中介公司处求购房屋,并与其签订了《独家求购服务协议》。刘先生夫妻二人看中了黄先生所有的一套住房,由于黄先生是新加坡籍人,签约时人不在国内,刘先生和张女士在中介公司的安排下以电子邮件方式与卖房人黄先生签订《房屋转让合约》,该合约中"黄杰伟"签名系电子签名。

合约约定卖方将其所有的房屋出售给刘、张二人,并约定双方协同到房地产交易中心签订《成都市存量房买卖合同》,否则,视为违约,后卖房人拒绝前往办理手续,刘、张二人诉至法院要求卖房人承担违约责任。审理法官认为,本案涉及电子签名的效力认定。根据《电子签名法》第三条的规定:"民事活动中的合同或者其他文件、单证等文书,当事人可以约定使用或者不使用电子签名、数据电文。当事人约定使用电子签名、数据电文的文书,不得仅因为其采用电子签名、数据电文的形式而否定其法律效力。前款规定不适用下列文书:(一)涉及婚姻、收养、继承等人身关系的;(二)涉及土地、房屋等不动产权益转让的;(三)涉及停止供水、供热、供气、供电等公用事业服务的;(四)法律、行政法规规定的不适用电子文书的其他情形。"由此可见,涉及房屋等不动产权益转让的合同不适用电子签名,本案中房屋买卖合同采用电子签名不具备法律效力。

资料来源:http://www.mzyfz.com/。

9.3 电子合同

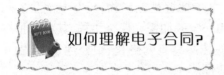

电子合同是平等民事主体之间通过电子信息网络,主要以电子邮件和电子数据交换等形式设立、变更、终止财产性民事权利义务关系的协议。通过上述定义可以看出,电子合同是以电子方式所订立的合同,主要是指在网络条件下当事人为了实现一定的目的,通过数据电文、电子邮件等形式签订的明确双方权利义务关系的一种电子协议。

1. 电子合同的特征

(1) 电子合同是通过计算机互联网,以数据电文的方式订立的。在传统合同的订立过程中,当事人一般通过面对面的谈判或通过信件、电报、电话、电传和传真等方式进行协商,并最终缔结合同。这是电子合同有别于传统书面合同的关键。

(2) 电子合同交易的主体具有虚拟性和广泛性的特点,订立合同的各方当事人通过在网络上的运作,可以互不谋面。电子合同的交易主体可以是世界上的任何自然人、法人或其他组织,合同当事人的身份依靠密码辨认或者认证机构的认证。这就必然需要提供一系列的配套措施,如建立信用制度,让交易的相对人在交易前知道对方的资信状况等。

(3) 电子合同中的意思表示具有电子化的特点。在电子合同订立的过程中,合同当事人可以通过电子方式来表达自己的意愿。电子合同的要约与承诺不需要传统意义上的协商过程和手段,其文件的往来也可通过互联网进行。

(4) 电子合同生效的方式、时间和地点与传统合同有所不同。传统合同一般以当事人签字或者盖章的方式表示合同生效,而在电子合同中,表示合同生效的传统的签字或者盖章方式被电子签名所代替。合同成立的时间和地点对于确定当事人的权利与义务以及合同应适用的法律具有重要的意义,但各国合同法对承诺生效的时间并不一致。一般认为,电子合同采取到达生效的原则更为合理,联合国《电子商务示范法》也采取此种做法。传统合同的生效地点一般为合同成立的地点,而采用数据电文等形式所订立的合同一般以收件人的主营业地为合同成立的地点;没有主营业地的,其经常居住地为合同成立的地点。

(5) 电子合同的载体与传统合同不同。传统合同一般以纸张等有形材料作为载体,对于大宗交易一般要求采用书面形式,而电子合同的信息记录在计算机或磁盘等载体中,其修改、流转、储存等过程均通过计算机内进行。因此,电子合同也被称为"无纸合同"。电子合同所依赖的电子数据是无形物,具有易消失性和易改动性。所以,如果不对合同的信息采用一定的加密和保全措施,其作为证据时就具有很大的局限性。同时,由于信息的传递具有网络化、中介性、实时性等特征,电子合同比传统合同具有更大的风险性。

2. 电子合同与传统合同的区别

(1) 订立合同的双方或多方大多是互不见面的。所有的买方和卖方都在虚拟市场上运作,其信用依靠密码的辨认或认证机构的认证。

(2) 传统合同的口头形式在贸易上常常表现为店堂交易,并将商家所开具的发票作为合同的依据。在电子商务中,金额较小、关系简单的交易没有具体的合同形式,表现为直接通过网络订购、付款,例如,利用网络直接购买软件。但这种形式没有发票,电子发票目前还只是理论上的设想。

(3) 表示合同生效的传统签字或盖章方式被数字签字所代替。

(4) 传统合同的生效地点一般为合同成立的地点,而采用数据电文形式订立的合同,收件人的主营业地为合同成立的地点,没有主营业地的,其经常居住地为合同成立的地点。

3. 电子合同的类型

(1) 从电子合同订立的具体方式的角度,可分为利用电子数据交换订立的合同和利用电子邮件订立的合同。

(2) 从电子合同标的物的属性的角度,可分为网络服务合同、软件授权合同和需要物流配送的合同等。

(3) 从电子合同当事人的性质的角度,可分为电子代理人订立的合同和合同当事人亲自订立的合同。

(4) 从电子合同当事人之间的关系的角度,可分为B2C合同(即企业与个人在电子商务活动中所形成的合同)、B2B合同(即企业之间从事电子商务活动所形成的合同)和 B2G 合同(即企业与政府进行电子商务活动所形成的合同)。

4. 电子合同生效

(1) 行为人具有相应的民事行为能力。行为人具有相应的民事行为能力的要件在学理上又被称为有行为能力原则或主体合格原则。行为人必须具备正确地理解自己行为的性质和后果以及独立地表达自己的意思的能力。

(2) 电子意思表示真实。是指利用资讯处理系统或者电脑而为真实意思表示的情形。电子意思表示的形式是多种多样的,包括但不限于电话、电报、电传、传真、电邮、EDI、因特网数据等,具体通过封闭型的 EDI 网络、局域网与因特网连接开放型的因特网或传统的电信进行电子交易信息的传输。

(3) 不违反法律和社会公共利益。不违反法律和社会公共利益是指电子合同的内容合法。合同有效不仅要符合法律的规定,而且在合同的内容上不得违反社会公共利益。在我国,凡属于严重违反公共道德和善良风俗的合同,应当认定其无效。

(4) 合同必须具备法律所要求的形式。我国现行的法律规定无法确认电子合同的形式属于哪一种类型,尽管电子合同与传统上的合同有着许多差别,但在形式要件方面不能阻挡新科技转化为生产力的步伐,立法已经在形式方面为合同的无纸化打开了绿灯。法律对数据电文合同应给予书面合同的地位,无论意思表示方式是采用电子的、光学的还是未来可能出现的其他新方式,一旦满足了功能上的要求,就应等同于法律上的"书面合同"文件,承认其效力。

案例 9-3　　　　　电子采购合同的异议

原告甲公司是被告乙公司的电子产品供应商,长期有业务往来。被告一直提供一个网上订单平台的供应商登陆账号给原告甲公司使用,并通过这个平台向甲公司发送订单详情。原告甲公司也一直按照被告乙公司指定的收货人向其发送订单货物。2010 年 5 月 25 日,原告甲公司登录交易平台收到被告乙公司发来的《委托书》一份,内容为:我司现委托丙公司代表我司接受向贵司所订货物,具体交货地址为某仓库。后原告甲公司按照订单要求向丙公司发送相关货物,丙公司先后 4 次向原告甲公司开出四张以原告为收款人的支票。原告甲公司于开票日三日内收到了银行的退票通知书。被告乙公司未能举证证明直接或者通过丙公司或任何其他人向原告支付了相关货款。遂原告甲公司向法院起诉,要求被告乙公司支付货款及利息。

法院经审理认为：被告乙公司通过网络交易平台向原告甲公司发出电子采购订单，后原告登录该交易平台对其订单要约予以承诺。依照合同法相关规定，采用数据电文形式订立合同，收件人指定特定系统接收数据电文的，该数据电文进入该特定系统的时间视为到达时间；未指定特定系统的，该数据电文进入收件人的任何系统的首次时间视为到达时间。那么，双方发出电子信息的行为构成要约和承诺，原被告双方之间的买卖合同关系成立并且生效。被告承认丙公司收到了相应订单货物，但是丙公司向甲公司开出的支票却遭到了退票。被告乙公司未能举证证明通过任何途径向原告支付了上述货款。无论被告是否向丙公司支付了相应货款，均属于被告与其代理人之间的内部事务。倘若被告有向丙公司支付货款，而丙公司作为代理人未向原告转支付货款的行为后果都应由作为委托人的被告来承担，而不应由交易相对方承担后果。

资料来源：http://news.hexun.com/.

9.4 电子证据

什么是电子证据？

电子证据也称为计算机证据，是指在计算机或计算机系统运行过程中产生的无纸化数据。它以电磁记录物形式存在，包括电子数据、电子邮件等，在民商法领域中出现的最多的电子证据便是数据电文。

1. 电子证据的特点

与传统的证据相比较，电子证据有以下四个突出的特点。

(1) 特殊性。电子证据的存在形式是以静态的电磁记录物的形式存在。其无纸化、便捷化以及记录器材专业化的特征有别于传统的证据。

(2) 多样性。电子证据可以以文本、图形、动画、音频、视频等多种形式来表现，电子证据的表现手段不仅可以通过计算机还可以通过其他电子、光学设备予以读取。同时，由于各类计算机程序的多种多样，当各种格式的文件以不同程序打开时，其表现形式则完全不一致。

(3) 专业性。电子证据的形成是以计算机语言为基础，而构成计算机语言的二进制编码也不是一种普及知识,故对于电子证据的认证和鉴定在一些特定的时候需要由专业人士进行。

(4) 相对不稳定性。由于电子证据多存储于计算机中,或者需要通过计算机系统进行操作,故计算机操作的便捷对电子证据的安全性也产生巨大的影响,导致电子证据非常容易被篡改、删除、剪接和复制。

2. 电子证据的证据能力

证据能力是指证据资料在诉讼中允许其作为证据的资格,电子证据的证据能力能否为各国证据法所承认是一个难题。在普通法系国家,证据能力被称为证据的可采性,存在着传闻证据规则、最佳证据规则与电子证据的冲突。大多数大陆法系国家采取职权主义,重在调查证据程序,对于证据能力的限制较少,具体证据的价值和可信度可以由法院予以衡量,而不必对于证据的形式予以先予审核。尽管如此,大陆法系国家的法律对于法律行为书面形式的要求还是与电子证据产生了冲突。

各国法律与电子证据的冲突有以下三种。

(1) 传闻证据规则与电子证据的冲突。

传闻证据规则是指在诉讼过程中原则上排斥将传闻证据作为认定案件事实基础的证据规则,根据该规则,只有知道某项事实的人的证言才能被采纳,普通法系调查证据采用交叉询问(cross-examination)制度,传闻证据使得无法对该证人加以反询问以担保真实性。电子证据由于对于数据资料进行了程序的传输与处理,而人们不可能对计算机进行反询问,即使对程序采取反向工程(reverse engineering,也称反向分析),也只能通过反汇编或反编译,获得一些汇编程序或高级语言源代码,来探求一个计算机程序的构想、原理或设计方面的信息,不能予以确定事实本身。故依照普通法系的传统判例和法理,计算机输出的书面材料是传闻证据而不能被采纳。

(2) 最佳证据规则与电子证据的冲突。

作为普通法传统上重要的证据规则之一,最佳证据规则要求当事人在诉讼中必须提出最佳的(即最直接的)证据材料,只有文书的原件才能作为书证被法院采纳。对于电子证据而言,其在计算机所存储的磁性介质中的电子形式数据才是原本,无法被人识读,提交这些原件也是不现实的,而计算机屏幕显示的数据以及输出的文件则是一种"抄本",不是原件。根据最佳证据规则,电子证据也不能被采纳。

(3) 法律行为的书面证明方式与电子证据表现形式之间的冲突。

对于法律文件或法律行为的书面形式要求,并不是民商法的独特要求,而是现代法律体系的普遍制度，无论是普通法系还是大陆法系都对书面形式有其普遍要求。例如，法国民法典第1 341条规定，一切法律行为原则上都必须以书面文件加以证明。在英国，按照其历史上形成的"防欺诈法"，汇票、本票、海上保险合同必须以书面形式作为合同有效成立的必备要件。书面形式的含义随着社会经济与技术的不断发展已经越来越多地引发了争议。电子证据与传统纸质载体表现形式之间显而易见的差异更是处于争议的中心地带，因此，对电子证据的书面形式要求是接纳电子证据的一个重要障碍。

虽然各国法律对于电子证据的采纳有着冲突，但司法实践中无论普通法系还是大陆法系或以证据规则的例外，或以功能等价的法律技术手段来作相应调整，以接纳电子证据。冲突的解决办法有以下三种。

(1) 传闻证据规则的例外。

为了在诉讼中能采纳计算机记录作为证据，普通法系逐渐发展出传闻证据规则的例外。

1968年英国制定的民事证据法(Civil Evidence Act)规定，"第一手"传闻证据可以采纳。可被采纳的计算机输出文件须来自使用者正常使用的计算机，在数据输入时，计算机运行良好，且文件所包含的信息是表述或来自输入计算机的数据。该证据必须保证在整个重要的阶段计算机是在正常地运行，至少故障不会影响争议文件的产生或内容精确度。对计算机操作和向计算机提供信息负有责任的人，必须能够在审判时到庭并提供证据。

美国判例则发展出传闻规则的"业务记录例外"(Business Records Exceptions)，只要业务记录的数据符合以下条件：数据所反映的内容是在进行正常的、规则的业务中形成的，并且是在业务完成时或稍后时输入的，即可被采纳。根据美国联邦证据规则的规定，计算机记录可否采纳不是取决于输入的形式而是取决于输入的环境。所以，美国判例能援引这项传闻规则的例外，承认计算机输出文件可作为诉讼证据。

对于电子证据形式本身，传闻规则的障碍是可以克服的。如果电子证据的提供者不能进行法律要求的适当的证明，或者有证据表明计算机数据的不可信赖性，该电子证据就不能直接被法院所采信。

(2) 最佳证据规则的例外。

英国法律规定，凡当事人能证明他无从取得正本时，可以使用抄本证明正本的内容。英国法院援用该项例外作为采纳计算机输出文件的依据。美国法也可以援用美国联邦证据规则规定的"所有正本均丢失或损坏的，可以允许使用"第二手证据"来采纳电子证据。

由此，我们可以这样解读最佳证据规则对于电子证据例外的实质含义：从实现司法公正和效率出发，认为承认计算机记录为证据更有利于实现公正。所以，数据如果储存在计算机或相似的设备中，任何打印输出或以其他可视方式的输出若准确地反映数据本身，则为"原件"。在2000年6月通过的美国《国际国内电子签章法》中就作了类似规定，若电子记录满足了准确性和可调取性，即视为满足了原件要求。

因此，最佳证据规则原则上已不构成对计算机记录采纳的障碍，但对于计算机打印输出是否忠实于存储信息本身仍有特殊的证明要求，以保障证据信息的真实性。

（3）对于电子证据书面形式要求冲突的解决。

在德国民法典中，大多数合同都可以依当事人的意见而决定订约的形式，且商法典中对于商事担保规定了形式自由原则，因此，德国法律对于依照电子交易方式缔结的商事合同，在书面要求方面没有明显的法律障碍。

另一大陆法系的典型代表法国则在民法典中规定，第1341条关于一切法律行为须以书面形式成立的规定不适用于下列情况："……第二，债权人无从取得书证。第三，存在书证的初步证据。"且法国商法典第109条规定："商事法律行为得采用一切证据方式来证明"。此外，还存在着一些例外，允许当事人放弃"禁止使用证言"规则而不提出缺乏书面合同的抗辩。从上述这些规定来看，法国在电子交易时书面形式方面的法律障碍并不是不可以克服的。

英国1893年货物买卖法（1973年修订）中规定，买卖合同的订立不必须采用书面形式。在美国生效的联合国《国际货物买卖合同公约》（CISG）第11条规定，合同不需要以书面订立或以书面为证据，也不受制于任何定约形式的要求。

综上所述，电子证据得以绕开"书面"形式要求的障碍，能在法律上和实务中获得更大的可能性与自由度，但因为电子证据是否归为"书面形式"、能否与书面形式证据获得平等的证据地位、能否适用同等的证据规则、是否符合防欺诈法的规定等问题未能解决，其效力处于不确定状态。因此，要从根本上解决各国法律对电子证据书面形式要求的问题，需要通过鼓励当事人协议约定形式或是通过立法途径解决。

协议约定是指当事人在通讯协议中约定，将电子通讯信息及其记录视为书面。一类如《国际海事委员会电子提单规则》、《美国律师协会协议》，由双方当事人在通讯协议中一致肯定电子交易的计算机记录为书面文件。另一类如《加拿大电子数据交换理事会协议》规定的在协议中放弃对电子交易的有效性提出异议的权利。

协议约定能比较灵活解决电子证据面临的法律障碍,但协议约定不能对抗第三人,也无法对抗法律或判例规定的强制性条文,因此,立法途径是解决这个问题的最有效办法。

立法途径一般有两种途径:一种是扩大解释法,将"书面"扩大解释,通过对传统纸面要求的功能与目的的分析,以确定如何通过电子商务技术来实现其功能与目的,即通过所谓功能等价的方法将电子交易中的计算机通讯记录纳入书面范畴。联合国国际贸易法委员会(以下简称贸法会)制定的《国际商事仲裁示范法》,已把书面的概念扩展到包括电话、电传或提供仲裁协议记录的其他电讯手段。另一种则是将电子证据作为独立的证据类型确立完整的规则,如联合国贸法会所制定的《电子商务示范法》,就是将电子证据建立一整套独立于传统书面法律制度的规范体系。《示范法》第9条专门就数据电讯(电子证据在民商法中最普遍的表现形式)的可接受性和证据价值作了规定:"(1)在任何法律诉讼中,证据规则的适用在任何方面均不得以下述理由否定一项数据电讯作为证据的可接受性;(a)仅仅以它是一项数据电讯为则;或(b)如果它是举证人按合理预期所能得到的最佳证据,以它并不是原样为由。"美国《国际国内电子签章法》第301条则规定通过采纳《电子商务示范法》规定的相关原则,以消除电子交易中与纸面要求有关的障碍。

作为示范性质的法律,《电子商务示范法》对各国电子商务、电子信息法律的发展提供了有益的借鉴,对建立我国的电子证据制度也不无裨益。

案例9-4　　电子证据入法的是是非非

某网络公司人事部经理突然通知谢某,因部门严重超编其被辞退。当谢某要求单位给予经济补偿金时,单位则以其"违纪"为由不予赔偿。公司出具的证据是指纹考勤机的电子记录,在过去的一年中,谢某有80次迟到,其中,两分钟以上迟到61次。根据公司考勤制度规定,一年内累计迟到30次以上属于严重违纪,企业可以对员工作出处理。

谢某对此证据的真实性产生怀疑。因此,对该电子证据可靠性的认定就成为本案审理中的焦点。仲裁机构到网络公司调查,公司出示了考勤机的原始记录;指纹考勤机的生产厂家西安青松科技股份有限公司也向仲裁庭出具了网络公司不可能修改原始记录的证明。最终,仲裁庭对公司出具的电子证据予以采信,驳回谢某的请求。在这起劳动争议案件中,认定指纹考勤设备的工作情况和原始数据的可靠性成为争议裁决的关键。

资料来源:http://news.163.com/。

9.5 知识产权

 电子商务中会遇到哪些涉及知识产权的法律问题?

知识产权是指个人或集团创建的并受到法律保护的思想、设计、概念和其他无形资产的所有权。在电子商务环境下,企业的知识产权主要包括商标、域名、版权、专利权等方面的内容。电子商务给知识产权赋予了新的内容和新的特点,随之产生了新的知识产权问题。

1. 电子商务环境下知识产权的特点

在电子商务环境下,知识产权载体、传播方式和手段发生了很大的变化。与传统知识产权相比,电子商务知识产权具有新的特点。

(1) 客体的无形性。

传统知识产权内容大多以实体文档保存和体现,在电子商务环境下,知识产权内容更多以"无形的"磁体介质和"虚拟的"网络保存和体现。

(2) 公开、公用性。

传统知识产权的特点之一就是它的专有性,而网络上受到知识产权保护的信息则是公开的、公用的,很难受到权利人的控制。

(3) 无国界性。

地域性是传统知识产权的又一特点,而在电子商务环境下,由于网路传输的无国界性,知识产权开始跨越国界,所以,对涉外知识产权的保护显得更为重要。

2. 电子商务中知识产权的主要侵权行为

(1) 网上侵犯商标权的行为。

① 超级链接引起的商标侵权。网页制作者特意选择一些精美图片和文字作为锚,来吸引更多的点击数,出现一些锚的表里不一现象。直接在自己的网页上使用他人的注册商标,并把它连接到自己的内容上,甚至连接到"垃圾内容"上,这种连接行为往往构成"电子形式剽窃",是对他人商标的盗用和滥用,属于

不正当竞争,淡化了他人商标的价值,损害了他人的商业信誉。

② 搜索引擎引起的商标侵权。Yahoo、Infoseek 等著名商标网上搜索引擎都有自己的网站源代码数据库,把很多著名商标放入自己的库中吸引更多的用户。在网站制作中,网主往往将他人的商标放在自己网页的源代码中,这样虽然用户不能在网页上直接看到他人的商标,但当用户使用网上搜索引擎查找他人商标时,该网页就会位居搜索结果的前列。与显性的商标侵权不同,隐性使用他人商标信誉,把用户吸引到自己的网页,虽没有直接在自己的商品上或商品广告中使用他人的注册商标,但至少淡化、贬低了他人的商标。

(2) 网上恶意抢注域名的行为。

域名抢注包括两种情况:一种是故意把别人知名或比较知名的商标或商号大量注册为域名,这是真正意义上的"域名抢注",这些抢注者通常还将抢注的域名进行出售、出租或让商标或商号权人高价"赎回";另一种则属于域名注册人与知识产权人之间的权利冲突,即域名注册人并无故意"抢注",是由于域名的唯一性和"先申请先注册原则"不可避免地与知识产权人发生权利冲突。这种情况虽有抢注的事实,但却不构成真正法律意义上的"域名抢注"。域名抢注者就如同信息高速路上的车匪路霸,对网络上电子商务的发展非常有害。

(3) 网上侵犯版权的行为。

网络使用者未经许可将传统的版权作品进行数字化,制作成为数据库在网络上传输;在网站的网页或广告中非法使用受版权保护的图像或音乐作为背景吸引点击,从事营利活动;未经许可下载或转载网络上传输的作品,并用于商业目的;非法从网络上下载并复制他人作品,制作光盘,并用以营利;越权或超期非法使用共享软件;破解他人具有版权作品,将破解后的作品放在网络上供他人使用和转载等。这些行为都对版权所有人造成了损失。

(4) 网上侵犯专利权的行为。

电子商务作为一种新的商务模式在许多行业中都会产生变革性的影响,因而会刺激很多技术领域的革新,其中包括计算机软件、计算机硬件和无线通信等。这些技术的开发工作量大、开发成本高,而复制这些技术却非常容易。它们可以带来巨大的商业利润,因此极易被盗用,从而造成对研制开发者利益的损害,发展电子商务不可避免地涉及专利权的保护。

3. 电子商务的知识产权保护策略

(1) 合理运用法律手段保护知识产权。

目前,在保护电子商务中知识产权的规定中,国际上已经有较成型的国际公约,如《世界知识产权组织版权条约》(WCT)和《世界知识产权组织表演和录音制品条约》(WPPT)。我国也制定了《专利法》、《商标法》、《著作权法》、《反不正当竞争法》、《知识产权海关保护条例》、《植物新品种保护条例》、《集成电路布图设计保护条例》和《计算机软件保护条例》等一系列有关知识产权保护的法律法规。企业应聘请专业的熟悉电子商务法律、法规的律师,一旦发现自己的知识产权受到侵害,应及时运用法律武器来捍卫自己的权益。

(2) 运用技术手段来保护知识产权。

除了运用法律手段来保护企业知识产权外,借助一定的技术手段也能达到保护企业知识产权的目的。首先,网络经营商(ISP)与管理者应制定网络使用申请程序和相关制度,如网络使用者在申请登录使用权限时通常均须经过网络经营者与管理者所制订的注册程序,根据使用者所提交的材料和申请的服务范围,设置和开放不同的权限和使用范围,并告知应该遵守著作权法的相关规定等,保护网络著作权及相关权利。其次,企业应充分认识到域名作为知识产权在电子商务活动中的重要性,及早进行域名的注册工作。域名可以在申请商标前注册,且域名有地域之分,所以,企业应及时向计算机域名管理机构(国内和国际)申请注册域名,防止自己的域名被他人抢注。再次,随着电子商务的不断发展,专利权的内容也在随之扩展,除了传统的专利权,那些突破传统的商业方法和交易方式也正在被承认可以专利性,企业应注意这些方面专利权的申请,以保护企业的利益。最后,企业要加强对网络商业机密的管理,如对公司资料的机密分等级、对接触各种资料的员工设定不同的权限、建立企业的 Intranet、安装防火墙、对进出企业网络资料进行监视和备份等。

(3) 运用经济和道德教育保护知识产权。

行为人侵犯他人的知识产权,主要是为了获得经济上的利益。因此,可采用一些有效的经济措施来保护知识产权。如采用适当的分配制度来保护知识产权,给予那些掌握着企业关键技术的工作人员较为丰厚的待遇,或允许他们拥有公司的部分股权,这样既能防止人才流失,又可达到保护知识产权的目的。

案例 9-5　　第三方电子商务交易服务平台的案件

在深圳市腾讯计算机系统有限公司诉浙江淘宝网络有限公司、王某侵犯计算机软件著作权纠纷案中,一审法院认为,由于互联网具有信息量大、无法实地审查的特点,要求淘宝网公司对所有用户(销售者)发布的信息都履行严格的审查义务既不可能也不现实,但这并非意指网络服务提供者可以不再对用户经由其提供的网络交易平台实施的侵权行为承担任何责任。在腾讯公司向淘宝公司发出律师函明确告知淘宝用户销售QQ号码的行为属于侵犯腾讯公司的计算机软件著作权的行为后,淘宝公司仍在淘宝网上继续保留了为用户发布QQ号码销售信息专门开辟的场所,积极主动地为用户发布销售QQ号码的信息提供便利,已属主动帮助淘宝网用户实施侵犯腾讯公司计算机软件著作权的行为。二审法院同意一审法院意见,认定淘宝公司的行为构成帮助侵权。

资料来源:http://www.100ec.cn/。

本 章 小 结

20世纪90年代,随着互联网技术的普及和发展,网络电子商务活动随之兴起。建立在传统商业模式上的民商法律制度面临很大挑战,需要建立全新法律规范体系,用以调整与电子商务有关的各种社会关系,保证和促进电子商务的飞跃发展。电子商务法是调整以数据电文为交易手段而形成的商事关系的规范体系,包括电子合同,安全认证,网络内容提供商和网络服务提供商的责任以及网上知识产权的保护等。电子商务法调整的对象是一种私法上的关系,从总体上应属于私法范畴,但其规范体系中也包含一些具有行政管理性质的规范,如认证机构的许可与监督等。电子签名是伴随着信息网络技术的发展而出现的一种安全保障技术,目的就是通过技术手段实现传统的纸面签字或者盖章的功能,以确认交易当事人的真实身份,保证交易的安全性、真实性和不可抵赖性。电子合同是平等民事主体之间通过电子信息网络,主要以电子邮件和电子数据交换等形式设立、变更、终止财产性民事权利与义务关系的协议。电子证据也称为计算机证据,是指在计算机或计算机系统运行过程中产生的无纸化数据。它以电磁记录物形式存在,包括电子数据、电子邮件等,在民商法领域中出现的最多的电子证据便是数据电文。在电子商务环境下,知识产权的载体、传播方式和手段发生了很大的变化,电子商务给知识产权赋予了新的内容和新的特点,随之产生了新的知识产权问题。

复习与思考

1. 电子商务法的基本原则有哪些?
2. 简述电子商务法的任务。
3. 可靠的电子签名需符合哪些条件?
4. 电子认证服务提供者应当具备什么条件?
5. 简述电子合同与传统合同的区别。
6. 电子证据的特点是什么?
7. 论述电子商务的知识产权保护策略。

案例分析

过错是电子商务平台承担损害赔偿责任的要件

在知钱(北京)理财顾问公司诉浙江淘宝网络有限公司、王某侵犯著作权纠纷案中,原告正版视频与淘宝网上销售的盗版视频间价格相差悬殊,原告屡次向淘宝网投诉,并均得到删除链接的回应,但是,在淘宝网上通过搜索关键词的方式,能很容易地确定超低价格销售涉嫌侵权的视频的商品信息。一审法院认定,淘宝网有能力对其网络平台的交易对象采取删除措施,在权利人屡次投诉的情况下,应当对其他明显低价的侵权信息予以删除,淘宝公司的行为导致原告损失的扩大,应当对扩大部分与卖家承担连带责任。二审法院虽然在结果上维持了一审判决,但并不同意一审法院的上述观点。二审法院认为,目前法律、行政法规并未对网络交易平台提供者负有的义务作出明确规定,同时,淘宝网中卖家的数量巨大,销售的商品不计其数、种类繁多,且卖家及销售的商品均处于不断变化之中,故原审法院认定淘宝公司对于投诉通知未予列明的侵权链接应主动采取删除措施,缺乏法律依据,也缺乏可操作性;由于淘宝公司自接到知钱公司的通知至删除侵权商品信息链接间隔长达一个月,明显超出合理期限,因此,淘宝公司仍应当承担损害赔偿的责任。此案中,一审法院的判决在某种程度上肯定了第三方电子商务交易平台负有事前审查的义务,二审法院则认为此义务对于平台而言过于严苛,且缺乏可操作性。

在衣念(上海)时装贸易有限公司诉杜某、浙江淘宝网络有限公司侵犯注册商标专用权纠纷案中,淘宝公司对于7次售假的淘宝卖家仅进行了删除侵权商品信息链接的措施,而未依照淘宝规则对于侵权卖家进行进一步的处罚措施,虽然其辩称因权利人每一次投诉均未提交侵权成立的初步证据,因此不属于合格投诉,其为谨慎起见作删除处理已尽到合理注意义务,但法院认为,考虑到在每次投诉之后,卖家均未提出异议,且淘宝网上有关涉案商标的侵权信息众多,在此情况下,淘宝公司应当知晓权利人投诉的商品系属侵权,但淘宝公司未严格执行其管理规则,未采取必要措施制止侵权,是对卖家继续实施侵权行为的放任、纵容,属于故意为卖家销售侵权商品提供便利条件的行为,构成帮助侵权,具有主观过错,应承担连带赔偿责任。遂判令两被告承担停止侵权、赔偿损失、消除影响的连带责任。

在衣念(上海)时装贸易有限公司诉钱某、浙江淘宝网络有限公司侵犯注册商标专用权案中,案情与前述案件相似,法院进一步认为,尽管淘宝公司6次收到原告的《商标侵权通知函》后,对涉及第一被告的链接予以多次删除处理,但在反复投诉、反复删除的过程中,第一被告还在不断上传商标侵权商品的链接,可见,淘宝公司在明知第一被告实施侵权行为的情况下,针对原告的投诉仅仅作删除链接的处理不能防止侵权行为的发生和继续,对于制止侵权行为不能起到有效避免作用,因此,删除链接的行为尚不能构成采取了"必要措施"。遂判令两被告承担停止侵权、赔偿损失、消除影响的连带责任。

上述"衣念案"的判决似乎表明,法院对平台处理重复侵权措施的有效性提出了更高的要求,在必要措施的理解方面有课以平台更严格义务的趋向。

值得注意的是,前述"知钱案"与"衣念案"的重要区别在于:在"衣念案"中,法院赋予平台的义务是"特定化"的,要求当同一侵权人再次发生侵权之后,第三方平台应当对其承担较高的注意义务,且应采取更为有力的措施防止反复侵权;而在"知钱案"中,一审法院赋予平台的义务是"泛化"的,即只要平台上任何一用户(销售者)发生了侵权行为,则平台应当对其他销售同一商品或服务的所有用户均承担更高的注意义务,这一要求在目前的条件下无疑是非常严格的,二审法院对此未予认可。

在判决平台用户(销售者)侵权成立而第三方电子商务平台免除赔偿责任的案件中,由于被侵权人无法证明平台对于侵权行为存在主观明知或者应知的过错,或者被侵权人未完全履行构成合格通知的义务,或者在收到被侵权人发出的通知之后,平台已经采取了有效的必要措施,法院认定平台对于侵权行为的发生和扩大不具有过错,从而无需承担损害赔偿责任。

以上案例表明,除非收到被侵权人发出的合格通知后,第三方电子商务平台存在懈怠、疏漏、采取措施不力的情形,平台在被侵权人未发出通知或者发出通知但积极删除侵权商品信息以及采取了其他必要措施的情况下,在通常情况下,平台对于侵权行为的发生不存在主观上的过错,换言之,在第三方电子商务平台知识产权侵权案件中,目前法院基本上倾向于统一适用"避风港"规则。

同时需要强调的是,以上案例也表明,适用"避风港"规则的目的并非为了豁免平台的侵权责任,而是为了通过免责条件的严格设定,课以平台一定的职责,督促平台在经营中对于不特定主体的知识产权予以足够的尊重,积极履行与其能力相适应的审慎注意义务。

资料来源:www.foreigntradelawyer.com/。

讨论题

1. 深入分析"知钱案"与"衣念案"的重要区别。
2. 结合案例,讨论第三方电子商务交易平台对于侵权行为应采取的措施。

参 考 文 献

1. [美]特班:《电子商务管理视角(第5版)》,严建援译,机械工业出版社,2010年。
2. 陈拥军、孟晓明:《电子商务与网络营销》,电子工业出版社,2008年。
3. 冯英健:《实用网络营销教程》,清华大学出版社,2012年。
4. 冯英健:《网络营销基础与实践(第三版)》,清华大学出版社,2006年。
5. 贾瑞峰:《企业物流管理》,上海交通大学出版社,2008年。
6. 李婷:《电子商务概论》,华东理工大学出版社,2010年。
7. 李承霖:《企业物流管理实务》,北京理工大学出版社,2008年。
8. 李琪:《电子商务概论》,高等教育出版社,2009年。
9. 庞大连、张冰新:《电子商务概论》,北京大学出版社,2008年。
10. 秦成德、王汝林:《移动电子商务》,人民邮电出版社,2009年。
11. 彭媛:《电子商务概论》,北京理工大学出版社,2011年。
12. 宋文官:《电子商务概论》,清华大学出版社,2006年。
13. 史达:《电子商务与网络经济(第二版)》,东北财经大学出版社,2006年。
14. 杨鼎新、李恒杰:《电子商务教程》,兰州大学出版社,2006年。
15. 杨坚争:《电子商务基础与应用(第七版)》,西安电子科技大学出版社,2011年。
16. 杨路明:《电子商务法》,机械工业出版社,2007年。
17. 尹衍波:《电子商务法规》,清华大学出版社,2007年。
18. 张润彤、朱晓敏:《移动商务概论》,北京大学出版社,2008年。
19. http://zhidao.baidu.com。
20. http://www.cnnic.cn。
21. http://www.icann.org。
22. http://zh.wikipedia.org。
23. http://www.hudong.com。

后 记

为了能对电子商务有一个比较全面的了解,我们组织改编了这本教材。按照这本教材的服务对象、特点、内容和形式要求,本书在编写中力图坚持科学性、实用性、先进性原则,并着力反映当前电子商务应用领域的新知识、新技术、新方法,力求与信息技术发展同步;注重应用能力的培养与教育改革同步,力求活泼新颖,重点突出,以增强学生学习兴趣,提高学习效率。本书可作为高校经济管理类教材,也适合相关从业人员参考使用。

本教材的编写团队是在学术研究方面很有建树,同时又在编写教材方面颇具经验的学者和教师,因此,能较好地将电子商务的研究发现与实际工作有机地结合在一起。在编写过程中,参考了大量的相关教材、著作及论文,采用了许多资料和观点,书后的参考文献均已列示,但更多的则因为教材编写的特殊性而无法详细加以注明,在此向这些作者表示衷心感谢。由于学识所限,书中难免会有错误和不当之处,恳请不吝赐教和批评指正,我们将在修订中认真吸取,使本书不断完善。

本教材建立了全面的教学支持体系,收录大量网络资源,并配备了专门的教学课件、参考资料和辅导材料,可以开阔视野,有助于加深对教材内容的理解,指导学生在网络时代如何突破传统教材的内容限制进行自主性、研究性学习。相关教学支持网站为 www.hzgd.id666.com;E-mail 是 ysy@sit.edu.cn。

全书共分 9 章:第 1 章由杨雪青编写,第 2 章由苑荣编写,第 3 章由胡铁城编写,第 4 章由沈佳编写,第 8 章由李少颖编写,第 9 章由杨顺勇编写,第 6 章由朱新英(南昌理工学院)编写,第 5、7 章由徐睿、漆礼根(江西外语外贸职业学院)编写。全书由杨顺勇统稿,感谢复旦大学出版社王雅楠编辑的大力协助。

图书在版编目(CIP)数据

电子商务/杨顺勇,苑荣,徐睿主编. —3 版. —上海:复旦大学出版社,2014.10
(复旦卓越·经济学系列)
ISBN 978-7-309-10876-7

Ⅰ.电… Ⅱ.①杨…②苑…③徐… Ⅲ.电子商务-高等学校-教材 Ⅳ.F713.36

中国版本图书馆 CIP 数据核字(2014)第 166149 号

电子商务(第三版)
杨顺勇 苑 荣 徐 睿 主编
责任编辑/王雅楠 宋朝阳

复旦大学出版社有限公司出版发行
上海市国权路 579 号 邮编:200433
网址:fupnet@fudanpress.com http://www.fudanpress.com
门市零售:86-21-65642857 团体订购:86-21-65118853
外埠邮购:86-21-65109143
大丰市科星印刷有限责任公司

开本 787×960 1/16 印张 14.75 字数 251 千
2014 年 10 月第 3 版第 1 次印刷
印数 1—4 100

ISBN 978-7-309-10876-7/F·2067
定价:29.00 元

如有印装质量问题,请向复旦大学出版社有限公司发行部调换。
版权所有 侵权必究